SUPPLÉMENT
AUX
VOYAGES
IMAGINAIRES, [Tome 38]

CONTENANT un Recueil de Naufrages véritables, pour faire suite aux Naufrages apocriphes qui sont dans la premiere division, & qui forment les Tomes X, XI & XII de la Collection.

TOME SECOND.

HISTOIRE DES NAUFRAGES,

OU

RECUEIL

DES Relations les plus intéressantes des Naufrages, Hivernemens, Délaissemens, Incendies, Famines, & autres Evènemens funestes sur Mer; qui ont été publiées depuis le quinzième siècle jusqu'à présent.

Par M. D. . . ., Avocat.

...... *Dispersi jactamur gurgite vasto.* Æn. III.

TOME SECOND.

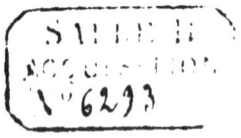

A PARIS,

Chez Cuchet, Libraire, rue & hôtel Serpente.

M. DCC. LXXXIX.

Avec Approbation, & Privilége du Roi.

N.º 1.

NAUFRAGE

D'Emmanuel Sosa & d'Eléonore Garcie Sala, *sa femme, sur les côtes orientales d'Afrique, en* 1553 (*).

Emmanuel Sosa de Sépulveda, issu d'une des plus anciennes & des plus considérables familles de Portugal, se fit un nom dans les Indes par son courage & par ses belles qualités. Il obtint vers le milieu du seizième siecle le gouvernement de la citadelle de Diu, & ce poste ne se donnoit qu'à

(*) Cette relation se trouve dans l'histoire des Indes orientales & occidentales, par Jean-Pierre Maffée. *Paris*, 1665, in-4°, & dans plusieurs autres auteurs.

des officiers d'un mérite & d'une valeur éprouvés : il le conserva plusieurs années ; mais fortement pressé du desir de revoir son pays natal, il s'embarqua au port de Cochin. Le vaisseau qu'il montoit étoit chargé des richesses qu'il avoit amassées & de celles des officiers & passagers qui l'accompagnoient. Sosa ramenoit avec lui sa femme Eléonore Garcie, fille de Sala qui pour lors étoit général des Portugais dans les Indes ; ses enfans ; Pantaléon Sala, son beau-frère, avec quelques officiers & gentilshommes. Le nombre des matelots, des domestiques & des esclaves étoit fort grand ; tout l'équipage montoit à six cens hommes environ.

L'expérience de la mer & des vents a fait reconnoître le mois de Janvier comme la saison la plus favorable pour passer des Indes en Europe.

Sala fut arrêté par quelques emplettes à Coulan, & ne put partir qu'en Février. Le 13 du mois d'Avril ils découvrirent la côte des Caffres : de là le vaisseau fit voile assez heureusement jusqu'au cap de Bonne-Espérance, mais alors un vent du nord s'étant élevé, excita le plus épouvantable ouragan qu'on eût jamais éprouvé sur ces mers. Le ciel s'obscurcit tout à coup ; les vagues soulevées jusqu'aux nues, menaçoient à chaque instant d'engloutir le vaisseau : l'obscurité n'étoit interrompue que par des éclairs continuels & par un tonnerre affreux, qui portoient l'effroi dans les cœurs des plus déterminés. Le pilote & les matelots désespérant de pouvoir résister avec l'aviron, délibérèrent s'ils abattroient les antennes, & s'ils attendroient en mer que la tempête fût passée; mais épouvantés du redoublement de l'orage, & ne pouvant plus se flatter, à cause de la saison, de doubler le Cap, d'un commun accord ils firent voile vers l'Inde. Ce dessein ne fut pas plus heureux que l'autre, & les vents déchaînés sembloient avoir conspiré contre ce misérable vaisseau, déja fort endommagé : en vain le pilote & les matelots firent leurs efforts pour l'arracher à leur fureur. Les côtés trop fortement battus par les vagues, se disjoignent, & prennent plus d'eau que la pompe n'en peut vuider; les marchandises jettées dans la mer pour décharger le vaisseau, ne diminuent point le danger. Ils étoient, pour ainsi dire, sans espoir, & chaque flot les menaçoit de la mort. Mais après plusieurs jours d'une tempête continuelle, un vent du midi décida de leur sort & les fit échouer : c'étoit le moindre des maux qui leur pouvoient arriver.

On jetta l'ancre aussi-tôt à la portée d'un trait de terre, & les chaloupes, qui étoient leur dernière espérance, furent mises à la mer. Sofa, sa femme & ses enfans, & les principaux de sa suite, ayant pris à la hâte ce qu'ils pouvoient avoir de plus précieux, se jettèrent dedans: le danger les suivoit; la violence des flots soulevés par les vents & pressés par les bords du rivage, élevoient des montagnes d'eau capables de les abîmer. Cependant ils gagnèrent la terre avec beaucoup de peine & de péril. Tous ne purent pas se servir des chaloupes: car après le second ou troisième trajet, elles furent englouties, & brisées sur des rochers cachés sous l'eau: en même tems le cable de l'ancre se rompit, & les personnes qui étoient restées dans le vaisseau n'eurent d'autre moyen de se sauver que de se jetter à la mer pour gagner le rivage. Les uns se saisirent des tonneaux ou des coffres, d'autres se fièrent à leur force & à leur habileté à nager. Très-peu néanmoins eurent le bonheur d'arriver sans accident, & ce naufrage coûta la vie à près de 300 hommes, Portugais ou étrangers. A peine avoient-ils touché la terre que le vaisseau s'abîma. Cette perte jetta les Portugais dans le plus grand désespoir; ils auroient pu des débris de leur navire construire une espece de brigantin, & quand le tems l'auroit permis, aller chercher quelques secours à Soffala ou à Mozambique; mais cette dernière ressource leur manqua.

Le pays où ils échouèrent, étoit sous le trente-unième degré de l'équateur au midi: Sofa fit faire de grands feux pour sécher ou réchauffer ses gens, qui souffroient infiniment du froid, de la faim & de leurs blessures. Il leur fit distribuer avec économie une petite quantité de farine échappée au naufrage, mais à demi gâtée par l'eau de la mer. Leur position étoit cruelle. Cette plage ne présentoit qu'un sable inculte & des rochers arides. Après bien des recherches ils découvrirent cependant des sources d'eau douce qui leur furent bien utiles : bientôt ils commencèrent à se retrancher avec leurs coffres & quelques grosses pierres, afin de pouvoir passer la nuit en sûreté. Sofa n'oublia rien en cette occasion des devoirs d'un bon citoyen & d'un maître bienfaisant. Il fit rester ses gens dans cet endroit jusqu'à ce qu'ils se fussent rétablis des fatigues de la mer, & tant qu'il eut l'espérance d'y subsister des provisions que les vagues avoient apportées du vaisseau. Il fallut néanmoins songer à la retraite, & l'on délibéra sur la route qu'il falloit prendre : tous furent d'avis de suivre la côte, jusqu'à ce qu'on eût trouvé le fleuve, auquel Laurent Marchesez avoit donné le nom du Saint-Esprit, & où les Portugais de Soffala & de Mozambique faisoient un grand négoce.

Ce fleuve étoit éloigné de leur poste d'environ cent quatre-vingt lieues. Sofa, après la résolution prise, rassure sa troupe, & par ses paroles & par sa contenance les exhorte à ne point perdre

courage : « Il faut, leur dit-il, avant de s'expo-
» fer à la mer, être réfolu à la foif, à la faim,
» aux pertes & à toutes fortes d'incommodités.
» Loin de s'abattre, il faut les recevoir comme
» attendus, & faire tenir lieu à ces maux paffa-
» gers, des éternels qui étoient fi juftement dûs
» aux crimes qu'ils avoient commis. Il ajouta,
» que dans cette difgrace il falloit moins regarder
» ce qu'ils avoient perdu, que ce qu'ils avoient
» fauvé ; que la grande perte de leurs biens pou-
» voit être encore plus grande par celle de leur
» vie ; qu'il n'avoit qu'un avis à leur donner, c'é-
» toit de ne fonger à aucun bien particulier ; que
» les intérêts perfonnels devoient être bannis en
» faveur du public ; qu'il n'y avoit rien de sûr
» dans les partialités & dans la divifion, & rien
» à craindre dans l'union & dans l'intelligence ».
Il finit enfuite par une prière, que l'amour lui fit
faire en faveur de fa femme & de fes enfans ; &
fupplia fes compagnons d'infortune d'avoir quelque égard dans le chemin, au fexe de l'une & à
l'âge des autres. Tous lui répondirent qu'il étoit
jufte que les plus forts & les plus robuftes vinf-
fent au fecours des foibles, & qu'il pouvoit les
conduire où bon lui fembleroit, qu'ils le fuivroient
par-tout & ne fe fépareroient jamais de fon obéif-
fance.

Aussi-tôt ils se mirent en chemin. Cette espece de caravane se trouvoit composée de Sofa, d'Eléonore son épouse, femme d'un courage viril, de leurs enfans incapables encore de connoître le danger de leur situation, d'André Vasez, maître du vaisseau, & de quatre-vingt Portugais : cette première troupe étoit suivie d'environ cent valets, qui portoient tour-à-tour les enfans sur leur dos, & la mère dans une espece de chaise informe ; ensuite venoient des matelots & des servantes ; enfin Pantaléon avec quelques Portugais & des esclaves, fermoient la marche.

Après quelques journées de chemin par des endroits très-dangereux ; ils se trouvèrent arrêtés par des rochers inaccessibles & des torrens enflés par les pluies de la saison. Tout en cherchant à découvrir les chemins les plus faciles, ils firent plus de cent lieues, au lieu de trente qu'il leur restoit à faire en côtoyant la mer. Bientôt les vivres leur manquèrent, & ils furent contraints de se nourrir de pommes & de fruits sauvages, & même des herbes dont les animaux de ces cantons savent se repaître.

Après quatre mois de marche, ils arrivèrent enfin au fleuve du Saint-Esprit, mais sans le reconnoître ; car il a dans ce pays trois bras différens qui se rejoignent avant de se jetter dans la mer.

Leurs doutes furent levés par le roi du lieu, qui se trouva d'autant mieux intentionné pour les Portugais, qu'il avoit quelque tems auparavant négocié fort paisiblement avec Laurent Marchesez & Antoine Caldere : ce prince reçut obligeamment Sosa & les siens, & leur donna à entendre que le roi son voisin étoit un homme fourbe & avide, dont ils avoient tout à redouter. Le desir de regagner promptement quelque endroit habité par des Européens, leur ferma les yeux sur les malheurs qu'on leur prédisoit ; mais ils eurent bientôt lieu de se repentir d'avoir passé le second bras du fleuve.

Dès le lendemain ils apperçurent deux cens Caffres qui venoient droit à eux. Quoiqu'épuisés de foiblesse, ils apprêtèrent leurs armes & se disposèrent au combat ; mais voyant les Caffres approcher tranquillement, & qu'ils témoignoient plus d'envie de les connoître que de leur nuire, ils se rassurèrent & tâchèrent d'en obtenir des vivres pour de l'argent ou en échange de quelques ferremens dont cette nation est très-curieuse. La confiance sembloit s'établir en eux, & les besoins des Pottugais favorisoient leur bonne opinion sur ce peuple, mais l'occasion de dépouiller ces étrangers de tout ce qu'ils possédoient, parut trop favorable à ces barbares pour la manquer ; & afin d'exécuter plus facilement leur deſſein perfide, ils firent comprendre aux Portugais, que s'ils vouloient venir juſqu'à l'habitation de leur roi, ils feroient fort bien reçus. Leur extrême laſſitude & la joie d'avoir trouvé le fleuve qu'ils cherchoient, un motif plus puiſſant encore, la difette des vivres, leur fit accepter la propoſition des Caffres. Ils les fuivirent donc vers la demeure de leur chef; mais celui-ci leur fit dire de s'arrêter dans un lieu couvert d'arbres qui fe trouvoit fur la route. Ils y féjournèrent quelques jours, pendant leſquels ils purent acheter quelques alimens groſſiers avec divers effets qu'ils avoient fauvés du vaiſſeau. Trompé par l'air de ſincérité de ce peuple, Sofa crut qu'il pouvoit attendre en cet endroit l'arrivée de quelques marchands de Soffala, & fit demander au roi la permiſſion de s'y fixer & d'y conſtruire quelques cabanes pour lui, fa femme & toute fa troupe que tant de courfes & de fatigues avoient bien diminuée.

Le roi, plus fubtil qu'on n'auroit dû le foupçonner, fit dire à Sofa : « Que deux circonſtances
» avoient retardé l'accueil favorable qu'il vouloit
» leur faire; la première, la cherté & la rareté
» des vivres; la feconde, la peur que fes fujets
» avoient eue de leurs épées & de leurs armes ;
» que fi cependant ils vouloient les lui remettre

» pour sûreté d'un séjour paisible & tranquille, il
» consentiroit à sa demande ».

L'espoir de trouver un terme à leurs fatigues, fit que les Portugais acceptèrent ces conditions, que la prudence devoit leur inspirer de refuser. En vain Eléonore rappela à Sofa les impressions défavorables que le premier roi leur avoit données de celui-ci; il éluda les prières & les avertissemens de sa femme, & s'abandonna par une funeste crédulité, aux offres artificieuses de ce prince. Le reste de la troupe suivit l'exemple du capitaine, & les armes furent livrées au roi perfide. Ils ne tardèrent pas à s'en repentir; car aussi-tôt les Caffres s'emparèrent des trésors qu'ils avoient apportés avec tant de fatigues, & les dépouillèrent de tous leurs vêtemens. Ceux qui tentèrent de faire résistance furent impitoyablement massacrés par ces barbares.

Eléonore seule leur résistoit avec courage; mais que peut une femme contre des hommes aussi féroces? Ils ne lui laissèrent aucun vêtement. Honteuse de se voir exposée toute nue à la vue de ces infames & de ses propres domestiques, elle se jetta dans un fossé qui se trouvoit à quelques pas, & s'enterra pour ainsi dire dans le sable, résolue de n'en point sortir. Accablée de fatigue & de douleur, elle ne put s'empêcher de dire à André Vasez & à quelques autres Portugais qui ne vouloient

Histoire des Naufrages. Tom. 2 pag. 11

C. D. Marillier del. P. F. Tigart sculp.

pas la quitter : « Hé bien, mes amis ! voilà les fruits
» de votre ridicule confiance. Allez ; je n'ai plus
» besoin de rien, ne songez maintenant qu'à vous ;
» & si le ciel vous permet de revoir votre patrie,
» ne manquez point de raconter à ceux qui dai-
» gneront se souvenir de l'infortunée Eléonore &
» de son mari, que nos péchés ont attiré sur nous
» la colère du Ciel, & nous ont précipités dans
» cet abîme de maux ». Suffoquée alors par les
sanglots, la voix lui manqua; mais elle jettoit de
tendres regards sur ses petits enfans & sur son mari.
Celui-ci abattu, consterné de son imprudence &
de ses suites funestes, étoit immobile. Déja les
Caffres s'étoient retirés avec tout leur butin, ses
compagnons s'étoient dispersés pour éviter la mort
dont ils étoient menacés, & il ne s'en appercevoit pas. Enfin, le sentiment sembla se réveiller
en lui, & il courut de tous côtés pour voir s'il ne
rencontreroit pas quelque fruit dont il pourroit prolonger l'existence de sa femme & de ses malheureux enfans ; mais nud & sans armes, que pouvoit
trouver Sofa dans un pays ravagé par des barbares & brûlé par le soleil ? Il revint souvent épuisé
de fatigues, & à son dernier retour il trouva sa
femme & ses enfans morts de faim & de soif.
Il eut le courage de leur donner la sépulture.
Aussi-tôt fuyant ce lieu d'horreur, il se perdit dans

dans ces deferts, où fans doute il mourut, car on n'en eut plus de nouvelles. On peut préfumer qu'il fut dévoré par quelque bête féroce dans ce pays où elles abondent.

Le voyage de Sofa eut cette funefte iffue en 1553. Les miférables reftes de cette troupe réduite à vingt-fix hommes par les fatigues & les maux qu'ils fouffrirent, furent long-tems errans & enfin traités comme des efclaves. Ils auroient tous fini leurs jours dans cet état de fouffrance & d'humiliation, fi un marchand Portugais, qui étoit allé de Mozambique en ce pays pour y acheter de l'ivoire, ne les eût rachetés moyennant quatre fefterces par tête. Pantaléon Sala en fut un; il mourut d'apoplexie à Lisbonne, étant extrêmement âgé.

Le défaftre de Sofa excita une grande compaffion parmi fes compatriotes, mais ne corrigea pas leur imprudence; l'année fuivante, cinq autres vaiffeaux fortirent du port de Cochin pour le Portugal, Fernand Alvare Capral les commandoit. Un feul de ces vaiffeaux arriva à Lisbonne, après mille dangers : on ne fait ce que devinrent les autres, excepté de celui qu'on appeloit le *Saint-Benoît*; il étoit fi chargé que les matelots ne pouvoient prefque pas travailler à la manœuvre. Une forte tempête l'accueillit au milieu de sa course & près du cap de Bonne-Espérance; un coup de vent l'ayant jetté à terre, le brisa sur la côte aride qu'on appelle de Natal. Deux cens hommes voulant se sauver à la nage y périrent.

Mesquita Perestrelle, qui survécut à ce désastre, & qui nous en a laissé une description fort exacte, exagère les frayeurs qu'éprouvèrent ses compagnons, par l'apparition des démons en l'air & le bruit des ames errantes des matelots, qu'il assura avoir entendues & vues. Les malheureux échappés du naufrage, éprouvèrent les mêmes disgraces que la troupe de Sofa; car ayant presque suivi leurs traces, ils souffrirent les plus grandes extrémités de la faim & de la soif. Enfin, de trois cens qu'ils étoient, ils furent réduits au nombre de vingt-trois hommes, lesquels à demi-morts de foiblesse & de maigreur, furent faits esclaves. Quelques mois après, des négocians attirés par le commerce dans ce canton, les rachetèrent, & les conduisirent à Soffala & à Mozambique, où ils arrivèrent après avoir supporté bien des fatigues.

N.º 2.

SITUATION
DÉPLORABLE

Du Vaisseau François, le Jacques, *à son retour du* Brésil *en* France, *causée par une famine extraordinaire & le mauvais état de ce vaisseau, en* 1558 (*).

De tous les fléaux qui peuvent assaillir les navigateurs en pleine mer, le plus terrible sans doute est la disette des vivres. Les relations des voyages

---

(*) Cette relation a été publiée pour la première fois en 1578, sous ce titre : *Histoire d'un voyage fait en la terre du Brésil*, par Jean de LERY ; il y en a eu cinq éditions. On la trouve aussi en abrégé dans l'Histoire générale des voyages, par l'abbé PRÉVOST, quatorzième vol. *Paris*, 1757, in-4°.

nous en fourniffent plufieurs exemples : un des plus frappans fe trouve dans l'hiftoire du retour du Bréfil (1) en France du vaiffeau françois le *Jacques*. Jean *de Lery*, en avoit été témoin & prefque la victime : il rapporte cet événement avec des circonftances qui font frémir le lecteur. Dans la néceffité où nous fommes de donner au moins une idée de fon voyage au Bréfil, nous abrégerons le plus qu'il fera poffible les faits qui ont précédé fon retour en France.

En 1555, Nicolas *Durand de Villegagnon*, chevalier de Malthe, & vice-amiral de Bretagne, livré aux opinions des nouveaux fectaires, & aigri fans doute par quelques traverfes dans l'exercice de fon emploi, conçut le projet de former en Amérique une colonie de Proteftans. Ce chevalier étoit brave, entreprenant, homme de beaucoup d'efprit, & plus favant que ne l'eft ordinairement un militaire. Ses deffeins furent déguifés à la cour fous la fimple vue de faire un établiffement françois dans le Nouveau-Monde, à l'exemple des Portugais & des Efpagnols. Sous ce prétexte, il obtint de Henri II, trois vaiffeaux bien équipés qu'il fit monter par des Calviniftes déclarés ou fecrets. Il appareilla du Havre-de-Grace au mois de Mai, & n'arriva au Bréfil que dans le cours de Novembre fuivant. Villegagnon étant entré dans une rivière, presque sous le tropique du capricorne, il s'empara d'une petite île sur laquelle il bâtit un fort qu'il nomma *le fort de Coligny*. L'ouvrage étoit à peine cemmencé, qu'il renvoya ses vaisseaux en France, avec des lettres où il rendoit compte de sa situation à la cour. Il en adressa aussi d'autres à quelques amis qu'il avoit à Genève.

Ces lettres produisirent l'effet qu'il en attendoit. L'église de Geneve saisit ardemment l'occasion de s'étendre dans un pays éloigné, où toutes les apparences lui promettoient pour ses partisans une liberté dont ils ne jouissoient point en France. L'amiral de Coligny, leur protecteur déclaré, à qui Villegagnon n'avoit pas manqué de faire aussi part de son projet, prit cette ouverture fort à cœur. Pour le faire réussir, il sollicita fortement par ses lettres un vieux gentilhomme nommé Philippe de *Corguilleray*, mais plus connu sous le nom de *Dupont*, de se mettre à la tête des émigrans pour le Brésil. Dupont s'étoit retiré à Genève depuis quelque tems, & il y étoit considéré comme un homme d'une prudence consommée & très-zélé pour le parti. Il refusa d'abord sous le prétexte de son âge & de la longueur du voyage; cependant il céda aux vives sollicitations de Calvin.

Aussi-tôt qu'il fut décidé, la réputation de ce chef détermina beaucoup de particuliers de tous états entreprendre le voyage du Brésil, le confistoire choisit aussi deux ministres d'un mérite éprouvé : l'un fut Pierre *Richer*, âgé de cinquante ans, & l'autre Guillaume *Chartier*.

Cependant Dupont ne dissimula point à tous ceux qui se présentèrent, qu'il y avoit cent-cinquante lieues par terre, plus de deux mille lieues par mer, & que le Brésil, cette terre promise, étoit inculte & mal-sain. Le plus grand nombre retourna en arrière ; quatorze seulement, parmi lesquels se trouvoit *Jean de Léry*, âgé de vingt-deux ans, auteur de la relation du voyage, persévérèrent avec les deux ministres : ils partirent tous de Genève le 10 Septembre 1556.

Leur embarquement devant se faire à Honfleur, ils prirent leur route par Rouen, d'où ils tirèrent encore quelques recrues.

Tous ces émigrans montèrent sur trois vaisseaux de guerre, armés aux dépens du roi, commandés par *Bois-le-Comte*, avec la qualité de vice-amiral : il étoit neveu de Villegagnon.

Pour ne point nous écarter de notre plan, nous supprimerons le détail du départ, ainsi que ceux de la navigation de Bois-le-Comte, tels que les tempêtes qu'il éprouva, la saisie de quelques caravelles portugaises, la disette des vivres, & autres incidens ordinaires des voyages.

Tome II.   B

Le 7 de Mars 1557, la flotte entra dans l'embouchure de Rio-Janeiro. Au bruit de l'artillerie, tous les colons accoururent, & l'empressement fut égal des deux côtés pour se joindre.

Villegagnon embrassa tous les passagers qui étoient sur la flotte, & leur fit très-bon accueil. Pendant plus d'un mois ces démonstrations continuèrent de sa part ; « mais comme il n'est pas aisé de se » masquer long-tems, dit Léry, on s'apperçut » bientôt qu'il y avoit peu de fonds à faire sur » un prosélyte tel que lui ». Soit que le chevalier voulût faire sa paix avec la cour dont il avoit reçu les reproches les plus amers sur son changement de religion, soit qu'il fût naturellement inconstant, on ne fut pas peu surpris de le voir se livrer à des disputes sur la doctrine de Calvin, & particulièrement sur la Cêne. Chaque jour il exigeoit des ministres de nouvelles pratiques & des innovations dans l'administration des sacremens. Enfin il leva absolument le masque & cessa de faire bon visage aux Protestans. Il devint même si chagrin, que jurant à tout propos par le Corps Saint Jacques, son serment ordinaire, qu'il romproit la tête, les bras & les jambes au premier qui le fâcheroit, personne n'osoit plus se trouver devant lui.

Léry rapporte divers exemples de la cruauté de

Villegagnon; il convient même que si les Protestans, qui étoient en assez grand nombre pour se faire redouter, n'eussent été retenus par la crainte de déplaire à l'amiral de Coligni, ils auroient saisi plus d'une fois l'occasion de s'en défaire. Mais ils se contentèrent de tenir leurs assemblées sans sa participation, & sur-tout de choisir le tems de la nuit pour célébrer la Cêne. Cette conduite dont il ne put manquer de s'appercevoir, & l'inquiétude qu'il en eut, lui firent prendre le parti de déclarer qu'il ne vouloit plus souffrir de Protestans dans son fort.

« Ainsi, ajoure Léry, après avoir aidé à bâtir ce fort, nous fûmes obligés d'en sortir & même de l'île, pour attendre le départ d'un vaisseau du Havre, qui étoit venu charger des bois de teinture : nous nous retirâmes sur le rivage de la mer, à gauche de l'embouchure du fleuve, dans un lieu que les François avoient nommé *la Briqueterie*, & qui n'étoit qu'à une demi-lieue du fleuve. Les sauvages, plus humains que Villegagnon, nous y apportèrent des vivres. Ils furent notre unique ressource pendant deux mois entiers ».

La Briqueterie, où les Protestans s'étoient retirés, étoit un terrein sur lequel on avoit construit quelques mauvaises cabanes pour mettre à couvert les François qui alloient à la pêche, ou que d'autres raisons appeloient du même côté. Cette retraite étoit assez commode pour faire naître à la troupe fugitive le dessein de s'y établir, s'il y avoit eu quelque espérance de s'y soustraire à l'autorité de Villegagnon qui étoit muni des ordres du roi.

Dans l'intervalle du séjour des Protestans à la Briqueterie, quelques gens de Villegagnon, rebutés de son joug qui s'appésantissoit tous les jours, le quittèrent pour se joindre à eux. La crainte d'une plus grande désertion le fit user de son autorité pour hâter leur départ. Il écrivit en conséquence à *Fariban*, capitaine d'un vaisseau qui étoit à l'ancre à l'embouchure du fleuve, qu'il pouvoit sans difficulté les prendre à bord; il leur envoya même un congé signé de sa main. Mais Léry le charge ici d'une noire trahison. « Dans un petit coffret, dit-il, qu'il donna au maître du navire, enveloppé de toile cirée, à la façon de la mer, & plein de lettres qu'il envoyoit en France à plusieurs personnes, il avoit mis aussi un procès fait & formé contre nous à notre insu, avec mandement exprès au premier juge auquel on le bailleroit en France, qu'en vertu d'icelui il nous retînt & fît brûler comme hérétiques qu'il disoit que nous étions (*) ». Ce

---

(*) Pages 424 & 425 de la quatrième édition.

vaisseau, qui se nommoit *le Jacques*, ayant achevé de charger du bois de teinture, du poivre, du coton, des singes, des perroquets & d'autres productions du pays, se trouva prêt à partir le 4 de Janvier 1558. On s'embarqua aussi-tôt, & l'ancre fut levée le même jour. Tout l'équipage montoit à quarante-cinq hommes, matelots & passagers, sans y comprendre le capitaine, & Martin *Beaudouin*, du Havre, maître du vaisseau.

Nous laisserons dans la bouche de Léry la narration du retour des Protestans en France, qui présente une suite non-interrompue des scènes les plus étranges ; nous nous contenterons seulement de réformer son style & d'abréger ses longueurs.

« Nous avions, dit-il, à doubler de grandes basses entremêlées de rochers qui s'étendent d'environ trente lieues en mer. Le vent n'étant pas favorable à nous faire quitter la terre sans la côtoyer, nous fûmes d'abord tentés de rentrer dans l'embouchure du fleuve. Cependant, après avoir navigé sept ou huit jours, il arriva pendant la nuit que les matelots qui travailloient à la pompe ne purent épuiser l'eau, quoiqu'ils en eussent compté plus de quatre mille *bastonés*. Le contre-maître surpris d'un accident dont personne ne s'étoit défié, descendit au fond du vaisseau, & le trouva non-feulement entr'ouvert en plufieurs endroits, mais fi plein d'eau, qu'on le fentoit peu à peu comme enfoncer. Tout le monde ayant été réveillé, la confternation fut extrême. Il y avoit tant d'apparence qu'on alloit couler à fond, que la plupart défefpérant de leur falut fe préparèrent à la mort.

» Cependant quelques-uns, du nombre defquels j'étois, prirent la réfolution d'employer tous leurs efforts pour prolonger leur vie de quelques momens. Un travail infatigable nous fit foutenir le navire avec deux pompes jufqu'à midi, c'eft-à-dire, près de douze heures, pendant lefquelles l'eau continua d'entrer en fi grande abondance, que nous ne pûmes diminuer fa hauteur. Cette eau, paffant par les tas de bois de Bréfil dont le vaiffeau étoit chargé, fortoit par les canaux, auffi rouge que du fang de bœuf. Le charpentier aidé des matelots les plus intelligens, parvint enfin à découvrir fous le tillac les fentes & les trous les plus dangereux, & à les boucher avec du lard, du plomb & des draps.

» Cependant nous apperçûmes la terre, & le vent étant favorable pour y aborder, nous prîmes tous la réfolution d'y retourner. C'étoit auffi l'opinion du charpentier, qui s'étoit apperçu dans fes recherches que le navire étoit tout rongé de vers. Mais le maître craignant d'être abandonné de fes matelots s'ils touchoient une fois au rivage, aima mieux hasarder sa vie que ses marchandises, & déclara qu'il étoit résolu de continuer sa route. Cependant il offrit aux passagers une barque pour retourner au Brésil ; à quoi Dupont, que nous n'avions pas cessé de reconnoître pour chef, répondit qu'il vouloit tirer aussi vers la France, & qu'il conseilloit à tous ses gens de le suivre. Là-dessus, le contre-maître observa qu'outre les dangers de la navigation, il prévoyoit qu'on seroit long-tems sur mer, & que le vaisseau n'étoit point assez fourni de vivres. Nous fûmes six, à qui la double crainte de la famine & du naufrage fit prendre le parti de regagner la terre dont nous n'étions éloignés que de neuf à dix lieues.

» On nous donna la barque, que nous chargeâmes de tout ce qui nous appartenoit, avec un peu de farine & d'eau. Tandis que nous prenions congé de nos amis, un d'entr'eux qui avoit une singulière affection pour moi, me dit en tendant la main vers la barque où j'étois déja ; « Je vous » conjure de demeurer avec nous. Confidérez que » si nous ne pouvons arriver en France, il y a » plus d'espérance de nous sauver, soit du côté » du Pérou, soit dans quelqu'autre île, que sous » le pouvoir de Villegagnon, de qui nous ne de-» vons jamais espérer aucune faveur ». Ces instances firent tant d'impression sur moi, que le tems ne me permettant plus de longs discours, j'abandonnai une partie de mon bagage dans la barque, & je me hâtai de remonter à bord. Les cinq autres, qui étoient *Bourdon*, *du Bordel*, *Verneuil*, *La Fond* & *le Balleur*, prirent congé de nous les larmes aux yeux, & retournèrent au Brésil. Je ne remettrai pas plus loin à faire observer les remerciemens que je dois au ciel pour m'avoir inspiré de suivre le conseil de mon ami. Nos cinq déserteurs étant arrivés à terre avec beaucoup de difficultés, Villegagnon les reçut si mal, qu'il fit donner la mort aux trois premiers.

» Le vaisseau normand remit donc à la voile comme un vrai cercueil dans lequel ceux qui se trouvoient renfermés s'attendoient moins à vivre jusqu'en France, qu'à se voir bientôt ensevelis au fond des flots. Outre la difficulté qu'il eut d'abord à passer les basses, il essuya de continuelles tempêtes pendant tout le mois de Janvier; & ne cessant point de faire beaucoup d'eau, il seroit péri cent fois le jour, si tout le monde n'eût travaillé sans cesse aux deux pompes.

» Nous nous éloignâmes ainsi du Brésil d'environ 200 lieues, jusqu'à la vue d'une île inhabitable, aussi ronde qu'une tour, qui n'a pas plus d'une demi-lieue de circuit. En la laissant de fort près à gauche, nous la trouvâmes remplie d'arbres couverts d'une belle verdure, d'un prodigieux nombre d'oiseaux dont plusieurs sortirent de leur retraite pour se venir percher sur les mâts de notre navire, où ils se laissoient prendre à la main; il y en avoit de noirs, de gris, de blanchâtres, & d'autres couleurs, tous inconnus en Europe, qui paroissoient fort gros en volant, mais qui, étant pris & plumés, n'étoient guère plus charnus qu'un moineau. Nous aperçûmes des rochers fort pointus, mais peu éleyevés, qui nous firent craindre d'en trouver d'autres à fleur d'eau; dernier malheur qui nous auroit sans doute exemptés, pour jamais du travail des pompes. Nous en sortîmes heureusement. Dans tout notre passage, qui fut d'environ cinq mois, nous ne vîmes pas d'autre terre que ces petites îles, que notre pilote ne trouva pas même sur sa carte, & qui n'avoient peut-être jamais été découvertes ».

On se trouva le 3 de Février, à trois degrés de la ligne, c'est-à-dire, que depuis près de sept semaines on n'avoit pas fait la troisième partie de la route. Comme les vivres diminuoient beaucoup, on proposa de relâcher au cap de Saint-Roch, où quelques vieux matelots assuroient qu'on pouvoit se procurer des rafraîchissemens. Mais la plupart se déclarèrent pour le parti de manger les perroquets & d'autres oiseaux qu'on apportoit en grand nombre, & cet avis prévalut. Quelques jours après, le pilote ayant pris hauteur déclara qu'on se trouvoit droit sous la ligne, le même jour où le soleil y étoit, c'est-à-dire, l'onzième de Mars; singularité si remarquable, suivant Léry, qu'il ne peut croire qu'elle soit arrivée à beaucoup d'autres vaisseaux. Il en prend occasion de discourir sur les propriétés de l'équateur, & sur les raisons qui y rendent la navigation difficile; mais sa philosophie moins éclairée que celle de notre siecle, jette si peu de lumière sur les difficultés qu'elle se forme, qu'on passe sur cette vaine discussion, pour lui laisser faire un récit beaucoup plus intéressant.

« Nos malheurs, dit-il, commencèrent par une querelle entre le contre-maître & le pilote, qui pour se chagriner mutuellement affectoient de négliger leurs fonctions. Le 26 de Mars, tandis que le pilote faisant son quart, c'est-à-dire, conduisant trois heures, tenoit toutes les voiles hautes & déployées, un impétueux tourbillon frappa si rudement le vaisseau, qu'il le renversa sur le côté, jusqu'à faire plonger les hunes & le haut des mâts. Les cables, les cages d'oiseaux, & tous les coffres qui n'étoient pas bien amarrés, furent renversés dans les flots, & peu s'en fallut que le dessus du bâtiment ne prît la place du dessous. Cependant la diligence qui fut apportée à couper les cordages servit à le redreſſer par degrés. Le danger, quoiqu'extrême, eut ſi peu d'effet pour la réconciliation des deux ennemis, qu'au moment qu'il fut paſſé, & malgré les efforts qu'on fit pour les appaiſer, ils ſe jettèrent l'un ſur l'autre, & ſe battirent avec une mortelle fureur ».

» Ce n'étoit que le commencement d'une affreuſe ſuite d'infortunes. Peu de jours après, dans une mer calme, le charpentier & d'autres artiſans cherchant le moyen de ſoulager ceux qui travailloient aux pompes, remuèrent ſi malheureuſement quelques pieces de bois au fond du vaiſſeau, qu'il s'en leva une aſſez grande par où l'eau entra tout-d'un-coup avec tant d'impétuoſité, que ces miſérables ouvriers forcés de remonter ſur le tillac, manquèrent d'haleine pour expliquer le danger, & ſe mirent à crier d'une voix lamentable : Nous ſommes perdus ! nous ſommes perdus ! Sur quoi le capitaine, maître & pilote, ne doutant point de la grandeur du péril, ne penſoient qu'à mettre la barque dehors en toute diligence, faiſant jetter en mer les panneaux qui couvroient le navire, avec grande quantité de bois de Bréſil & autres marchandiſes ; & délibérant de quitter le vaiſſeau, ſe vouloient ſauver les premiers. Même le pilote, craignant que pour le grand nombre de perſonnes qui demandoient place dans la barque, elle ne fût trop chargée, y entra avec un grand coutelas au poing, & dit qu'il couperoit les bras au premier qui feroit semblant d'y entrer. Tellement que nous voyant délaissés à la merci de la mer, & nous ressouvenant du premier naufrage dont Dieu nous avoit délivrés, autant résolus à la mort qu'à la vie, nous allâmes nous employer de toutes nos forces à tirer l'eau par les pompes, pour empêcher le navire d'aller à fond. Nous fîmes tant, qu'elle ne nous surmonta point.

Mais le plus heureux effet de notre résolution fut de nous faire entendre la voix du charpentier, qui étant un petit jeune-homme de cœur, n'avoit pas abandonné le fond du navire comme les autres. Au contraire, ayant mis son caban à la matelote sur la grande ouverture qui s'y étoit faite, & se tenant à deux pieds dessus pour résister à l'eau, laquelle, comme il nous dit après, de sa violence le souleva plusieurs fois, crioit en tel état & de toute sa force, qu'on lui portât des habillemens, des lits de coton & autres choses pour empêcher l'eau d'entrer pendant qu'il racoûtreroit la piece. Il ne faut pas demander s'il fut servi promptement. Par ce moyen nous fûmes préservés du danger.

» On continua de gouverner, tantôt à l'est,

tantôt à l'ouest, qui n'étoit pas notre chemin ; car notre pilote, qui n'entendoit pas bien son métier, ne sut plus observer sa route ; & nous allâmes ainsi dans l'incertitude, jusqu'au tropique du cancer, où nous fûmes pendant quinze jours dans une mer herbue. Les herbes qui flottoient sur l'eau étoient si épaisses & si serrées, qu'il fallut les couper avec des coignées pour ouvrir le passage au vaisseau. Là, une autre accident faillit de nous perdre : notre canonnier faisant sécher de la poudre dans un pot de fer, le laissa si long-tems sur le feu qu'il rougit, & la flamme ayant pris à la poudre, donna si rapidement d'un bout à l'autre du navire, qu'elle mit le feu aux voiles & aux cordages. Il s'en fallut peu qu'elle ne s'attachât même au bois, qui étant goudronné n'auroit pas manqué de s'allumer promptement & de nous brûler vifs au milieu des eaux. Nous eûmes quatre hommes maltraités par le feu, dont l'un mourut peu de jours après, & j'aurois eu le même sort si je ne m'étois couvert le visage de mon bonnet qui me garantit ; j'en fus quitte pour avoir le bout des oreilles & les cheveux grillés ».

Léry ne met encore cette disgrace qu'au nombre de celles qu'il a nommées son prélude.

» Nous étions, continue-t-il, au 15 d'Avril; il nous restoit environ cinq cens lieues jusqu'à la côte de France. Nos vivres étoient si diminués, malgré le retranchement qu'on avoit déja fait sur les rations, qu'on prit le parti de nous en retrancher la moitié; & cette rigueur n'empêcha point que vers la fin du mois toutes les provisions ne fussent épuisées. Notre malheur vint de l'ignorance du pilote, qui se croyoit proche du cap de Finisterre en Espagne, tandis que nous étions encore à la hauteur des îles Açores, qui en sont à plus de trois cens lieues. Une si cruelle erreur nous réduisit tout-d'un-coup à la dernière ressource, qui étoit de balayer la soûte, c'est-à-dire, la chambre blanchie & plâtrée où l'on tient le biscuit. On y trouva plus de vers & de crottes de rats, que de miettes de pain. Cependant on en fit le partage avec des cuillers, pour en faire une bouillie aussi noire & plus amère que suie. Ceux qui avoient encore des perroquets, (car depuis long-tems plusieurs avoient mangé les leurs) les firent servir de nourriture dès le commencement du mois de Mai, que tous vivres ordinaires manquèrent entre nous. Deux mariniers, morts de mal-rage de faim, furent jettés hors le bord : & pour montrer le très-pitoyable état où nous étions lors réduits, un de nos matelots nommé Nargue, étant debout, appuyé contre le grand mât, & les chauffes avallées, fans qu'il pût les relever, je le tannai de ce qu'ayant un peu de bon vent il n'aidoit point avec les autres à hauffer les voiles; le pauvre homme, d'une voix baffe & pitoyable, me dit : Hélas! je ne faurois ; & à l'inftant il tomba roide mort ».

L'horreur d'une telle fituation fut augmentée par une mer fi violente, que faute d'art ou de force pour ménager les voiles, on fe vit dans la néceffité de les plier, & de lier même le gouvernail. Ainfi le vaiffeau fut abandonné au gré des vents & des ondes. Le gros tems même ôtoit l'unique efpérance dont on pût fe flatter, qui étoit celle de prendre un peu de poiffon.

» Auffi tout le monde, continue Léry (*), étoit-il d'une foibleffe & d'une maigreur extrêmes. Cependant la néceffité faifoit penfer & repenfer à chacun dequoi il pourroit appaifer fa faim. Quelques-uns s'avisèrent de couper des pieces de certaines rondelles faites de la peau d'un animal nommé

___

(*) On regretteroit fans doute que la fuite de ce récit fût dans un autre ftyle que celui de l'auteur : combien de détails touchans ne faudroit-il pas facrifier à l'élégance !

tapirouſſou, les firent bouillir à l'eau pour les manger; mais cette recette ne fut pas trouvée bonne. D'autres mirent ces rondelles ſur les charbons, & lorſqu'elles furent un peu rôties, le brûlé ôté & raclé avec un couteau, cela ſuccéda ſi bien, que les mangeant de cette façon, il nous étoit avis que ce fuſſent carbonnades de couenne de pourceau. Cet eſſai fait, ce fut à qui avoit des rondelles, de les tenir de court; & comme elles étoient auſſi dures que cuir de bœuf ſec, il fallut des ſerpes & autres ferremens pour les découper. Ceux qui en avoient, portant les morceaux dans leurs manches en petits ſacs de toiles, n'en faiſoient pas moins de compte que font par-deçà les gros uſuriers de leurs bourſes pleines d'écus. Il y en eut qui en vinrent juſques-là, de manger leurs collets de maroquin & leurs ſouliers de cuir. Les pages & garçons du navire, preſſés de mal-rage de faim, mangèrent toutes les cornes des lanternes, dont il y a toujours grand nombre aux vaiſſeaux, & autant de chandelles de ſuif qu'ils en purent attraper. Mais notre foibleſſe & notre faim n'empêchoient pas que, ſous peine de couler à fond, il ne fallût être nuit & jour à la pompe avec grand travail.

„ Environ le 12 de Mai, notre canonnier, auquel j'avois vu manger les tripes d'un perroquet, toutes crues, mourut de faim. Nous en fûmes peu touchés, car loin de penser à nous défendre si l'on nous eût attaqués, nous eussions plutôt souhaité d'être pris de quelque pirate qui nous eût donné à manger. Mais nous ne vîmes dans notre retour qu'un seul vaisseau dont il nous fut impossible d'approcher.

» Après avoir dévoré tous les cuirs de notre vaisseau, jusqu'aux couvercles des coffres, nous pensions toucher au dernier moment de notre vie; mais la nécessité fit penser à quelqu'un de chasser les rats & les souris; & l'espérance de les prendre d'autant plus facilement, que n'ayant plus les miettes & d'autres choses à ronger, elles couroient en grand nombre, mourant de faim dans le vaisseau. On les poursuivit avec tant de soin & tant de sortes de pieges, qu'il en demeura fort peu. La nuit même on les cherchoit à yeux ouverts, comme les chats. Un rat étoit plus estimé qu'un bœuf sur terre. Le prix en monta jusqu'à quatre écus. On les faisoit cuire dans l'eau, avec tous leurs intestins qu'on mangeoit comme le corps. Les pattes n'étoient pas exceptées ni les autres os qu'on trouvoit le moyen d'amollir.

» L'eau manqua aussi; il ne restoit pour tout breuvage qu'un petit tonneau de cidre que le capitaine & les maîtres ménageoient avec grand soin.

Tome II.   C

S'il tomboit de la pluie, on étendoit des draps, avec un boulet au milieu pour la faire diftiller. On retenoit jufqu'à celle qui s'écouloit par les égoûts du vaiffeau, quoique plus trouble que celle des rues. On lit dans Jean de Léon que les marchands qui traverfent les déferts d'Afrique, fe voyant en même extrémité de foif, n'ont qu'un feul remede, c'eft que tuant un de leurs chameaux & tirant l'eau qui fe trouve dans fes inteftins, ils la partagent entr'eux & la boivent. Ce qu'il dit enfuite d'un riche négociant, qui traverfant un de ces déferts, & preffé d'une foif extrême, acheta une taffe d'eau, d'un voiturier qui étoit avec lui, la fomme de dix mille ducats, montre la force de ce befoin; cependant, ajoute le même hiftorien, & le négociant & celui qui lui avoit vendu fon eau fi cher, moururent également de foif; & l'on voit encore leur fépulture dans un défert, où le récit de leur aventure eft gravé fur une groffe pierre.

Pour nous, l'extrémité fut telle, qu'il ne nous refta plus que du bois de Bréfil, plus fec que tout autre bois, que plufieurs néanmoins dans leur défefpoir grugeoient entre leurs dents. Corguilleray Dupont, notre conducteur, en tenant un jour une piece dans la bouche, me dit avec un grand foupir : « Hélas ! Léry, mon ami, il m'eft dû en France

» une somme de quatre mille francs, dont plût à
» Dieu qu'ayant fait bonne quittance, je tinsse
» maintenant un pain d'un sou & un seul verre
» de vin ». Quant à maître Richer, notre ministre, mort depuis peu à la Rochelle, le bonhomme étant étendu de foiblesse pendant nos misères, dans sa petite cabine, ne pouvoit même lever la tête pour prier Dieu, qu'il invoquoit néanmoins, couché à plat comme il étoit.

» Je dirai ici en passant, avoir non-seulement observé dans les autres, mais senti moi-même, pendant les deux plus cruelles famines où j'ai passé, que lorsque les corps sont atténués, la nature défaillante & les sens aliénés par la dissipation des esprits, cette situation rend les hommes farouches, jusqu'à les jetter dans une colère qu'on peut bien nommer une espece de rage; & ce n'est pas sans cause que Dieu menaçant son peuple de la famine, disoit expressément que celui qui avoit auparavant les choses cruelles en horreur, deviendroit alors si dénaturé, qu'en regardant son prochain, & même sa propre femme & ses enfans, il desireroit d'en manger. Car, outre l'exemple du père & de la mère qui mangèrent leur propre enfant au siege de Sancerre, & celui de quelques soldats, qui ayant commencé par manger les corps des ennemis tués par leurs armes, confessèrent ensuite que si la famine eût continué, ils étoient réfolus de fe jetter fur les vivans ; nous étions d'une humeur fi noire & fi chagrine fur notre vaiffeau, qu'à peine pouvions-nous nous parler l'un à l'autre fans nous fâcher ; & même, (Dieu veuille nous le pardonner) fans nous jetter des œillades & des regards de travers, accompagnés de quelque mauvaife volonté de nous manger mutuellement.

» Les 15 & 16 de Mai, il nous mourut encore deux matelots, fans autre maladie que l'épuifement caufé par la faim. Nous en regrettâmes beaucoup un nommé *Rolleville*, qui nous encourageoit par fon naturel joyeux, & qui dans nos plus grands dangers de mer comme dans nos plus grandes fouffrances, difoit toujours : Mes amis, ce n'eft rien. Moi, qui avois eu ma part à cette famine inexprimable, pendant laquelle tout ce qui pouvoit être mangé l'avoit été, je ne laiffois pas d'avoir toujours fecrétement gardé un perroquet que j'avois, prefqu'auffi gros qu'une oie, prononçant auffi nettement qu'un homme ce que l'interprete dont je le tenois lui avoit appris de la langue françoife & de celle des Sauvages, & du plus charmant plumage. Le grand defir que j'avois d'en faire préfent à M. l'amiral, me l'avoit fait tenir caché cinq ou fix jours, fans avoir aucune nourriture à lui donner. Mais il fut facrifié comme les autres à la nécessité, sans compter la crainte qu'il ne me fût dérobé pendant la nuit. Je n'en jettai que les plumes; tout le reste, c'est-à-dire, non-seulement le corps, mais aussi tripes, pieds, ongles & bec crochu, soutint pendant quatre jours mes amis & moi. Cependant mon regret fut d'autant plus vif, que le cinquième jour nous découvrîmes la terre. Les oiseaux de cette espece pouvant se passer de boire, il ne m'eût pas fallu trois noix pour le nourrir dans cet intervalle.

» Enfin, Dieu nous tendant la main du port, fit la grace à tant de misérables étendus presque sans mouvement sur le tillac, d'arriver le 24 de Mai 1558, à la vue des terres de Bretagne. Nous avions été trompés tant de fois par le pilote, qu'à peine osâmes-nous prendre confiance aux premiers cris qui nous annoncèrent notre bonheur. Cependant nous fûmes bientôt que nous avions notre patrie devant les yeux. Après que nous en eûmes rendu graces au ciel, le maître du navire nous avoua publiquement que si notre situation eût duré seulement un jour de plus, il avoit pris la résolution, non-pas de nous faire tirer au sort, comme il est arrivé quatre ou cinq ans après dans un navire qui revenoit de la Floride (*); mais sans

---

(*) Léry raconte qu'en 1564, la famine fit tuer sur

avertir personne, de tuer un d'entre nous pour le faire servir de nourriture aux autres ; ce qui me causa d'autant moins de frayeur, que malgré la maigreur extrême de mes compagnons, ce n'auroit pas été moi qu'il eût choisi pour première victime, s'il n'eût voulu manger seulement de la peau & des os.

» Nous nous trouvions peu éloignés de la Rochelle, où nos matelots avoient toujours souhaité de pouvoir décharger & vendre leur bois de Brésil. Le maître ayant fait mouiller à deux ou trois lieues de terre, prit la chaloupe avec Dupont & quelques autres, pour aller acheter des vivres à Hodierne dont nous étions assez proche. Deux de nos compagnons qui partirent avec lui, ne se virent pas plutôt au rivage, que l'esprit troublé par le souvenir de leurs peines & par la crainte d'y retomber, ils prirent la fuite sans attendre leur bagage, en protestant que jamais ils ne retourneroient au vaisseau ».

Fort long-tems après, l'un des deux ayant lu les premières éditions du voyage de Léry, lui écri-

---

mer un malheureux, nommé la Chere, & que l'équipage extrêmement affoibli commença par boire son sang tout chaud. Il cite l'histoire de la Floride, où l'on trouve effectivement ce fait, chap. 3.

vit à Genève, pour lui marquer combien il avoit eu de peine à rétablir sa santé. Les autres revinrent sur le champ avec toutes sortes de vivres, & recommandèrent aux plus affamés d'en user d'abord avec modération.

On ne pensoit plus qu'à se rendre à la Rochelle, lorsqu'un navire françois passant à la portée de la voix, avertit que toute cette côte étoit infestée par certains pirates. L'impuissance où l'on étoit de se défendre, détermina tout le monde à suivre le vaisseau dont on avoit reçu cet avis. Ainsi, sans le perdre de vue, on alla mouiller le 26 dans le beau port de Blavet.

Pour l'instruction des voyageurs, arrêtons-nous un moment aux observations de Léry, dont les détails naifs & curieux ne peuvent être conservés que dans son style.

» Entre plusieurs vaisseaux de guerre qui se trouvoient dans ce port, il y en avoit un Saint-Malo, qui avoit pris & emmené un navire espagnol revenant du Pérou & chargé de bonnes marchandises, qu'on estimoit plus de soixante mille ducats. Le bruit s'en étant divulgué par toute la France, il étoit arrivé à Blavet quantité de marchands, parisiens, lyonnois, & d'autres lieux, pour en acheter. Ce fut un bonheur pour nous, car plusieurs d'entr'eux se trouvant près de notre vaisseau lorsque nous en voulûmes descendre, non-seulement ils nous emmenèrent par-dessous les bras comme gens qui ne pouvoient encore se soutenir ; mais apprenant ce que nous avions souffert de la famine, ils nous exhortèrent à nous garder de trop manger, & nous firent d'abord user peu-à-peu des bouillons de vieilles poulailles bien consommées, de lait de chevre & autres choses propres à nous élargir les boyaux que nous avions tous fort rétrécis. Ceux qui suivirent ce conseil s'en trouvèrent bien. Quant aux matelots qui voulurent se rassasier dès le premier jour, je crois que de vingt échappés à la famine plus de moitié crevèrent & moururent subitement. De nous autres quinze, qui nous étions embarqués comme simples passagers, il n'en mourut pas un seul, ni sur terre, ni sur mer. A la vérité, n'ayant sauvé que la peau & les os, non-seulement on nous auroit pris pour des cadavres déterrés, mais aussi-tôt que nous eûmes commencé à respirer l'air de terre, nous sentîmes un tel dégoût pour toutes sortes de viandes, que moi pareillement, lorsque je fus au logis & que j'eus approché le nez du vin qu'on me présenta, je tombai à la renverse, dans un état qui me fit croire prêt à rendre l'esprit. Cependant, ayant été couché sur un lit, je dormis si bien cette première fois, que je ne me réveillai point avant le jour suivant.

» Après avoir pris quatre jours de repos à Blavet, nous nous rendîmes à Hennebon, petite ville qui n'en est qu'à deux lieues, où les médecins nous conseillèrent de nous faire traiter; mais un bon régime n'empêcha point que la plupart ne devinssent enflés depuis la plante des pieds jusqu'au sommet de la tête. Trois ou quatre seulement, entre lesquels je me compte, ne le furent que de la ceinture en bas. Nous eûmes tous un cours de ventre si opiniâtre, qu'il nous auroit ôté l'espérance de pouvoir jamais rien retenir, sans le secours d'un remede dont je crois devoir la recette au public. C'est du lierre terrestre & du riz bien cuit, qu'il faut étouffer dans le même pot avec quantité de vieux draps alentour. On y jette ensuite des jaunes d'œufs, & le tout doit être mêlé ensemble dans un plat sur un réchaud. Ce mêts qu'on nous fit manger avec des cuilliers comme de la bouillie, nous délivra tout-d'un-coup d'un mal qui n'auroit pu durer quelques jours de plus sans nous faire périr tous ».

Mais Léry & ses compagnons étoient menacés d'un autre danger dont ils n'avoient eu jusqu'alors aucune défiance. On doit se rappeler que Villegagnon avoit remis au maître du navire un petit coffre qui contenoit avec ſes lettres un procès qu'il avoit formé contr'eux, & qu'il envoyoit tout inſtruit aux juges du premier lieu où le coffre ſeroit ouvert. Il le fut à Hennebon, parce que Villegagnon qui étoit né en Bretagne voulut écrire à diverſes perſonnes de cette province. Le procès fut remis aux juges. Mais Dupont en connoiſſoit quelques-uns auſſi attachés que lui à l'égliſe de Genève, qui loin d'avoir égard à ces odieuſes accuſations, les ſupprimèrent, & ne rendirent que de bons offices à ceux dont elles menaçoient la vie.

Ils quittèrent Hennebon pour ſe rendre à Nantes, ſans avoir encore la force de conduire leurs chevaux ni de ſupporter le moindre trot, obligés même d'avoir chacun leur homme à pied pour les conduire par la bride. Nos ſens, dit Léry, étoient comme entièrement renverſés. A Nantes, ils eurent encore pendant huit jours l'oreille ſi dure & la vue ſi troublée, qu'ils craignirent d'être devenus ſourds & aveugles, à l'exemple de Jonathas, fils de Saül, (car Léry ne perd point une occaſion de s'appuyer du témoignage des livres ſaints). Cependant ils furent ſi bien traités, qu'un mois après il ne leur reſtoit pas la moindre foibleſſe aux yeux. Ils furent guéris auſſi de leur ſurdité. Mais l'eſtomac de Léry demeura fort foible, & les nouveaux malheurs du même genre dans leſquels il retomba au fiege de Sancerre, achevèrent de le ruiner. Il ne nous apprend point quelle fut fa retraite en quittant la ville de Nantes. D'autres circonftances ont pu faire juger qu'il prit le parti de retourner à Genève.

Mais il ne laiffe point fans éclairciffement ce qu'il a déja dit de l'établiffement des François au fort de Coligni. Villegagnon, que quelqu'un, dit-il, a nommé le Caïn de l'Amérique, abandonna cette place, & par fa faute elle tomba enfuite, avec l'artillerie marquée aux armes de France, au pouvoir des Portugais. Il revint en France, où il ne ceffa point de faire la guerre aux fectateurs de Calvin, & mourut au mois de Décembre 1571, dans une commanderie de l'ordre de Malthe, nommée Beauvais en Gâtinois, près de Saint-Jean de Nemours.

NOTES.

(1) LE BRÉSIL eft un grand pays de l'Amérique méridionale. Il en occupe la partie la plus orientale, entre l'équateur & le tropique du capricorne. Cette région a été découverte en 1500, par Vincent Yanez *Pinçon*, capitaine Efpagnol, qui

avoit accompagné Christophe Colomb à son premier voyage; la même année, elle fut encore découverte par dom Pedro Alvarès *Cabral*, Portugais.

Le Brésil est borné à l'est & au nord par la mer, à l'ouest par le pays des Amazones, & au sud par le Paraguay. Sa plus grande largeur d'occident en orient est de trois cent-vingt-cinq lieues, & son étendue du nord au sud est de huit cent-soixante-quinze. Cette riche contrée a d'abord été sous la domination du roi d'Espagne, ensuite les Hollandois s'emparèrent de la partie septentrionale; mais en 1660, après une longue guerre elle a été cédée aux Portugais. Ils sont depuis cette époque les seuls maîtres de tout le Brésil, qui est leur principale ressource. Les fils ainés des rois de Portugal portent le nom de prince du Brésil.

L'air est très-sain dans cette partie de l'Amérique, & les chaleurs n'y sont pas excessives, quoique située dans la zone-torride; les eaux y sont excellentes. Le Brésil abonde en cannes de sucre qui y viennent en plus grande quantité que par-tout ailleurs; le sucre qu'elles fournissent passe pour le meilleur, on ne donne que le second rang à celui des îles Antilles. L'Europe tire annuellement trente à trente-deux millions pésant de sucre de ce pays. Il s'y trouve des forêts entières de bois de

Bréfil fi connu pour la teinture, des mines d'or & de diamans fort abondantes, de belles topazes & beaucoup d'émeraudes. C'eſt du Bréfil que vient l'ipécacuanha, remede fi utilement employé dans la médecine, & l'excellent baume de copahu, huile balfamique tirée par incifion de l'arbre appelé copaïba. Les cannelliers qu'on y a tranfportés d'Afie y ont parfaitement réuffi.

Cette contrée fournit du coton, du tabac, du maïs, de la vanille, du cacao, du café, de la laque, de l'ambre gris, des ananas, &c. Les animaux, les plantes & les fruits y font d'une variété inconcevable. Les finges & les perroquets du Bréfil font renommés.

On trouve auffi dans ce pays une grande quantité de poudre d'or, qui fe ramaffe dans le lit des rivières; on prétend qu'on en raffemble annuellement pour quarante à cinquante milions, dont le roi de Portugal a le quint. Les diamans fe trouvent également à la fuperficie de la terre, dans les lieux que les torrens defcendus des collines & des montagnes ont laiffés à fec. Ils font moins durs, moins nets & ont moins de feu & de jeu que ceux des Indes orientales, mais ils font plus blancs; à quantité égale pour le poids, ils ont un dixième de moins pour la valeur. Le diamant le plus confidérable qu'on connoiffe eft celui du roi de Portugal, tiré des mines du Bréſil; il peſe mil ſix cens quatre-vingt carats, ou douze onces & demie. Quoiqu'il ne ſoit pas d'une belle eau, il eſt eſtimé un milliard deux cent-quatre-vingt-dix-huit millions.

Les Portugais ne poſſedent guère que les côtes de ce pays, ſur cent lieues environ de profondeur. L'intérieur eſt peuplé d'une multitude de nations ſauvages qui ne ſont pas ſoumiſes. Les principales ſont les Margajats, les Topinambinoux, les Tapuyas, les Guaracas, les Petiguares, les Tupinabes, les Molopaques, les Caroës, les Tapiguiris, les Lopis, les Cumpehas, les Petivares, les Gaymures, &c. De toutes ces nations, celle des Tapuyas & la plus nombreuſe; on en compte environ ſoixante-ſeize branches. Celle des Tapiguiris forme un peuple pigmée quoique robuſte. Ces peuples ſont cruels, vindicatifs, preſque toujours en guerre entre eux, & antropophages, à l'exception des Cumpehas, preſque la ſeule nation du continent du Bréſil qui ne mange point de chair humaine. Les Bréſiliens vivent dans des cabanes & couchent dans des réſeaux ou filets de coton ſuſpendus en l'air; cet uſage s'eſt introduit parmi eux pour ſe ſouſtraire aux atteintes des lions & des léopards dont leurs forêts abondent, & auſſi à cauſe de l'humidité du pays. Ils n'ont ni loix ni princes, & ne donnent point de marques de religion. Leurs occupations ordinaires font la chaffe, la pêche & la danfe.

Les nations qui habitent le Bréfil, paffent avec raifon pour les plus barbares de l'Amérique : cependant, fi on en croit Léry, & Knivet voyageur anglois qui a publié quelques recherches fur les différentes nations du Bréfil, il paroît que la plupart de ceux qui en ont parlé, ont exagéré à ce fujet. Quelques obfervations extraites de ces deux voyageurs donneront au lecteur une idée vraie de leur caractère & de leurs mœurs.

En général, les Bréfiliens reffemblent pour la taille aux Européens, mais ils font plus robuftes & moins fujets aux maladies. On ne voit prefque point chez eux de paralytiques, d'eftropiés, d'aveugles, de boîteux ni de contrefaits. Ils font toujours gais, fans foucis comme fans paffions, fi ce n'eft la vengeance qu'ils portent à l'excès. Leur teint eft comme celui des Efpagnols & des Portugais. Ils fe peignent le corps de plufieurs couleurs, mais les cuiffes & les jambes font peintes en noir. Ils regardent comme un agrément du vifage d'avoir le nez plat, & le premier foin des pères, à la naiffance des enfans, eft de leur rendre cet important fervice.

Les deux fexes parmi les différentes nations qui peuplent le Bréfil, font toujours nuds, à l'exception des jours de réjouissance & en tems de guerre. Cependant ceux qui avoisinent les colonies européennes commencent à se civiliser & à se vêtir, au moins de la ceinture en bas.

Les hommes portent leurs cheveux en couronne, à peu près comme les prêtres, & se percent la levre inférieure ; ils y passent une pierre qui est une espece de jaspe verd : ce bisarre ornement les rend difformes, en leur faisant paroître deux bouches. Dans leurs guerres & aux jours de fêtes solemnelles, ils s'appliquent sur le front & sur les joues, avec une gomme fort visqueuse, de petites plumes d'un oiseau noir qu'ils nomment toucan. Pour les jours de festin de chair humaine, qui sont ceux de leurs plus grandes réjouissances, ils se font une espece de chaperon de plumes vertes, rouges & jaunes, & s'en ornent très-proprement les bras, de manière qu'ils semblent parés de manches de velours bigarré. Sur leurs épaules ils se mettent des plumes d'autruche, liées par bas au-dessus des reins avec une corde de coton, & tellement éparpillées par le haut, qu'ils semblent des oiseaux en mue.

Les femmes sont nues comme les hommes. Elles laissent croître leurs cheveux qu'elles portent ordinairement épars sur leurs épaules ; quelquefois elles les séparent en deux parties tressées avec un cordon de coton teint en rouge. Les Brésiliennes ne

se

se percent ni les levres ni les joues, mais seulement les oreilles ; elles les ornent de pendeloques de coquilles si grandes, qu'elles tombent sur les épaules & jusques sur la poitrine. Leur visage est fardé de plusieurs couleurs. Elles portent des brasselets de petits os très-proprement joints ensemble avec de la gomme.

Ce n'est jamais par des motifs d'intérêt ou de conquête que les peuples du Brésil se font la guerre. Ils ne pensent qu'à venger la mort de leurs parens ou de leurs amis mangés par d'autres. La vengeance est une passion si ardente chez eux, que jamais ils ne se font aucun quartier. Ceux qui ont formé quelque liaison avec les Européens reviennent par degrés de cette férocité.

On a cependant observé qu'avec un goût si vif pour la chair humaine, non-seulement les Brésiliens se bornent à ne manger que leurs ennemis, mais que dans leurs guerres mêmes ils ne mangent que ceux qui tombent vifs entre leurs mains, sans toucher aux morts ou mourans étendus sur le champ de bataille. Après le combat, les prisonniers sont emmenés dans les Aldéjas du vainqueur, où ils sont gardés & engraissés avec soin. Ces Aldéjas sont les villages du Brésil ; ils sont composés de plusieurs cabanes faites avec des branches d'arbres & revêtues d'herbes jusqu'à terre ; elles sont fort longues, &

Tome II. D

de loin il semble que se sont des allées de treillage. Pendant le tems qu'ils laissent vivre leurs prisonniers, ils donnent des femmes aux hommes, mais ils ne donnent point d'hommes aux femmes. Le jour de la mort n'est jamais fixé, il dépend de l'embonpoint des captifs; lorsqu'il leur paroît suffisant, ils sont assommés & mangés avec grand appareil.

Toute la férocité des Brésiliens n'empêche point qu'ils ne vivent très-paisiblement entr'eux. Ils reçoivent aussi fort humainement les étrangers qui viennent ou passent dans leurs villages. Léry qui les avoit beaucoup pratiqués pendant son séjour en Amérique, les représente fort jaloux de l'honnêteté naturelle, sans que leur nudité ordinaire devienne jamais une occasion d'y manquer. Il assure aussi que l'adultère est en horreur chez toutes les nations du Brésil, c'est-à-dire, que malgré la liberté bien établie de prendre plusieurs femmes & de les répudier, un homme n'en doit pas connoître d'autre que celle qu'il prend à ce titre, & les femmes doivent être fidelles à leurs maris, autrement elles seroient assommées sans pitié.

Les Brésiliens sont naturellement fort sobres. Ils se nourrissent ordinairement de deux sortes de racines, l'Aipy & le Manioc. Ces plantes se cultivent, & n'ont pas besoin, dans un pays aussi fertile, d'être plus de trois mois en terre pour devenir hautes d'un demi-pied & de la grosseur du bras. Ils usent aussi du maïs. La pêche, la chasse & la volaille leur fournissent abondamment une nourriture agréable & variée.

C'est un usage particulier des nations du Brésil, de boire & de manger à différentes heures, ensorte qu'ils s'abstiennent de manger lorsqu'ils boivent, & de boire lorsqu'ils mangent. Dans le tems de leur repas, ils rejettent toute sorte de soins & & d'affaires, sans excepter celles de leurs haînes & de leurs vengeances, qu'ils remettent toujours après avoir satisfait leurs besoins.

La côte du Brésil est divisée en quinze gouvernemens ou capitaineries ; il y en a trois sur la côte septentrionale, celles de Para, de Maragnan, & de Siara ; & douze sur la côte orientale du nord au sud, savoir, celles de Rio-Grande, de Paraïba, de Tamaraca, de Fernambouc, de Seregippe, de la Baie de tous les Saints ou de San-Salvador, de Rios dos Itheos, de Porto-Séguro, de Spiritu-Sancto, de Rio-Janeïro, de Saint-Vincent, & de la Province del Rey.

Trois rivières principales arrosent ce pays, celle de Saint-François, la rivière qu'on nomme Réale, & celle de Doce.

La capitale du Brésil est San-Salvador, ville

D ij

grande, riche, peuplée & très-commerçante. On y compte deux mille maisons. Son port est excellent. Cette ville est la résidence du vice-roi du Brésil, le siege d'un archevêque & d'une cour souveraine. Les habitans passent pour être voluptueux, fainéans & dévots. Ses autres villes remarquables sont Rio-Janeïro ou Saint-Sébastien, Para, Paraïba, Olinde ou Fernambouc, & Saint-Vincent.

N.º 3.

NAUFRAGE

Du Vaisseau Portugais le Saint-Jacques, *monté par l'Amiral* FERNANDO MEN-DOZA, *brisé sur les écueils appelés* Baixos de Juida, *à soixante-dix lieues des côtes orientales de l'Afrique en* 1586 (*).

LES Portugais soutenoient encore, vers la fin du seizième siecle, la réputation qu'ils s'étoient acquise dans les Indes par leurs conquêtes & un courage à toute épreuve. Leur prospérité étoit cependant interrompue de tems en tems par des revers & des infortunes que l'on attribua quelquefois à l'opiniâtreté

_____

(*) Ce naufrage est tiré de la navigation aux Indes orientales, par Jean-Hugues DE LINSCOT, *in-fol.* Amsterdam, 1610.

ou à l'ignorance des capitaines de vaisseaux de cette nation.

Jean-Hugues *de Linscot*, Hollandois, dans l'histoire de sa navigation aux Indes orientales, en rapporte un exemple frappant.

Au mois de Mai 1586, on reçut à Goa la confirmation de la nouvelle du naufrage du vaisseau amiral *le Saint-Jacques*. Le détail portoit qu'après avoir doublé le cap de Bonne-Espérance, le capitaine estimant n'avoir ni écueils ni dangers à craindre, laissoit voguer le vaisseau à pleines voiles, sans observer ses cartes, ou du moins sans y apporter une grande attention. Le vent favorable lui fit faire en peu de tems beaucoup de chemin, & le poussa hors de sa route vers les rochers ou écueils appelés *Baixos de Juida*, distans de cinquante lieues de l'île de Saint-Laurent ou Madagascar, & de soixante-dix de la côte de terre-ferme ; vis-à-vis de Soffala, sous le vingt-deuxième degré & demi au midi de la ligne équinoxiale, à quatre-vingt-dix lieues de Mozambique. Ces rochers sont la plupart de pierre aigüe, noire, verte & blanche.

Le voisinage de ces écueils & le risque de s'y briser, fit ouvrir les yeux à quelques-uns des passagers qui avoient voyagé plusieurs fois dans ces mers. Ils remontrèrent au capitaine qu'ils étoient au milieu des écueils, & qu'il étoit dangereux de laisser aller le vaisseau avec toutes ses voiles, surtout pendant la nuit, & dans une saison où les tempêtes étoient très-fréquentes. Le capitaine opiniâtre méprisa ces sages représentations, & usant de son autorité il ordonna aux pilotes de faire ce qu'il leur commandoit, que l'ordre du roi portoit qu'on eût à lui obéir, & que son avis devoit prévaloir. Enfin, le même jour, entre onze heures & minuit, le vaisseau fut jetté vers ces écueils, & y fut arrêté sans pouvoir être dégagé. Alors on entendit de toutes parts les cris plaintifs & confus d'une multitude composée de cinq cens hommes, de quelques moines ou Jésuites, & de trente femmes, qui ne voyant que la mort devant leurs yeux, se lamentoient épouvantablement. La manœuvre & tous les efforts furent inutiles. L'amiral *Fernando Mendoza*, le capitaine & le premier pilote avec dix ou douze autres, se jettèrent aussi-tôt dans l'esquif, l'épée à la main, en s'écriant qu'ils alloient chercher sur les écueils un endroit propre à recueillir les débris du navire, qu'ensuite on en construiroit un bateau suffisant pour contenir tout l'équipage & gagner la terre-ferme. Ces quinze échappés abordèrent effectivement, mais après avoir cherché inutilement un endroit convenable pour l'exécution de ce projet, ils ne jugèrent point à propos de retourner au vaisseau, & résolurent au contraire de naviger vers le continent. Quelques vivres, qui avoient été jettés à la hâte dans l'esquif, furent distribués entr'eux; ils dirigèrent ensuite leur route vers l'Afrique, & y touchèrent heureusement au bout de dix-sept jours, après avoir éprouvé toutes les horreurs de la disette & d'une tempête affreuse.

Ceux qui étoient restés sur le vaisseau ne voyant point revenir l'esquif, commencèrent à désespérer de leur salut. Pour comble de malheur, le vaisseau se fracassa entre les deux tillacs, & le grand esquif fut fort endommagé par les chocs redoublés que lui occasionnoit la violence des vagues. Les ouvriers, quoique très-experts, désespéroient de pouvoir le mettre en état de s'en servir, lorsqu'un italien nommé *Cypriano Grimaldi* sauta dedans avec quatre-vingt-dix hommes de l'équipage, & se fit fort de le radouber de façon à tenir la mer : il mit aussi-tôt la main à l'œuvre, secondé par la plupart de ceux qui l'avoient suivi.

Les malheureux qui n'avoient pu se jetter dans l'esquif, le voyoient s'éloigner avec larmes & gémissemens; plusieurs qui savoient nager se lancèrent à la mer pour le gagner à la nage : déja quelques-uns s'y accrochoient pour y entrer, lorsque les premiers, craignant de le voir couler à fond par la surcharge de tous ceux qui se présentoient &

l'empoignoient, les repoussoient dans les flots, & de leurs sabres & haches coupoient sans pitié les mains à ceux qui ne vouloient pas lâcher prise. On ne peut exprimer quelle étoit la désolation de ceux qui étoient restés sur les débris flottans du vaisseau : témoins de cette scène barbare & se voyant sans ressource, leurs cris & leurs lamentations auroient touché le cœur des plus insensibles. La condition de ceux qui étoient dans l'esquif n'étoit pas meilleure; leur grand nombre, la disette de vivres, l'éloignement de la terre-ferme, & le mauvais état du frêle vaisseau qui les contenoit, leur faisoient entrevoir l'avenir le plus triste. Cependant quelques-uns des plus résolus, pour éviter le trouble & la division qui auroient mis le comble à leurs maux, ouvrirent l'avis de se soumettre à un capitaine. Tous les autres y consentirent, & élurent aussi-tôt pour les commander avec un pouvoir absolu, un noble métis des Indes. Celui-ci usa dans le moment de son autorité, il fit jetter à la mer les plus foibles, qu'il se contentoit de désigner du doigt. Dans le nombre se trouva un charpentier, qui avoit aidé à radouber l'esquif; il ne demanda pour toute grace qu'un peu de vin & de confitures, & se laissa jetter à la mer sans proférer un seul mot. Un autre proscrit de la même façon, fut sauvé par un trait rare de l'amitié fraternelle. Déja on l'empoignoit pour lui faire subir son malheureux sort, lorsque son frère plus jeune que lui, demanda un sursis. Il observa que son frère étoit habile dans sa profession, que son père & sa mère étoient très-âgés, & que ses sœurs n'étoient pas établies; qu'il ne pouvoit leur être utile comme son frère, & que puisque la circonstance exigeoit une victime des deux, il se dévouoit à la mort. Sa demande lui fut accordée : mais la providence vint à son secours. Ce jeune homme courageux suivit constamment l'esquif pendant plus de six heures, faisant continuellement des efforts pour l'aborder, tantôt d'un côté, tantôt de l'autre. Ceux qui l'avoient jetté à la mer, lui présentoient leurs épées pour l'éloigner. Mais ce qui devoit accélérer sa mort fut son salut. Ce jeune-homme s'élance sur une épée, la saisit par le taillant, sans céder à la douleur ni aux mouvemens qu'on faisoit pour la lui faire abandonner. Les autres admirent sa résolution; & touchés de ce que l'amour fraternel lui avoit fait faire, ils résolurent d'un commun accord de le laisser entrer dans l'esquif. Enfin, après avoir essuyé la faim, la soif & tous les dangers de plusieurs tempêtes, ils abordèrent à la côte d'Afrique le vingtième jour de leur naufrage, & se réunirent à ceux échappés par le premier esquif.

Le reste de l'équipage & des passagers abandonnés sur les débris du vaisseau, tenta de gagner aussi la terre-ferme : ils rassemblent & joignent ensemble les ais & fragmens de cette carcasse délâbrée, ils en forment une espece de radeau que les Portugais nomment jangadas ; mais en vain. Ils périrent tous à la première tourmente, à l'exception de deux qui parvinrent à terre. Ceux qui avoient gagné les côtes d'Afrique, ne se virent point à la fin de leurs malheurs ; à peine étoient-ils débarqués qu'ils tombèrent entre les mains des Caffres, nation farouche & sans humanité, qui les dépouilla & les laissa dans l'état le plus déplorable. Cependant ayant ranimé leur courage & le peu de forces qui leur restoient, ils arrivèrent au lieu où le facteur des Portugais de Soffala & de Mozambique faisoit sa résidence. Ils en furent accueillis très-humainement ; après s'y être reposés quelques jours de leurs fatigues, ils gagnèrent Mozambique & ensuite les Indes. Soixante seulement échappèrent de tous ceux qui s'étoient embarqués sur le Saint-Jacques ; les autres périrent en mer, de fatigue ou de faim. Ainsi l'imprudence d'un seul homme fut la cause de la perte d'un vaisseau considérable & de plus de quatre cent cinquante personnes.

A son retour en Europe, les plaintes des veuves & des orphelins éclatèrent contre lui, il fut arrêté & mis en prison ; mais il fut relâché quelque tems après. Ce funeste événement ne servit point de leçon à cet homme suffisant & opiniâtre ; son caractère étoit indomptable. Il entreprit de conduire un autre vaisseau en 1588, & peu s'en fallut que sous le même degré, il n'essuyât un pareil naufrage : heureusement qu'au lever du soleil il découvrit ces écueils dans lesquels il alloit s'engager aussi imprudemment que la première fois. Mais à son retour des Indes en Portugal, en doublant le cap de Bonne-Espérance, il périt avec le vaisseau qu'il montoit ; juste châtiment de son opiniâtreté & de ses imprudences.

Le même auteur ajoute qu'au mois d'Août suivant on apprit à Goa le naufrage du navire portugais, le *Goa Viagen*. Ce vaisseau fut submergé aux environs du cap de Bonne-Espérance, pour avoir été trop chargé, comme il arrive souvent par l'avidité des matelots, qui prennent plus de marchandises qu'ils n'en déclarent. Parmi ceux qui montoient ce navire, périrent plusieurs officiers qui alloient solliciter à la cour la récompense de leurs services, & aussi l'ambassadeur de Xatama, roi de Perse. Cet envoyé passoit en Europe pour confirmer le traité fait entre les Portugais & les Perses, & leur alliance contre le Turc leur commun ennemi. On peut juger de la perte que les Portugais firent en ce naufrage, le Goa Viagen étant plus richement équipé & chargé que les navires ordinaires qui partent de Cochin pour Lisbonne, & dont les moindres sont estimés un million d'or.

N.° 4.

NAUFRAGE

De deux Vaisseaux Portugais; l'un à la côte de l'Isle de Fiurma, *près celle de* Sumatra, *& l'autre sur une île déserte dans la mer de la Chine, à peu de distance de* Macao, *en* 1605 (*).

Dans le cours de son expédition aux Indes orientales, le chevalier *Michelburne* recueillit successivement les restes de deux équipages portugais naufragés. Nous donnerons avec la suite des prin-

___

(*) Le Journal du voyage à Bantam, du Chevalier Michelburne, qui renferme les relations des naufrages de deux bâtimens portugais, en 1605, se trouve dans le Recueil des voyages publié par Purchassof. M. l'Abbé Prévost l'a aussi inséré dans le premier volume de l'Histoire générale des Voyages, *in*-4°. Paris, 1746.

cipaux événemens de son voyage, les relations succintes qu'il a publiées de leurs infortunes. La rivalité qui existoit alors entre l'Angleterre & le Portugal pour le commerce des Indes, & le généreux procédé du voyageur, sont des circonstances trop intéressantes pour en priver le lecteur sensible.

Edouard Michelburne étoit un gentilhomme Anglois très-opulent, à qui le goût des aventures & le desir d'augmenter ses richesses firent équiper deux vaisseaux. Il en prit le commandement lui-même. Le 5 de Décembre 1604, il appareilla du port de Cowes dans l'île de Wight. Dès le premier jour, il déclara aux deux équipages que n'étant pas fort expérimenté dans les affaires du négoce, il n'attendoit rien que de la fortune & du courage.

Il parle de sa cargaison, sans nous apprendre de quoi elle étoit composée; mais le nom des deux vaisseaux étoient le *le Tigre* & *le Whelp*. Il étoit accompagné du capitaine *Davis*, habile marin, qui avoit déja servi en qualité de pilote dans deux voyages faits aux Indes orientales; le premier, par une flotte hollandoise en 1598, & le second en 1601, par une flotte angloise commandée par l'amiral Lancaster.

Michelburne arriva le 23 de Décembre à l'île de Ténérife, où il jetta l'ancre dans la rade d'Aratana. Jusqu'au 16 de Janvier qu'il passa la ligne, il eut beaucoup à souffrir de l'excès de la chaleur & de plusieurs orages.

Le 22 de Janvier 1605, la flotte aborda à l'île de Loronha, située au quatrième degré de latitude, près des côtes d'Afrique. L'agitation des vagues y est si violente, que la chaloupe fut renversée en s'approchant du rivage. *Richard Michelburne*, parent de l'amiral, eut le malheur de se noyer, sans pouvoir être secouru. Trois jours après, le même accident arriva à la barque longue, & fit périr deux matelots. Quoique cette île soit commode aux voyageurs par sa situation, rien n'est si dangereux que ses bords. Peu de jours auparavant, un vaisseau hollandois que le besoin d'eau & de bois y avoit amené avoit perdu sa chaloupe qui s'étoit brisée contre un rocher, & plusieurs matelots y avoient péri.

La flotte passa le 13 Février au matin à la vue de l'île, ou plutôt du roc de l'Ascension, au huitième degré trente minutes du sud. Le premier d'Avril, elle découvrit la terre d'Afrique, en portant au sud-sud-est, quoique suivant le calcul des pilotes, on s'en crût éloigné de quarante lieues. Le 8, on alla jetter l'ancre dans la baie de Saldanna, & tout le monde eut la liberté de descendre au rivage.

Le pays qui environne cette baie est si bien fourni de toutes sortes de provisions, que les Sauvages ne jouiſſent nulle part d'une ſi parfaite abondance. Il eſt rempli de bœufs & de moutons, dont on rencontre de grands troupeaux comme en Europe, de chevres, de daims, de gazelles, de renards, de lievres, de grues, d'autruches, de hérons, d'oies, de canards, de faiſans, de perdrix, & d'autres ſortes d'excellens oiſeaux. Il eſt arroſé par un infinité de fontaines & de ruiſſeaux d'une eau très-pure, qui deſcendant du ſommet de pluſieurs hautes montagnes, rend les vallées agréables & fertiles. On y trouve au long des côtes un arbre qui reſſemble beaucoup au buis, mais qui eſt beaucoup plus dur; les palmiers qui y ſont en abondance. A peine les Anglois eurent-ils pris terre, qu'ils virent les habitans du pays empreſſés à leur apporter toutes ſortes de proviſions. Un veau gras ne leur coûtoit qu'une demi-livre de fer, & pour deux ou trois cloux ils achetoient un mouton. Mais le monde n'a peut-être point d'hommes auſſi groſſiers & d'un eſprit auſſi borné que ces Negres. Ils n'ont pour habillement qu'une peau de bête paſſée ſur les épaules, & vers la ceinture, un autre piece qui couvre à peine leur nudité. Pendant que la flotte demeura dans leur baie, ils ſe nourriſſoient des inteſtins & de toutes les parties des animaux que les Anglois rejettoient, ſans les nettoyer & ſans y apporter d'autre préparation que de les couvrir un

Tome II. E

moment de cendres chaudes, après quoi se contentant de les secouer un peu, ils mangeoient avidement cette viande à demi-crue & mêlée de cendres. Ils se nourrissent aussi de racines que le pays produit abondamment.

La bonté des rafraîchissemens rendit la santé & les forces à tous les matelots, qui avoient beaucoup souffert du scorbut depuis qu'ils avoient passé la ligne. On remit à la voile le 3 de Mai, après avoir séjourné vingt-cinq ou vingt-six jours dans la baie de Saldanna. Le 7, on se trouva à douze lieues au-delà du cap de Bonne-Espérance, & l'on passa heureusement pendant la nuit les écueils du cap des Aiguilles. Le 9, il s'éleva une tempête qui sépara les deux vaisseaux pendant quarante-quatre jours, & qui fut accompagnée d'un tonnerre épouvantable. Les Portugais appellent cet endroit le lion de la mer, non-seulement parce que les orages y sont continuels, mais à cause d'une espece de rugissement que l'agitation des flots y produit, & qui répand la terreur dans les ames les plus intrépides.

La flotte poussée par un vent favorable découvrit le 24, à la distance de sept ou huit lieues, l'île de Diégo Ruitz, qui est située au dix-neuvième degré quarante minutes de latitude du sud, & à quatre-vingt-dix-huit degrés trente minutes de longitude. On se proposoit d'y relâcher, mais le vent qui augmenta pendant la nuit fit abandonner ce dessein. Le 12 de Juin, on repassa la ligne où le calme, la chaleur, le tonnerre & les éclairs causèrent beaucoup de fatigue & d'inquiétude à la flotte.

Le 19, on découvrit une terre qui parut suivie d'une infinité d'autres que Michelburne reconnut pour autant d'îles situées sur la haute terre de Sumatra. La mer s'y brise avec tant de violence, que les pilotes n'osèrent jamais y aborder, quoique les habitans eussent allumé sur la côte un grand nombre de feux pour les encourager par cette invitation : il en parut même quelques-uns qui les appelèrent par des signes, & qui étant tout-à-fait vêtus, sembloient être des Européens qu'on avoit apparemment laissés dans ce lieu pour y recueillir des noix de coco, & les tenir prêtes à l'arrivée des vaisseaux de leur nation. Le 26, on mouilla l'ancre près d'une grande île déserte qui se nomme Bata, à vingt minutes du sud. Elle a des bois & des rivières en abondance ; les singes y sont en fort grand nombre, avec une espece d'oiseaux qu'on appelle chauve-souris de Bata. Michelburne en tua une, de la longueur d'un lievre & de la taille d'un écureuil. Seulement il lui pend de chaque côté une sorte de peau qu'elle étend en sautant de branche en branche, & qui ressemble véritablement à des

E ij

aîles. Elle est d'une agilité extrême, & souvent pour parcourir toutes les branches d'un arbre elle ne s'appuie que sur sa queue.

Le 4 d'Août, Michelburne remit à la voile par un vent favorable. Le 9, il apperçut près d'une ville nommée Tikou, huit pares ou paros, barques indiennes. Dans l'espérance d'y trouver le vaisseau qu'il cherchoit, il ne balança point à y envoyer Davis avec la chaloupe. C'étoient des Indiens, qui lui assurèrent qu'il y avoit un vaisseau anglois à Priaman, & que cette ville n'étoit plus éloignée que de six lieues.

Il se hâta de porter cette agréable nouvelle à l'amiral. On mit toutes les voiles au vent pour arriver au port de Priaman avant la nuit. Mais à peine eut-on fait une lieue, qu'on donna contre un banc de sable, sous un rocher qu'on auroit pris à sa couleur pour du corail blanc. Le chagrin des Anglois fut égal à leur impatience. Cependant à force de peine & de soins, ils se dégagèrent assez tôt pour entrer le même jour dans la rade de Priaman, où le premier objet qui frappa leurs yeux fut le Whelp qui leur avoit causé tant d'inquiétude. Dans le mouvement de leur joie ils se saluèrent de toute leur artillerie. Le capitaine vint dans son esquif au-devant de l'amiral, & lui raconta toutes les disgraces qu'il avoit essuyées depuis leur séparation. Il avoit rencontré un vaisseau portugais de quarante pieces de canon, qui lui avoit donné la chasse pendant deux jours, & dont il avoit essuyé plusieurs volées qui l'avoient mis dans un extrême danger. Michelburne jetta l'ancre à la vue de Priaman, sur un excellent fond. Cette ville est située à quarante minutes de latitude sud.

Après avoir fait demander au gouverneur la permission d'acheter du poivre & de prendre des rafraîchissemens dans son pays, il lui envoya un présent considérable, dans l'intention de le voir lui-même, & de régler avec lui quelques articles qu'ils jugeoient nécessaires pour la sûreté des Anglois. Mais quoique son présent & ses députés fussent bien reçus, il ne put obtenir la conférence qu'il faisoit demander. Le gouverneur répondit à cette proposition, que la guerre où le royaume d'Achem étoit malheureusement engagé l'obligeoit de s'observer beaucoup. Les Anglois jugèrent, sur le motif de ce refus, qu'ils n'avoient rien à se promettre dans un lieu si peu tranquille ; & le 21, ils partirent pour Bantam.

Le même jour, ils rencontrèrent deux parcs, dont les hommes sautèrent aussi-tôt dans l'eau. Michelburne surpris de voir cette facilité à s'effrayer dans des Indiens qui devoient être accoutumés à la vue des nations de l'Europe, donna ordre à

E iij

ses gens de visiter leurs barques. Quelques anglois s'avancèrent dans la chaloupe avec trop peu de précaution. Il étoit resté derrière les voiles plusieurs Indiens, qui blessèrent dangereusement ceux qui se présentèrent les premiers, & qui se jettant à la nage évitèrent le châtiment auquel ils devoient s'attendre. Cependant Davis, qui avoit été lui-même atteint d'une fleche au bras, pressa les rameurs de les suivre. On en prit deux, malgré l'adresse avec laquelle ils se déroboient en plongeant. Davis qui avoit eu l'occasion dans ses voyages précédens d'apprendre quelques mots de leur langage, n'attendit pas l'interprete pour les interroger. Ils ne lui déguisèrent point qu'ils étoient en mer pour enlever sans distinction tout ce qui leur paroissoit plus foible qu'eux, & qu'ils vivoient de cette piraterie. Davis n'étant point encore satisfait de cette réponse, parce qu'ils avoient commencé à fuir avant qu'ils fussent attaqués par les Anglois, les conduisit à la flotte, & leur fit faire d'autres questions par l'interprete. Les menaces dont elles furent accompagnées leur arrachèrent une confession fort étrange. Ils avouèrent que dans une des petites îles, qui sont en grand nombre aux environs de celle de Sumatra, ils avoient les débris d'un vaisseau européen qui avoit fait naufrage sur leurs côtes, & qu'en ayant sauvé plusieurs hommes & quelques femmes, il les retenoient parmi eux. Michelbune fut le plus ardent à vouloir approfondir ce récit. Il crut qu'indépendamment de la guerre ou du commerce, il n'y avoit point de nation de l'Europe, qu'il ne fût obligé de secourir dans une si triste situation. Quatre hommes qu'il fit entrer dans une parc avec deux Indiens servirent de guides à la flotte, & remontant au-dessus de Priaman, il arriva le soir au travers de plusieurs autres îles à celle d'où les Indiens étoient partis.

NAUFRAGE

Du premier Vaisseau Portugais sur les côtes de l'île de FIURMA.

Entre plusieurs habitans qui se présentèrent sur le rivage, il parut deux hommes vêtus à l'européenne, que les Anglois reconnurent aisément pour des Portugais. Ce fut une raison de balancer s'il leur offriroit du secours, mais le motif qui avoit déterminé Michelburne, eut la force de soutenir sa générosité. Il fit jetter l'ancre à cinquante pas du rivage, & Davis fut envoyé dans la chaloupe pour recevoir des informations.

Il revint bientôt à bord avec les deux Européens qu'on avoit reconnus. C'étoient des Portugais, qui n'ignorant point les justes plaintes que les Anglois avoient à faire de leur nation, supplièrent d'abord l'amiral de considérer moins leur pays que leur qualité d'hommes, & de se laisser toucher à la pitié de leurs infortunes. Ils lui racontèrent qu'étant partis de Ternate pour Calicut, leur capitaine s'étoit obstiné à vouloir relâcher au port d'Achem, par la seule curiosité d'aborder dans un lieu qu'il n'avoit jamais vu, & qu'en traversant les petites îles qui bordent la côte méridionale de Sumatra, il n'avoit pu se garantir de la force des courans, qui l'avoient fait briser contre celle de Fiurma; que de trente-deux hommes dont l'équipage étoit composé, il ne s'en étoit sauvé que sept, avec trois femmes dont l'une étoit Marie Pratencos, jeune veuve du gouverneur Portugais de Brancor; que les habitans de l'île ne leur avoient pas refusé les secours nécessaires à la vie, mais que les trois femmes avoient payé l'hospitalité fort cher; que le gouverneur de l'île, chef d'une troupe de pirates sous la protection du roi de Pedir, avoit forcé la jeune veuve de devenir sa femme, & que deux de ses officiers avoient fait la même violence aux deux autres Portugaises; que depuis plus de cinq mois ils languissoient tous dans le plus triste esclavage, cherchant sans cesse le moyen de gagner l'île de Sumatra, pour se refugier dans les états du roi d'Achem ; qu'à si peu de distance ils n'auroient pas désespéré du passage, s'ils n'avoient été retenus par un sentiment de compassion pour les trois femmes, qui les conjuroient tous les jours de ne pas les abandonner à leur misérable sort ; que le gouverneur Indien brûlant d'une vive passion pour la sienne, ne la perdoit pas un moment de vue ; qu'ils avoit formé plusieurs fois le dessein de le tuer, sans en avoir encore trouvé l'occasion ; que l'île contenoit environ quatre-vingt Indiens, dont la moitié ne le quittoit jamais, tandis que le reste écumoit la mer ou pilloit les côtes voisines, & faisoit peu de quartier aux sujets du roi d'Achem ; que si la pitié touchoit les Anglois envers les trois dames, il ne doutoit pas qu'au seul bruit des armes à feu les pirates n'acceptassent toutes sortes de compositions ; que pour lui & ses compagnons, l'amiral pouvoit disposer de leur vie, mais que s'il étoit assez généreux pour oublier qu'ils étoient Portugais, & les délivrer d'une si malheureuse situation, il ne devoit pas douter qu'ils n'employassent volontairement tout leur sang à son service.

Michelburne fut si touché de ce discours, qu'oubliant en effet pour qui son cœur étoit attendri, il se disposa sur le champ à faire sa descente. Cent-douze hommes qu'il avoit sur ses deux vaisseaux ne lui laissoient rien à craindre dans son entreprise ;

mais il falloit assurer le sort des trois femmes & de tous les Portugais, contre les précautions qu'on pouvoit avoir déja prises pour les éloigner. Aussitôt que l'obscurité fut venue, cinquante Anglois bien armés descendirent sous la conduite de Davis, & suivant les instructions des deux Portugais, ils s'avancèrent jusqu'à la maison du gouverneur, qui n'étoit bâtie que de cannes, à la mode du pays. Tous les Indiens s'y étoient rassemblés, & leurs mouvemens sembloient marquer quelque résolution de se défendre. Davis ayant placé ses gens sur deux lignes, leur donna ordre de se tenir prêts à tirer, mai successivement, de sorte qu'il n'y en eût jamais qu'une partie dont les armes se trouvassent vuides. Ensuite renvoyant les deux Portugais aux Indiens pour s'assurer de leur situation, il prit le parti d'attendre le jour qui étoit déja prêt à paroitre. Un des deux Portugais revint bientôt avec deux autres de ses compagnons; ils rapportèrent que, sans pénétrer l'intention des Anglois & par le seul mouvement de sa défiance, le gouverneur se disposoit à passer dans une île voisine, avec les femmes Indiennes & Portugaises, mais que ne pouvant gagner leurs pares avant le jour, il seroit aisé de les couper en chemin. Davis ne vit aucun risque à suivre le conseil des Portugais, après avoir fait réflexion qu'ils étoient les plus intéressés au succès de son entreprise. Il se laissa conduire sur le passage du gouverneur. Bientôt il le vit paroître avec un grand nombre de femmes, & se montrant à lui de fort près, il jetta tant de frayeur dans toute la troupe, que le gouverneur fut le premier à fuir avec toutes ses femmes & ses Indiens, il ne resta que les trois Portugaises accompagnées de deux hommes de la même nation. Davis, pour augmenter l'effroi des fuyards, fit tirer quelques coups de fusil, sans aucun dessein de leur nuire. Il amena ainsi fort tranquillement les trois femmes à bord, tandis que deux autres Portugais, qui avoient feint de demeurer avec le gros des Indiens pour favoriser l'évasion du gouverneur, se rendirent aussi à la mer par un autre chemin.

Michelbrune, après avoir consolé les trois femmes par ses politesses, leur offrit de les débarquer à Priaman, où elles pouvoient se promettre de trouver quelques Portugais, ou de les conduire jusqu'à Bantam. Elles choisirent le dernier de ces deux partis comme le plus sûr, quoique suivant les apparences elles n'eussent rien à redouter dans le port de Priaman, qui étoit une ville régulière & dévouée au roi d'Achem.

Le 2 de Septembre, la flotte rencontra un petit vaisseau guzarate, d'environ quatre-vingt tonneaux. Elle s'en saisit sans résistance, & le butin quoique médiocre fut utile aux trois Portugaises, parce que la plus grande partie confiftoit en étoffes des Indes, dont Michelburne leur offrit généreufement les plus belles pieces pour fe faire des robes. Il mouilla le même jour à quatre degrés de latitude du fud, dans la rade de Silibar, où le grand nombre de pares qu'il y vit fans ceffe arriver lui caufa de l'étonnement. Les Indiens y étoient attirés par l'abondance des provifions; eau fraîche, bois, riz, chair de buffle & de chevre, poules, racines & poiffons de toutes fortes d'efpeces. Les habitans prennent en échange des toiles & des étoffes qu'ils préfèrent beaucoup à l'argent; mais ils paffent pour les plus grands voleurs de cette côte, & les étrangers ont befoin d'une vigilance continuelle pour s'en défendre. La facilité que les Anglois tirèrent de leur prife pour fe procurer des rafraîchiffemens qui ne leur coûtoient rien, les fit demeurer à l'ancre jufqu'au 28. Ayant remis à la voile, ils arrivèrent deux jours après à trois lieues de Bantam, d'où ils envoyèrent la chaloupe au port de cette ville. Ils s'attendoient d'y trouver encore la flotte de Middleton, mais elle étoit partie depuis trois femaines.

Les facteurs du comptoir s'empreffèrent de venir au devant de leurs compatriotes. Ils leur apprirent que depuis le départ de Middleton, les Hollandois n'avoient pas cessé de leur rendre toutes sortes de mauvais offices, en les représentant au jeune roi de Bantam comme des pirates & des scélérats qui ne cherchoient que l'occasion de leur nuire par l'artifice ou par la violence. Ils avoient encore sept vaisseaux dans la rade, dont l'un étoit de sept ou huit cens tonneaux, mais la plupart des autres étoient fort inférieurs.

Michelburne échauffé par ce récit, & comptant sur la bonté de son artillerie, résolut de les traiter sans ménagement. Il envoya un de ses gens à l'amiral pour lui faire des plaintes au nom de la nation angloise, & lui déclarer que si dans le dessein où il étoit d'aller jetter l'ancre à ses côtés, il s'appercevoit que les Hollandois en voulussent user mal avec lui, il le couleroit à fond. L'amiral ne fit aucune réponse à ce brusque compliment; ce qui n'empêcha point les anglois d'entrer dans la rade & de mouiller à la portée du canon. Pendant plus d'un mois qu'ils y demeurèrent, ils trouvèrent tant de retenue & de modération dans les Hollandois, qu'à peine en virent-ils descendre un sur le rivage.

Après avoir chargé quelques marchandises qui convenoient à ses projets de commerce, Michelburne quitta Bantam pour se rendre à Patane. Entre Malaca & Podra Branca, il rencontra trois pares chargées d'Indiens, à qui la crainte fit gagner aussi-tôt le rivage. Les ayant invités inutilement à s'approcher, il mit dix-huit hommes dans sa chaloupe, avec ordre de les suivre jusqu'à terre, & de leur demander, en payant, un pilote qui fût capable de le conduire à Pulo Timacu. Mais les Indiens qui étoient en grand nombre dans les pares, voyant les deux vaisseaux sur leurs ancres à plus d'un mille, rejettèrent fièrement toutes sortes de propositions. Davis prit aussi-tôt le parti de les attaquer, & dans l'espace d'une demi-heure il en força une de se rendre. Une autre prit la fuite. La troisième fit une longue résistance, & ne se rendit que le lendemain à la pointe du jour. C'étoit la plus riche; elle étoit chargée de benjoin, de storax, de poivre & de porcelaine de la Chine. Michelburne désespéré, pendant le combat, de ne pouvoir s'approcher avec ses vaisseaux, envoya tout ce qu'il put mettre de gens sur les esquifs. Sans ce secours, l'action auroit duré plus long-tems. Il n'y perdit néanmoins que deux hommes, & lorsqu'il eut apprit que les Indiens étoient des Javans, il leur restitua toutes leurs marchandises, en se contentant de prendre parmi eux deux pilotes. Ils venoient de Palimbam pour se rendre à Grisy, ville maritime de l'île de Java, au nord-est.

Le 26, les Anglois découvrirent au nord-ouest

certaines îles dont leurs nouveaux pilotes ne purent leur apprendre le nom, & le vent se trouva si contraire à leur course, que sans les connoître mieux ils se virent forcés d'y relâcher. Cependant à mesure qu'ils s'en approchoient la perspective leur en parut si triste, qu'ayant jetté l'ancre à la distance d'un mille du côté du sud, ils envoyèrent une chaloupe pour reconnoître les côtes. Elle trouva que ce qu'ils avoient pris pour des îles étoit un reste de quelque terre abîmée dont on ne voyoit plus dans quelques endroits que le sommet des arbres, & dans d'autres lieux des collines nues & désertes. Il ne s'y présenta d'ailleurs aucune sorte d'animaux. Cependant comme le vent ne devenoit pas plus favorable, les deux vaisseaux s'approchèrent du côté qui leur parut le plus élevé. On y jetta l'ancre sur un fort bon fond, & la curiosité, plutôt que le besoin, porta Michelburne à descendre. Il trouva sur la côte une source d'eau très-pure, avec diverses traces qui lui firent juger que ce lieu n'avoit pas toujours été désert. Le mauvais tems l'obligea néanmoins d'y passer sept ou huit jours.

On leva l'ancre le 2 de Décembre, en s'efforçant, avec beaucoup de difficulté, de porter constamment vers Patane. Le 22, en passant près de Pulo Laor, le Whelp découvrit trois bâtimens, dont il ne ne put reconnoître la grandeur. Il détacha sa chaloupe pour les obferver ; mais dans l'impétuofité des courans & du vent, elle fut bientôt perdue de vue, & toute la nuit fe paffa dans l'inquiétude de fon fort. Cependant elle étoit montée de quinze hommes réfolus, qui s'étant approchés d'un des trois bâtimens, avoient eu le bonheur de s'en rendre maîtres, quoiqu'il fût d'environ cent tonneaux & qu'il eût dix-huit hommes à bord. Ils reparurent le lendemain avec leur proie. C'étoit un jonc (*) de Panhang, chargé de riz & de poivre, qui faifoit voile à Bantam. Michelburne ne jugea pas que ce butin fût digne de lui. Il n'en prit que deux petites pieces de fonte, dont il paya même la valeur aux Indiens ; & tirant peu d'utilité des pilotes qu'il avoit enlevés aux Javans, il en demanda un au capitaine du jonc pour prix de fa générofité, en lui donnant les deux autres comme en échange.

En s'approchant de Patane, la flotte angloife rencontra un jonc chargé de pirates Japonois qui avoient exercé leurs brigandages fur les côtes de la Chine & de Cambaye. Ayant perdu leur pilote, ils s'étoient trouvés dans un fi grand embarras pour fe conduire, qu'ils avoient été jettés fur les bancs de la grande île de Borneo. Mais la haîne qu'on

───────────────

(*) Petit vaiffeau Japonois ou Chinois.

porte à leur nation dans toutes ces contrées de l'Inde, ne leur avoit pas permis d'aborder dans l'île; ils s'étoient sauvés dans leur chaloupe, après avoir perdu leur vaisseau; ils avoient trouvé un jonc de Patane, chargé de riz, dont ils avoient massacré l'équipage, & l'ayant équipé de leurs débris, ils se proposoient de retourner au Japon, lorsqu'ils tombèrent entre les mains des Anglois. Ils étoient au nombre de quatre-vingt-dix, & beaucoup trop pour un bâtiment qui pouvoit à peine les contenir. La plupart étoient habillés trop galamment pour des matelots. Quoiqu'ils eussent un chef chargé de l'autorité ils paroissoient tous égaux; ce qui fit encore juger aux Anglois que ce n'étoient pas des gens d'une condition vile. Ils n'avoient pour cargaison qu'une grosse provision de riz, mais fort corrompue par l'humidité, parce que leur jonc faisoit eau de toutes parts.

Les Anglois ayant jetté l'ancre avec leur prise, sous une petite île proche de Patane, y passèrent deux jours, pendant lesquels ils traitèrent fort civilement leurs prisonniers. Ils espéroient tirer d'eux la connoissance de divers lieux & du passage de certains vaisseaux de la Chine, pour régler là-dessus leur propre voyage. Mais ces hardis aventuriers ne voyant aucune apparence de pouvoir retourner au Japon dans un si mauvais bâtiment que celui qu'ils avoient, prirent entr'eux la résolution de hasarder leur vie pour se saisir du meilleur des deux vaisseaux anglois. Quoiqu'il n'y en eût que cinq ou six à qui l'on eût laissé leurs armes, Michelburne conçut quelque défiance, en les voyant profiter de l'honnêteté avec laquelle il avoit voulu qu'ils fussent traités, pour venir quelquefois sur son bord au nombre de vingt-cinq ou trente, il donna ordre à Davis de faire exactement la visite de leur jonc, pour s'assurer s'ils n'y cachoient point d'autres armes, & de leur ôter même le peu qu'on leur avoit laissé. Mais Davis se laissa tromper par leurs fausses démonstrations d'amitié & de tranquillité. Il visita légèrement le vaisseau, où il ne trouva qu'une petite quantité de storax & de benjoin. Il s'en saisit, & ce fut comme le signal auquel ils entreprirent de faire éclater leur dessein. Ceux qui étoient sur le jonc y tuèrent ou précipitèrent dans les flots le petit nombre d'Anglois qui étoient à le visiter. Davis fut presque le seul qui fut assez prompt pour se jetter dans la chaloupe. Mais le désordre n'étoit pas moindre sur le bord de l'amiral, & lorsqu'il pensoit y rentrer pour y mettre tout le monde sur ses gardes, il fut percé de cinq ou six coups dont il mourut presqu'aussi-tôt. C'étoient environ trente Japonois, qui se trouvant dans les différentes chambres du vaisseau, lorsqu'ils avoient entendu du bruit sur leur jonc, s'étoient jettés sur les premières armes qu'ils avoient apperçues, & sembloient menacer tous les Anglois de leur perte.

Cependant Michelburne s'étant trouvé heureusement sur les ponts avec plusieurs de ses gens, avoit eu la présence d'esprit de sauter vers l'écoutille, où il pouvoit les empêcher facilement de passer. Quatre ou cinq qui l'avoient prévenu, & qui se trouvèrent en tête sur les ponts une multitude d'Anglois, n'eurent point d'autre ressource que de se jetter à la nage ; mais ce ne fut point sans avoir massacré le malheureux Davis au moment qu'il rentroit. Michelburne tenoit les autres en respect au passage de l'écoutille, quoique leur impétuosité fût si violente, qu'ils saisissoient d'une main le bout des piques angloises pour allonger de l'autre leurs coups d'épée. On en tua cinq ou six des plus furieux. Cette sorte de combat auroit duré plus long-tems, si l'on ne s'étoit apperçu que dans la chambre du capitaine, où le plus grand nombre étoient resserrés, ils s'efforçoient de mettre le feu au vaisseau.

Alors aucun remede ne paroissant trop dangereux pour un mal extrême, Michelburne se souvint qu'il avoit sous le demi-pont deux petites coulevrines qu'il avoit enlevées à d'autres Indiens. Il les fit charger de fer, de balles, & de tout ce

F ij

qui se présenta. Au hasard de se perdre lui-même, il voulut qu'elles fussent braquées à bout portant contre les ais de séparation. Le fracas fut terrible. Rien ne put défendre les Japonois, non-seulement contre la charge des deux pieces, mais contre les éclats du bois, qui en écrasèrent une partie & qui estropièrent les autres de mille manières. Leur rage ne laissa pas d'être si obstinée, qu'ils se firent couper en pieces sans offrir de se rendre. Il n'y en eut qu'un, qui se voyant sans blessure, trouva le moyen de gagner le bord du vaisseau & de se jetter dans la mer, mais qui perdant l'espérance d'arriver au jonc, lorsqu'il le vit déja fort éloigné, revint à la nage & demanda quartier. Michelburne empêcha ses gens de le tuer; il le fit reprendre à bord, & lui reprochant sa trahison, il lui demanda quel avoit été son dessein : De vous couper la gorge à tous, répondit-il fièrement, & de prendre votre vaisseau. Il refusa de répondre à toutes les autres questions, & la seule grace qu'il demanda fut d'être poignardé promptement.

Le lendemain, après avoir un peu réparé le désordre du vaisseau, Michelburne ordonna que ce furieux Japonois fût pendu. Il se laissa pendre sans résistance; mais ses mouvemens furent si furieux lorsque l'exécuteur l'eut abandonné, qu'ayant rompu sa corde, il tomba dans la mer, sans qu'on pût savoir s'il se noya dans les flots ou s'il eut le bonheur de se sauver à la nage. Ses compagnons avoient pris leur course vers une petite île à l'ouest, où l'on ne pensa point à les poursuivre.

Michelburne rencontra le jour suivant un petit bâtiment de Patane, de qui il s'informa si les vaisseaux de la Chine étoient arrivés dans ce port. Apprenant du capitaine qu'on les y attendoit dans peu de jours, il le prit pour lui servir de pilote, dans la résolution de ne pas s'écarter avant l'arrivée des vaisseaux chinois. Le 12 de Janvier, les Anglois découvrirent du haut des mâts deux vaisseaux qui venoient vers eux. Ils continuèrent aussi de s'avancer, & se trouvant à l'entrée de la nuit fort près du plus grand, ils l'attaquèrent avec peu de précaution. Après un combat fort court ils l'abordèrent & s'en rendirent maîtres. L'ancre fut jettée pendant la nuit.

Le lendemain, Michelburne ayant visité sa prise, en tira quelques ballots de soie crue ou travaillée; mais il prit le parti de la payer au-delà de sa valeur, & de ne pas toucher à l'or & à l'argent. Cette modération & le bon traitement qu'il fit aux vaincus, venoient du chagrin de ne pas trouver sa proie conforme à ses espérances, & de la crainte que le bruit de son entreprise ne lui fît manquer des vaisseaux plus considérables. Il vouloit gagner

China-Batta; mais les vents étant devenus plus contraires que jamais, il fut repoussé le 22 vers deux petites îles à l'ouest, & forcé d'y relâcher.

NAUFRAGE

Du second Vaisseau Portugais sur une île déserte, près de MACAO.

A peine eut-il jetté l'ancre, que quelques hommes vêtus à l'Européenne, qu'il apperçut sur le rivage, lui firent envoyer sa chaloupe pour les reconnoître. Il apprit bientôt, par l'empressement même de plusieurs de ces malheureux qui vinrent à bord avec ses gens, qu'ils étoient les restes d'un bâtiment portugais parti de Macao (1), qui depuis quinze jours avoit fait naufrage à la vue de cette île. Le capitaine qui se nommoit *Perez Diatriz* avoit perdu la vie dans les flots avec trente-deux de ses gens, & les autres au nombre de dix-huit, s'étoient sauvés contre toute espérance, avec le secours de la marée qui les avoit poussés vers le rivage d'une île déserte, où ils n'avoient trouvé que de l'eau fraîche & quelques animaux sauvages. Ils étoient devenus si maigres par un jeûne presque continuel, qu'à peine conservoient-ils la figure humaine. Un jeune homme de quinze ou seize ans, fils du capitaine, étoit à l'extrémité. Enfin leur misère parut si excessive aux Anglois, qu'elle les toucha de compassion. Michelburne leur fit porter aussi-tôt quelques rafraîchissemens qu'il les avertit de ne pas prendre avec trop d'avidité. Ce conseil étoit si nécessaire, que pour avoir négligé de le suivre, deux des Portugais furent trouvés morts le lendemain, de plénitude & d'indigestion.

Cependant Michelburne étant descendu dans l'île avec une partie de ses gens, jugea sur le témoignage de ses chasseurs, qu'elle ne manquoit point d'oiseaux ni d'autres animaux, & que les Portugais n'avoient été réduits si bas, que faute d'armes & d'industrie. Il fit prendre tant de soin du jeune homme, qu'ayant rétabli ses forces en peu de jours, il reconnut à sa figure & à ses excellentes qualités qu'il méritoit un meilleur sort. Le service qu'il avoit reçu des Anglois, le porta naturellement à s'ouvrir sur son infortune. Elle étoit d'autant plus irréparable, qu'étant né à Macao d'un commerce d'amour, il ne connoissoit ni la famille de son père, ni personne de qui il pût espérer le moindre secours. Cependant, non-seulement il avoit été élevé depuis sa naissance dans la religion & les usages des Portugais, mais son père, qui l'avoit aimé fort tendrement, & qui l'avoit eu d'une femme du pays avec laquelle il avoit vécu pendant seize ou dix-sept ans qu'il avoit été facteur à

F iv

Macao, l'avoit légitimé en épousant sa mère à l'heure de sa mort. Il se nommoit François Diatriz. C'étoit en sa faveur que son père avoit pris la résolution de quitter Macao & de retourner en Portugal, pour lui assurer tout son bien qu'il apportoit sur le même vaisseau, & pour le faire reconnoître dans le sein de sa famille avec la qualité de son fils. Son malheur étoit si grand, qu'il ne lui restoit pas même de quoi prouver la vérité de son histoire, ou du moins qu'il n'avoit que le témoignage des Portugais qui étoient échappés comme lui à la fureur de la mer, & qui l'avoient vu dans les droits de sa naissance à Macao & sur son vaisseau.

Michelburne pénétré de tendresse & de pitié, lui conseilla de ne pas remettre plus loin à tirer de tous ceux qui l'avoient connu à Macao une attestation de naissance & de fortune, qu'il signeroit lui-même avec ses principaux Anglois en qualité de témoins. Ensuite il lui offrit le choix, ou de s'arrêter dans quelque ville de l'Inde avec les Portugais, ou de le suivre en Europe.

Le 24, il s'éleva une si furieuse tempête, que les deux vaisseaux anglois furent enlevés de dessus leurs ancres, au milieu même de la rade, & poussés sur le rivage avec une impétuosité qui les y fit échouer. Cependant ils en furent quittes pour quelques dommages faciles à réparer. Peu de jours après, une flotte hollandoise de cinq vaisseaux, qui avoit été fort maltraitée par la même tempête, entra dans la rade pour s'y radouber. Elle étoit commandée par l'amiral Wibrantz-Wan-Warwick. Ce général prit des manières fort civiles avec les Anglois. Il invita les principaux à dîner, & dans un entretien plein de confiance & d'amitié, il leur apprit que le roi de Bantam, informé du dessein qu'ils avoient d'attaquer les vaisseaux chinois, & regardant cette entreprise comme une insulte pour lui, parce qu'elle devoit le priver des avantages que ces bâtimens apportoient dans ses ports, paroissoit disposé à maltraiter les Anglois. On peut supposer que Warwick faisoit entrer dans cette crainte les intérêts de sa nation. Mais de quelque source que pussent venir ses conseils, il donna aux deux capitaines Anglois celui de renoncer à leur dessein, & de mettre à la voile avec lui pour retourner ensemble en Europe.

Cependant Michelburne crut entrevoir dans cette exhortation quelque autre vue que celle de l'amitié, & ce soupçon lui fit déclarer nettement que n'ayant point encore atteint au but de son voyage, il ne pensoit pas sitôt à l'interrompre. Mais après le départ de la flotte hollandoise, qui fut le 3 de

Février, il fit des réflexions plus férieufes fur les intérêts de fa patrie. Elles fe trouvèrent fortifiées par l'état de fon vaiffeau qui n'avoit que deux ancres avec des cables ufés. Enfin il prit la réfolution de partir, en fe bornant au médiocre profit qu'il avoit tiré jufqu'alors de fon voyage. Il mit à la voile le 5 de Février, & le 7 d'Avril, il eut la vue du cap de Bonne-Efpérance, après avoir effuyé une furieufe tempête.

Le 17, il relâcha dans l'île de Ste.-Hélène (2), où fes gens l'auroient arrêté fort long-tems, s'il n'avoit confulté que le befoin qu'ils avoient de rafraîchiffemens & le goût qu'ils prirent pour un fi beau féjour. Mais ne préférant rien à fa patrie, depuis qu'il avoit manqué le but de fon voyage, il fe remit en mer le 3 Mai, paffa l'équateur le 14, & le 27 de Juin il arriva au port de Midfort dans le pays de Galles. Le 9 de Juillet, il jetta l'ancre à Portfmouth, après une abfence de 19 mois.

NOTES.

(1) MACAO, ville de la Chine dans la Province de Kanton eft fituée au cent-trentième degré

de longitude, quarante-huitième degré vingt-deux minutes douze secondes de latitude. Cette ville est bâtie sur la pointe d'une petite île nommée Hoeicheu à l'entrée de la rivière de Kanton.

Lorsque les Portugais abordèrent à la Chine il y a près de deux siecles, on leur céda sous la condition de payer un tribut annuel de cinq mille tacls (*), & les droits d'entrée de dix pour cent des marchandises & deux pour cent de l'argent, un espace d'environ trois mille pas de circuit à l'extrémité de cette île. Ils y construisirent la ville qui subsiste encore aujourd'hui. Les Chinois leur accordèrent aussi la disposition de la rade qui est sûre & commode, avec la liberté d'élever des fortifications pour la sûreté de la place & de leur commerce.

Pendant tout le tems de la prospérité des Portugais dans les Indes & au Japon, cette ville fut un entrepôt considérable ; mais elle ne tarda point à décheoir dans les mêmes proportions de la puissance Portugaise : insensiblement elle est venue à rien. Macao, depuis plusieurs années, n'a plus de liaison de commerce avec Lisbonne. Toute sa navigation

---

(*) Tael, monnoie chinoise, de la valeur de six livres de France.

92 HISTOIRE

se borne à expédier chaque année un seul vaisseau à Timor, & deux à Goa.

Jusqu'en 1744, les foibles restes de cette colonie avoient joui d'une espece d'indépendance. L'assassinat d'un Chinois, commis cette année par un Portugais, fut l'écueil de cette liberté expirante. Le vice-roi de Kanton informé de cet événement, en instruisit la cour de Pékin, & demanda en même tems un Oupou ou magistrat, pour instruire & gouverner les *Barbares* de Macao : ce furent les propres termes de sa requête. L'empereur de la Chine y envoya un mandarin. Cet officier prit possession de la place en son nom. Il dédaigna d'habiter parmi les étrangers, pour lesquels on a un grand mépris dans tout l'empire, & il établit sa demeure à une lieue de la ville; c'est delà qu'il gouverne les habitans.

La population de Macao, qui étoit sur la fin du dernier siecle, au rapport de *Gemelli Carreri*, de cinq mille Portugais & de quinze mille Chinois, est maintenant si diminuée, qu'elle se réduit à cinq ou six familles Portugaises, une centaine de métis & environ deux cens familles noires, qui descendent d'esclaves Afriquains. Quoique cette ville soit entièrement déchue, elle conserve encore des dehors imposans ; ses fortifications sont assez considérables, ses rues bien pavées, & on y trouve plusieurs couvens des deux sexes, les églises sont bâties régulièrement & fort ornées. Le portail de celle qui a appartenu ci-devant aux Jésuites, est de bon goût & décoré d'une très-belle colonnade : on conserve dans cette église un des os du bras droit de saint François Xavier. Les maisons sont construites à l'européenne, un peu basses comme celles de l'Inde, pour donner moins de prise aux ouragans.

Macao est le siege d'un évêque. Le gouvernement militaire est entre les mains d'un capitaine général, nommé par la cour de Lisbonne, & les affaires civiles & criminelles sont décidées par un juge élu par les habitans ; mais ces officiers n'ont qu'une ombre de pouvoir : Quand le oupou ou mandarin parle, dit un voyageur moderne, c'est aux Portugais à obéir. Ainsi Macao est réellement une prison dont les Chinois ont la clef. Le rocher sur lequel elle est bâtie est séparé du reste de l'île par une muraille qui la coupe d'une mer à l'autre. La porte s'ouvre & se ferme à la volonté des Chinois. Ils sont aussi les maîtres du port. Aucune barque ou vaisseau ne peut y entrer ou en sortir sans leur permission. A cet asservissement se joint encore le défaut de subsistance. Le sol qui environne la ville est si stérile dans le petit espace occupé par les Portugais, qu'ils sont obligés de tirer de Kanton tout ce qui est nécessaire à la vie. Cependant les vivres s'y trouvent en abondance & à bas prix. *Voyez* la relation du voyage de *Gemelli Cureri*, tome IV, & la lettre du Père de Prémare, au deuxième recueil des Lettres édifiantes.

(2) SAINTE-HÉLÈNE, île de l'Océan atlantique, à 400 lieues de distance de la côte d'Afrique, & à 600 de celle de l'Amérique. Cette île qui appartient à la Compagnie Angloise des Indes, a environ vingt milles de circuit.

L'île de Sainte-Hélène est un lieu de relâche & de rafraîchissement pour les vaisseaux anglois dans leur traversée aux Indes. Ses vallées & ses prairies offrent le plus beau point-de-vue. Quoiqu'assez proche de la ligne, la température du climat y augmente encore la fertilité naturelle du sol. Les plantes & les légumes d'Europe, d'Asie & d'Amérique y croissent promptement, mais ils ne tardent point à être dévorés par les chenilles. Les grains, à leur maturité, deviennent aussi la proie d'un nombre prodigieux de rats. Cet obstacle à l'agriculture a déterminé les habitans à convertir la plus grande partie des terres en pâturages; ils y élèvent de nombreux troupeaux.

Le bois est très-rare à l'île Sainte-Hélène. De tous les arbres à fruit de l'Europe, le pêcher est le seul qui rapporte, les autres restent stériles. On trouve du poisson en abondance sur ses côtes, & l'eau douce y est fort saine.

Il n'y a qu'une ville dans l'île, elle est située sur le bord de la mer, à l'extrémité de la vallée Chappel, & est défendue par le fort James. La population de Sainte-Hélène est de 20,000 ames, dans lesquelles on comprend 500 soldats & 600 esclaves. Le sexe y est aussi beau qu'en Angleterre. On a remarqué qu'il y naît, de même qu'au cap de Bonne-Espérance, plus de filles que d'enfans mâles.

Cette île avoit été vue par le célebre navigateur Cook, lors de sa relâche en 1771, dans un état assez négligé ; mais en 1775, il a été étonné de la trouver changée à son avantage, & plus animée : une église nouvelle, des édifices publics qu'on rebâtissoit sur un plan régulier, quelques ouvrages ajoutés à ses fortifications, & l'endroit du débarquement rendu plus commode, y opéroient une perspective plus agréable.

L'île de Sainte-Hélène sert de prison aux personnes distinguées de l'Inde, qui sont convaincues par les Anglois de s'être opposées aux intérêts de leur Compagnie, comme l'île de Robben, près le Cap, pour celles qui ont eu le malheur de déplaire à la Compagnie Hollandoise.

N.° 5.

NAUFRAGES

De deux Vaisseaux Anglois, l'Ascension *& l'Union; le premier, sur la côte de* Cambaie, *dans la mer des Indes, en* 1609; *le second, sur les côtes de Bretagne, près d*'Audierne, *en* 1611 (*).

LES directeurs de la Compagnie Angloise tenoient pour le commerce des Indes, dans les premières années du dix-septième siècle, une conduite toute opposée à celle de la Compagnie Hol-

———

(*) Le journal du voyage de Sharpey, par COVERTTE; a été publié en Angleterre en 1612; la relation du même voyage, par Thomas JONES, & celle du voyage infortuné du vaisseau l'Union, ont été insérées dans le recueil de PURCHASSOF. Elles se trouvent aussi toutes deux dans l'Histoire générale des voyages, par M. l'Abbé PRÉVOT, premier volume in-4° Paris, 1746.

landoife. Les efcadres Angloifes étoient peu nombreufes, prefque point armées, & les commandans, avec la fimple qualité de marchands, ne demandoient l'entrée des ports indiens qu'à ce titre & à celui d'ami; mais ce défintéreffement réuffiffoit mal à la Compagnie. Son commerce ne s'étendoit point, & les retours des marchandifes du pays étoient peu confidérables. Les réflexions qu'avoit fait naître le rapport des envoyés & des facteurs, avoient porté en 1608 les principaux intéreffés à s'adreffer à la cour, pour obtenir des forces qu'ils ne pouvoient encore avoir. Le projet de la Compagnie étoit de n'expédier pour les Indes que des flottes bien armées, & de fe fortifier dans quelques îles pour fe rendre indépendante des princes afiatiques; elle vouloit auffi être en état de s'oppofer par la force des armes aux entreprifes des Portugais & des Hollandois, fes concurrens dans le commerce de cette partie du monde.

La cour d'Angleterre étoit portée à feconder les progrès du commerce; mais trop occupée des affaires de l'Europe, elle ne fit point de réponfe pofitive. En attendant des occafions plus favorables, la Compagnie fe borna, dans le voyage qu'elle avoit délibéré de faire faire cette année, à jetter les fondemens de fon projet par des obfervations dont elle remit la pratique à d'autres tems. Les vaiffeaux destinés à cette entreprise étoient l'*Ascension*, commandée par *Alexandre Sharpey*, avec la qualité d'amiral, & l'*Union*, commandé par *Richard Rowles*. Tous les deux reçurent ordre de faire leurs remarques sur les pays & les lieux particuliers où la compagnie pouvoit aspirer à quelque établissement. Mais la tempête qui les sépara malheureusement près du cap de Bonne-Espérance, & les autres disgraces de leur voyage, ne leur permirent guère d'exécuter cette partie de leur commission. On peut dire qu'ils firent deux navigations bien différentes : aussi a-t-il paru deux relations séparées du voyage de Sharpey ; l'une par Coverte, & la seconde, par Jones, qui étoient tous les deux sur l'Ascension ; la troisième, qui contient les aventures du vaisseau l'Union, a été publiée sur le journal de la navigation de ce vaisseau, commencé par Rowles qui en étoit capitaine, & continué par *Henri Morris*. Fideles à notre plan, nous n'extrairons de ces trois relations, que quelques-uns des faits principaux qui ont précédé l'événement du naufrage de l'Ascension & celui de l'Union.

Les deux vaisseaux mirent à la voile de Plimouth le 31 Mars ; le 10 d'Avril, ils arrivèrent aux Salvages, c'est-à-dire, à près de cinq cens lieues d'Angleterre, & le matin du jour suivant ils se trouvèrent à la vue de la grande Canarie. Le 18 d'Avril ils continuèrent leur route par un vent favorable; le 24, ils abordèrent à l'île de Bonavista, où ils se fournirent d'eau & de viande fraîche.

Le 4 de Mai, les Anglois levèrent l'ancre, & le 20, ils passèrent la ligne. L'abondance des limons qu'ils avoient pris aux Canaries & la viande fraîche qu'ils avoient emportée de Bonavista, les avoient si heureusement préservés du scorbut, qu'il ne se trouva que deux matelots qui en eussent ressenti quelques légères atteintes. Ainsi les deux équipages arrivèrent fort sains dans la baie de Saldanna, où les autres abordent presque toujours épuisés de fatigues & de maladies. Avant que d'entrer dans la Baie ils découvrirent le cap de Bonne-Espérance, à quinze ou seize lieues de la côte.

Après quelques jours de repos, l'amiral donna ses premiers soins à faire construire une pinasse, dont tous les matériaux avoient été apportés d'Angleterre. Elle fut en état d'être lancée à l'eau le premier Septembre. L'équipage en fut formé d'un choix fait sur les deux vaisseaux, & Sharpey lui donna pour commandant *Jean Elmore*.

Les Anglois restèrent dans la Baie jusqu'au 20 de ce mois, qu'ils remirent à la voile avec un vent propre à leur faire doubler promptement le cap de Bonne-Espérance. Cependant il changea si subitement qu'étant devenu tout-à-fait contraire, & la nuit se trouvant fort obscure, l'Ascension perdit de vue l'Union & la Pinasse. Sharpey eut beaucoup de peine à se défendre de l'orage qui le repoussoit vers la terre. Il essuya jusqu'au jour tout ce que la mer a de plus terrible. Son inquiétude ne fut pas moindre pour ses deux autres bâtimens, qui ne reparurent point avec le jour. Mais le vent ayant changé vers dix heures, il retrouva la Pinasse. Il se flatta que l'Union profiteroit comme lui de cet heureux changement pour doubler le cap de Bonne-Espérance, & qu'ils se rejoindroient dans une mer plus tranquille; vainement ils se promettoient de part & d'autre une prompte réunion, ils étoient condamnés à ne plus se revoir.

Thomas Jones, auteur de la seconde relation du voyage de Sharpey, dans laquelle il rapporte des circonstances qui ne se trouvent point dans le journal de Coverte, laisse entrevoir que le trop long séjour de l'amiral dans la baie de Saldanna, lui fit perdre la saison favorable pour arriver aux Indes. En général, Jones s'explique plus librement que Coverte, sur la conduite de Sharpey dans le cours de sa navigation.

ROUTE ET NAUFRAGE

*Du Vaisseau l'*Ascension, *sur la côte de* Cambaye, *en* 1609.

Sharpey poursuivit son voyage & passa assez près du Cap, sans l'appercevoir. Pendant plus d'un mois les vents changèrent tant de fois & les calmes furent si fréquens, qu'il n'arriva que le 27 d'Octobre à la hauteur de Madagascar. Il perdit alors toute espérance de rejoindre l'Union, & continuant sa route avec les mêmes variations dans les calmes & dans les vents, il aborda le 7 de Décembre à l'île de Pemba; le lendemain Jordan & Jones accompagnés de plusieurs matelots, descendirent dans l'île pour y faire de l'eau. Ils la trouvèrent peuplée de Portugais & de Mores. Les habitans se présentèrent avec beaucoup de familiarité, & pendant plusieurs jours ils accueillirent les Anglois de la manière la plus ouverte. Mais ils cachoient sous ce voile une détestable perfidie.

Le 18, la provision d'eau étoit achevée, à l'exception de cinq ou six tonneaux; Jones se rendit dès le matin au rivage pour faire emplir ce reste; mais à peine étoit-il arrivé à la source, que lui & plusieurs autres Anglois se virent chargés par une troupe de deux cens hommes qui fondirent sur eux en les accablant d'une nuée de fleches. Harrington & Bukler y périrent. Les autres ne se seroient pas sauvés plus heureusement, si ceux qui étoient restés à la garde de la chaloupe, n'eussent tiré quelques coups de mousquet qui jettèrent l'effroi parmi les Mores. La Pinasse faisant alors un mouvement pour tourner son canon vers le rivage, cette vue acheva de leur faire perdre courage & de les mettre en fuite, tandis que les dix autres Anglois, quoique percés de coups, se trainèrent en rampant jusqu'à la chaloupe. Sharpey mit en délibération si on n'entreprendroit point de se venger; mais presque tous, dans l'incertitude du nombre & des forces des habitans, furent d'avis de quitter l'île. L'Ascension & la Pinasse levèrent l'ancre de Pemba deux jours après, en dirigeant leur route entre cette île & la côte de Mélinde, où l'on espéroit trouver moins de force aux courans. Mais à l'entrée de la nuit, on fut extrêmement surpris de se voir échouer sur un banc de sable. Le jour fit découvrir trois petits bâtimens à la suite d'un autre qui sembloit avoir pris le devant pour se hâter de gagner la terre. Sharpey qui avoit sur le cœur la trahison de Pemba, entreprit de leur donner la chasse; s'en étant approché vers midi on reconnut que c'étoient des pangaïes ou barques Mores. Deux baisfèrent auſſi-tôt leurs voiles de crainte de l'artillerie & en ſigne de ſoumiſſion, mais la troiſième qui étoit la moins chargée gagna le rivage.

De quarante-cinq hommes environ qui étoient à bord de ces deux barques, les Anglois crurent en reconnoître ſix pour des Portugais. La blancheur ou plutôt la pâleur de leur viſage les rendoit fort différens de tous les autres qu'on diſtinguoit clairement pour des Mores; néanmoins ils ne s'effrayèrent point, ils répondirent à toutes les queſtions qu'ils étoient Mores. Ils firent voir leurs épaules & leur dos qui étoient couverts de caractères, ſuivant l'uſage de cette nation. Enfin, ils donnèrent encore une preuve moins équivoque, en montrant qu'ils étoient circoncis. Cependant Sharpey, qui ne pouvoit revenir de ſes doutes, leur parla de la trahiſon inſigne qu'il venoit d'éprouver dans l'île de Pemba. Ce récit parut les allarmer; ils tinrent entr'eux quelques diſcours dans leur langue. Comme on les avoit fait entrer dans le vaiſſeau, il étoit à craindre qu'ils ne fuſſent capables de quelque entrepriſe déſeſpérée. A tout haſard, Sharpey fit ranger des épées nues dans un endroit, pour les trouver préparées au beſoin. Dans cet intervalle, Philippe *Grove*, pilote de l'Aſcenſion, ayant fait deſcendre avec lui dans ſa chambre un des pilotes Mores, pour l'entendre raiſonner ſur ſes inſtrumens astronomiques, s'apperçut de l'attention avec laquelle il observoit tout ce qui étoit autour de lui. Il crut même reconnoître, en le quittant, qu'il avertissoit ses compagnons du signal auquel ils devoient exécuter leur complot. Sur ce premier soupçon Sharpey donna ordre à ses gens de veiller sur la salle d'armes. Ensuite jugeant que les Mores pouvoient avoir des couteaux cachés, quoiqu'ils fussent sans sabres ni autres armes apparentes, il voulut qu'ils fussent fouillés avec rigueur. On s'adressa d'abord au pilote More qui portoit effectivement un couteau. Il le prit d'une main qui trompa Philippe Grove, qui le visitoit, & qui étoit assisté de William Revet & de Jones. Grove s'étant apperçu de ce mouvent voulut lui saisir le bras, mais le More repassa si adroitement & avec tant de promptitude son couteau dans l'autre main, qu'en un clin-d'œil le pilote Anglois se sentit frappé. L'assassin jetta en même tems un grand cri qui servit de signal aux autres. Jones qui étoit armé le tua sur le champ. Tous les Mores, au cri qui s'étoit fait entendre dans tout le vaisseau, se jettèrent sur les Anglois qui étoient à leur portée. Le ministre anglois, un des marchands (*) & quelques matelots tombèrent

──────────

(*) On donne ce nom aux facteurs ou préposés de

sous leurs premiers coups. Mais Sharpey & quelques-uns de ses officiers eurent bientôt abattu les plus furieux qui étoient sur le pont. Le carnage fut fort grand vers la salle d'armes, où la plupart des Mores s'étoient précipités, dans l'espérance de se saisir des épées & des piques. Ceux qui avoient des poignards ou des couteaux blessèrent quelques Anglois. Ils se jettoient au milieu d'eux avec une fureur & un courage inconcevables. Mais en une demi-heure ils furent presque tous tués. Il en périt trente-deux. Le reste, au nombre de douze, se jetta dans les flots où quatre se noyèrent; mais les huit autres profitèrent avec tant d'adresse du trouble qui régnoit sur le vaisseau, qu'étant rentrés dans une de leurs pangaïes ils gagnèrent le rivage. Enfin de cette multitude de furieux il ne resta que deux prisonniers, si terribles encore dans l'agitation de leurs esprits, qu'on fut obligé de les charger de chaînes. On fut informé dans la suite, par les Portugais mêmes, que la plupart de ces Mores étoient ou du sang royal, ou des plus nobles familles de Mélinde, & que leur mort avoit coûté des larmes à toute la nation. Peu s'en fallut qu'ils n'eussent réussi dans leur complot, & sans le

---

la Compagnie pour veiller à la conservation des marchandises, & ensuite à leur vente ou échange.

contre-tems de la visite qui l'avoit fait éclater plutôt qu'ils n'avoient résolu, il est à présumer que les Anglois en auroient été les victimes. A peine étoient-ils seize à dix-sept à bord dans les premiers momens du combat, le reste de l'équipage travailloit dans la chaloupe & dans les esquifs.

Les Anglois s'emparèrent de la pangaïe qui restoit, & qui se trouva chargée de marchandises & d'effets précieux. Ensuite ils résolurent de ne pas s'arrêter plus long-tems au nord de Pemba, ils regagnèrent le côté de l'ouest dans le dessein de s'avancer vers Socotra. Ils s'en approchèrent enfin vers les derniers jours du mois de Mars, après avoir été bien contrariés par les vents & les courans. Le 29 Mars, on jetta l'ancre dans une baie fort commode de cette île.

Les insulaires ayant apperçu le vaisseau firent des feux, soit pour observer ses desseins, soit pour faciliter son entrée dans la baie. Cependant à l'approche des chaloupes ils prirent la fuite avec de grandes marques de frayeur. Les Anglois furent surpris de cette conduite; mais ils apprirent bientôt que les habitans, quoique timides & obligeans, avoient depuis peu reçu quelques insultes d'un bâtiment européen qui s'étoit arrêté sur leurs côtes. Sharpey tenta inutilement de les attirer sur le rivage par des marques de confiance & des présens, ils restèrent constamment éloignés. Enfin les Anglois désespérant de les faire revenir de leurs craintes, levèrent l'ancre pour chercher autour de l'ile le principal port.

En suivant ce projet, ils rencontrèrent un vaisseau guzarate chargé de coton, de calicots & d'autres toiles de la Chine, qui faisoit voile vers Aden. Le capitaine leur représenta cette ville comme un lieu fort célebre par son commerce. Sur ce témoignage, ils prirent trop légèrement la résolution de s'y rendre avec lui. Mais ils trouvèrent la vérité fort différente du récit du Guzarate, Aden n'étoit alors qu'une ville de guerre, défendue par une forte garnison. Le château qui est à l'entrée du port a été séparé de la terre, & se trouve environné de la mer ; il a trente-deux pieces de canon en batterie, & la ville en a plus de cinquante.

Qoique Sharpey ne vît pas sans étonnement la force de cette place, il étoit si éloigné de soupçonner la bonne-foi des Guzarates, qu'étant convenu avec eux qu'ils entreroient les premiers dans le port, il attendit leurs informations pour se régler par leur exemple. Ils annoncèrent au gouverneur Turc qu'ils étoient suivis d'un vaisseau anglois qui avoit jetté l'ancre à deux milles du port. Un officier fut aussi-tôt envoyé de la ville dans une barque, pour engager les Anglois à s'approcher sans défiance. Sharpey trop facile à se laisser tromper par ces apparences de sincérité, descendit imprudemment sur le rivage, accompagé d'un petit nombre de ses gens. Il y trouva quatre chevaux qui paroissoient préparés pour lui faire honneur. On le pressa civilement de se rendre à la ville; dans le chemin qui lui restoit à faire il fut traité avec beaucoup d'attentions pour sa personne, & même de respect. A son arrivée, le gouverneur lui demanda d'un air incertain ce qui l'avoit amené dans son port. L'amiral répondit que sur la réputation du commerce d'Aden il y apportoit diverses marchandises de l'Europe. On lui fit encore d'autres questions auxquelles il répondit avec la même simplicité. Enfin le gouverneur, sans expliquer ses intentions, l'envoya dans une maison voisine, sous la garde d'un Chiaoux & de quelques janissaires. Sharpey ouvrit alors les yeux sur son imprudence, mais sans voir encore aucun moyen d'y remédier.

Il demeura comme oublié dans sa prison pendant six semaines. Coverte, auteur du journal du voyage de l'Ascension, & deux autres de ses gens qui étoient avec lui, le pressoient beaucoup de faire entendre hautement ses plaintes. Dans la confusion de s'être fié trop légèrement à des perfides, ou dans l'espérance de les gagner par la soumission & la douceur, il s'obstina tellement au silence qu'il employa même son autorité pour y forcer aussi ses compagnons. On leur accordoit d'ailleurs tout ce qu'ils demandoient, soit pour services soit pour besoins. Les Turcs de leur garde les amusoient même par le son de leurs instrumens & quelquefois par des danses.

Enfin le gouverneur ennuyé de leur silence, adressa à Sharpey un de ses officiers qui vint le prier civilement d'envoyer des ordres à l'équipage de son vaisseau pour faire débarquer du fer, de l'étaim & du drap, jusqu'à la valeur de deux mille cinq cens dollars, avec promesse de payer ces marchandises. Elles furent amenés au rivage; mais elles furent saisies par les officiers de la douanne, qui prétendirent qu'elles leur appartenoient pour leurs droits. Alors le gouverneur, satisfait apparemment de ce vol, fit paroître Sharpey devant lui, & l'exhortant à ne pas s'offenser des usages du port, il lui déclara qu'il étoit libre de retourner sur son vaisseau. Cependant, lorsqu'il se disposoit à partir, on arrêta deux hommes de sa suite. L'amiral justement irrité de ce nouvel outrage, se répandit en plaintes amères sur la conduite des Tutcs ; mais on l'assura qu'il devoit être sans alarmes sur le sort des deux prisonniers, que l'usage du port étant aussi de payer deux mille dollars pour l'ancrage, ces deux Anglois étoient gardés pour caution de cette somme,

& qu'il feroit le maître de la faire payer auſſi promptement qu'il le ſouhaiteroit. C'étoit joindre la raillerie à la trahiſon. Sharpey, dénué de forces pour écouter ſon reſſentiment, ſe rendit à bord ſans répliquer. On y délibéra ſur le paiement de la ſomme. L'avis du conſeil fut de faire par écrit des repréſentations au gouverneur, dans l'eſpérance de le rappeler aux principes de la bonne-foi & de l'équité naturelle.

Le mémoire fut porté par deux des marchands du vaiſſeau. Ils abordèrent le rivage dans l'eſquif, & remirent le mémoire à l'officier qui avoit gardé l'amiral dans ſa priſon. Le gouverneur parut le recevoir ſans colère, mais pour réponſe il ordonna que les deux Anglois priſonniers fuſſent conduits dans une ville nommée Zenan, à huit journées de la mer, pour être inſtruits des intentions du bacha qui y faiſoit alors ſa réſidence.

A leur arrivée dans cette ville, le bacha leur demanda s'ils avoient une permiſſion du grand-ſeigneur pour entrer dans une ville de ſa domination. Comme ils n'en avoient point & qu'ils furent obligés de le confeſſer, il leur déclara qu'il ne pouvoit leur accorder permiſſion de faire le commerce au port d'Aden, mais qu'il prendroit le drap qu'ils y avoient débarqué, comme un préſent d'autant plus agréable qu'ils étoient les premiers Anglois qu'on eût jamais vus dans cette mer. Il leur ajouta que pour témoignage de sa reconnoissance il leur laissoit la liberté de partir d'Aden & d'aller faire leur commerce dans d'autres lieux.

Une tyrannie si cruelle auroit forcé les Anglois à la vengeance, si leurs forces avoit égalé leur ressentiment. Mais dans la nécessité de dévorer ces outrages, ils résolurent de s'avancer jusqu'à Moka, ville d'un commerce florissant, dans l'espérance d'y trouver plus de faveur pour des étrangers & d'obtenir une juste satisfaction. Ils levèrent l'ancre le 3 de Juin, & s'engageant dans les détroits, ils arrivèrent trois jours après dans la rade de Moka. Sharpey y fut reçu avec des caresses & des offres, qui ne pouvoient être suspectes dans une ville de commerce; il ne tarda pas long-tems à reconnoître que ce n'étoient point des démonstrations feintes, & qu'il y a une grande différence à faire chez les Turcs entre une ville de guerre & une place commerçante.

Moka, par sa situation à l'entrée de la Mer-rouge est l'entrepôt du commerce de l'Inde avec le Grand-Caire & Alexandrie. Il ne se passe point de semaine qu'il n'y arrive des caravanes de ces deux villes, ainsi que de Zénan & de la Mecque. Tous les jours un grand marché y rassemble les productions de l'Afrique & de l'Asie; les provisions de bouche n'y font pas moins abondantes. La ville eſt habitée par un grand nombre de marchands Turcs & Arabes, qui aiment à partager humainement avec les étrangers la liberté & les privileges dont ils jouiſſent. A l'envi les uns des autres ils ſe feroient accommodés de toute la cargaiſon de Sharpey, s'il n'eût été obligé d'en réſerver une partie pour le terme de ſon expédition.

Les avantages que procuroient à Sharpey le commerce & l'agrément de ſon ſéjour à Moka, ne lui firent point oublier que la réparation des outrages qu'il avoit eſſuyés à Aden étoit le principal motif de ſon voyage; il s'en ouvrit à ceux des négocians Turcs & Arabes qui lui avoient paru avoir le plus d'affection pour les Anglois & plus d'expérience pour ces ſortes d'affaires ; mais tous d'accord le blâmèrent de s'être fié légèrement au témoignage de prétendus Guzarates qui étoient des Mores, & plus encore d'avoir expoſé ſa perſonne dans une ville de guerre, ſans avoir pris ſes ſûretés. On lui conſeilla même d'étouffer, ſes plaintes, s'il n'aimoit mieux faire revivre une querelle enſevelie & qui pouvoit l'expoſer à de nouveaux chagrins. Sharpey ſentit que ce conſeil étoit le plus prudent, & il ſe détermina à le ſuivre.

Après un ſéjour d'un mois, l'amiral partit de Moka pour s'avancer vers Cambaye. La plupart
de

de ses officiers avoient été d'avis de prendre une autre route. Pour surcroît de mécontentement de l'équipage, en repassant les détroits, le vaisseau perdit deux ancres.

Cependant il auroit trouvé un sujet de consolation dans le bonheur qu'il eut de rejoindre, le lendemain de son départ, sa pinasse dont il étoit séparé depuis long-tems, si cet avantage n'eût été mêlé d'un autre sujet de chagrin. Jean *Lufken*, pilote de ce petit bâtiment, avoit été tué par Thomas *Clarke*, François *Driwer*, André *Ewans* & Edouard *Hilles*. Sharpey crut, non-seulement la discipline, mais sa propre vie intéressée à la punition de ce crime. Il fit faire le procès aux meurtriers, & sur la pleine conviction du meurtre, Clarke & Driwer furent pendus dans la pinasse. Les deux autres n'échappèrent pas à la justice divine, quoique leur châtiment vînt plus tard & par d'autres voies. Hilles fut dévoré dans la suite par des cannibales, & Ewans étant mort dans un lieu désert, fut trouvé pourri & presque mangé par des insectes.

La pinasse demandant de promptes réparations, Sharpey résolut de relâcher dans l'île de Socotra, malgré les obstacles qu'il y avoit trouvés quelques mois auparavant. Il jetta l'ancre le 15 d'Août devant Sajah, ville où le roi fait sa demeure. Un marchand du pays, qui se présenta aussi-tôt sur le rivage, lui fit entendre qu'il ne seroit pas vu de bon œil par les habitans de ce canton, & surtout par les femmes, qui se ressentoient vivement de quelques insultes que leur sexe avoit reçues de l'équipage d'un vaisseau étranger. Il lui conseilla en même tems de gagner une rade plus éloignée de cinq lieues, où, sans rien craindre de la mauvaise humeur des habitans, il trouveroit les mêmes facilités pour le radoub, les rafraichissemens & le commerce.

Les Anglois allèrent mouiller dans la baie appelée Saub, les habitans les accueillirent avec douceur & civilité ; mais on s'apperçut bien-tôt que la frayeur & la haine des femmes de Sajah s'étoient communiquées à celles de la baie de Saub, il n'en parut aucune à leur vue. Cependant Sharpey, vif & galant, entreprit de les ramener par des présens & des fêtes. Aussi la renommée des galanteries des Anglois s'est-elle si bien établie dans l'île de Socotra, qu'elle est passée en proverbe dans tous les pays voisins.

La pinasse étoit rétablie, & Sharpey alloit quitter l'île après y avoir pris de l'eau & des vivres lorsque les vents soufflèrent avec tant de violence que le vaisseau ne put trouver d'abri contre le rivage, & que la pinasse fut jettée en pleine mer, sans avoir des vivres pour plus de deux ou trois jours. Enfin, tandis que Sharpey achevoit de se ravitailler, il vint un orage si violent du sud-ouest, que deux de ses ancres furent encore brisées. Jones, auteur de la seconde relation du même voyage, prétend que l'amiral auroit évité une partie de ces infortunes, s'il s'étoit hâté de pourvoir à ses besoins, au lieu d'employer le tems à se faire admirer des femmes de l'île par des fêtes & des divertissemens.

Les Anglois parvinrent cependant à se mettre en état de continuer leur route, & partirent pour Cambaye avec un vent si favorable, que le 28 d'Août on relâcha heureusement à Moa. L'ancre fut jettée sous une pointe de terre. Le lendemain on envoya l'esquif au rivage, pour acheter des habitans quelques moutons & d'autres alimens qui n'avoient pu se trouver à Socotra. Sur la nouvelle que le vaisseau faisoit voile pour Surate, un More du pays vint demander le passage à l'amiral. Il l'assura que le reste de la navigation étoit dangereux, & pour sa propre sûreté autant que pour celle des Anglois, il offrit d'amener à bord un pilote expérimenté, qui s'engageroit pour vingt dollars à conduire le vaisseau jusqu'à la barre de Surate. Sharpey, dans la confiance qu'il avoit en ses propres lumières & en celles de Philippe Grove, Hollandois & pilote du vaiffeau, rejetta cette propofition.

Le 29 d'Août, on leva l'ancre à trois heures après midi, prefqu'au dernier quartier de la marée. En fortant du canal de Moa, le vaiffeau qui portoit fur plus de vingt-cinq braffes fe trouva tout d'un coup fur dix, fur fept, & enfin à l'entrée de la nuit fur cinq. Quelques matelots effrayés demandèrent au pilote à quoi il penfoit. Au même moment le vaiffeau donna contre le fond. Coverte qui treffaillit à ce mouvement, accourut fur le pont pour avertir le pilote de ce qu'il venoit de remarquer. Mais le pilote demanda fièrement qui ofoit dire que le vaiffeau eût touché. A peine eut-il fait cette arrogante queftion, qu'il toucha encore, & fi violemment que le gouvernail fe brifa & fut emporté. On jetta l'ancre auffi-tôt, & pendant deux jours on fit les plus exactes perquifitions pour découvrir le dommage & pour y remédier.

Coverte, dans fa relation, femble infinuer, mais fans en donner de preuve, que le naufrage doit être attribué à la méchanceté du pilote Grove. Cet homme, Hollandois de nation, avoit été accufé & convaincu d'un crime grave par l'équipage, pendant que le vaiffeau avoit été à l'ancre au mois de Janvier, fur la côte de Mélinde. Il méritoit la mort, mais le befoin qu'on avoit de lui, lui fit obtenir sa grace ; Sharpey se contenta seulement de l'accabler de reproches, & peu après lui rendit imprudemment toute sa confiance. Grove avoit conservé depuis ce tems un vif ressentiment contre tout l'équipage de l'Ascension.

Tandis que tout l'équipage étoit occupé de ce soin, non-seulement le vaisseau toucha encore avec violence, mais on s'apperçut sensiblement qu'il commençoit à s'enfoncer. Il étoit six heures du soir, le 2 de Septembre. Bientôt l'eau gagna de toutes parts, sans qu'on pût découvrir quels étoient ses plus dangereux passages ; le travail continuel des pompes depuis sept heures jusqu'à onze ne servit point même à la diminuer. Enfin Sharpey ne conservant plus d'espérance, exhorta tout l'équipage à s'entre-secourir dans l'usage qu'il restoit à faire de la chaloupe & de l'esquif. On avoit eu soin de faire placer sur le tillac environ dix mille livres sterling qui appartenoient aux marchands. L'amiral déclara que chacun pouvoit en prendre ce qu'il se croyoit capable de porter. On en prit environ trois mille, les uns se hâtant d'abord de remplir leurs poches, & rejettant ensuite un poids qui surpassoit leurs forces ; les autres se contentant d'une fort modique somme, dans la pensée qu'ils pourroient être obligés de se sauver à la nage ; d'autres enfin négligeant tout-à-fait des richesses qui ne leur paroissoient d'aucune utilité lorsqu'ils avoient la mort devant les yeux. Ils abandonnèrent ainsi le navire, sans emporter même aucun aliment. Ce triste départ s'effectua vers minuit. Tout l'équipage trouva place dans la chaloupe ou dans l'esquif. « Ainsi la témérité, dit Jones, & l'obstination d'un » seul homme firent perdre à la Compagnie des » Indes un de ses meilleurs vaisseaux, & aux ma- » telots toute leur espérance. Les marchandises & » la plus grande partie de l'argent qui étoient à » bord furent abandonnés avec le bâtiment ».

La côte étoit éloignée de près de vingt-lieues à l'est. On vogua tout le reste de la nuit & le jour suivant, sans avoir la moindre provision de vivres pour se soutenir. Enfin, vers les six heures du soir on aborda dans une petite île, à l'entrée de la baie qu'on s'efforçoit de gagner. Les Anglois se croyoient à la fin du péril, lorsqu'un coup de vent brisa tout d'un coup le mât de la chaloupe, qui contenoit cinquante-cinq hommes. Cependant ils trouvèrent le moyen d'entrer dans la Baie; & le vent s'étant affoibli, ils gagnèrent heureusement l'embouchure de la rivière. Ils s'étoient persuadés que c'étoit celle de Surate, mais on reconnut que c'étoit celle de Gandevi qui en étoit éloignée de cinq à six lieues vers le sud. Ce qui fut regardé d'abord comme un nouveau sujet d'affliction, paſſa bientôt pour une faveur du ciel, car les Portugais informés de l'approche du vaiſſeau, étoient à l'attendre avec cinq frégates à l'entrée de la rivière de Surate. La chaloupe & l'eſquif auroient été infailliblement leur proie.

Les habitans de la côte de Gandevi voyant paroître tant d'étrangers à l'embouchure de leur rivière, battirent le tambour & ſe mirent ſous les armes pour leur défenſe. Ils craignoient que ce ne fût un détachement de quelque flotte portugaiſe qui venoit piller leur ville. Sharpey ſoupçonna l'erreur où ils étoient. Il avoit avec lui un Guzarate qu'il leur envoya pour les informer de ſa diſgrace & de la néceſſité où il étoit d'implorer leur ſecours. Ce récit parut les toucher ; ils approchèrent des Anglois & leur accordèrent abondamment tout ce dont ils pouvoient avoir beſoin dans leur infortune ; enſuite ils les conduiſirent à Gandevi, où le gouverneur qui étoit un Banian les reçut avec beaucoup d'humanité, & leur offrit même un établiſſement dans le canton. Ils apprirent à Gandevi que la pinaſſe ayant abordé ſur la même côte près de la ville, y avoit été enlevée par deux vaiſſeaux portugais, mais que l'équipage s'étoit ſauvé heureuſement à terre, & qu'il avoit pris le chemin de Surate.

Les Anglois reſtèrent quelques jours dans cette

ville, & ensuite se rendirent à Surate (1). William Finch, qui étoit à la tête du comptoir de leur nation dans cette ville, leur accorda tous les secours qui convenoient à leur malheureuse situation.

Sharpey resta à Surate jusqu'à l'arrivée de la flotte angloise composée de trois vaisseaux bien armés, & commandée par Henri *Midleton*. Cet amiral étoit envoyé aux Indes par la Compagnie, dans la même vue que Sharpey. Il y a toute apparence que Midleton étoit aussi chargé des ordres des Directeurs pour le retour de Sharpey; mais son infortune les rendit inutiles. Il paroît même que d'égal qu'il étoit, la perte de son vaisseau le rendit subordonné à Midleton.

Aussi-tôt l'arrivée du nouvel amiral, Sharpey alla le trouver sur sa flotte. Midleton, pour l'employer suivant les intérêts de la Compagnie, le chargea de faire, conjointement avec Hugues Fraine & Hugues Gréet, le voyage d'Agra, qui est à trente journées de Surate. Il devoit y acheter des étoffes des Indes & d'autres marchandises, s'il s'en trouvoit à des prix raisonnables; il avoit aussi ordre de remettre une lettre au capitaine Hawkins qui y étoit depuis quelque tems pour le même objet. Sharpey consentit d'autant plus aisément à faire ce voyage, que son projet étoit, après s'être acquitté de sa commission, de retourner en Europe par la

Perse. Mais il ne l'exécuta point; il revint à Surate avec le capitaine Hawkins. Il revint en Angleterre, selon toute apparence, avec Midleton, qui n'arriva à Douvres que le 13 d'Octobre 1615.

ROUTE ET NAUFRAGE

*Du Vaisseau l'*Union, *sur les côtes de Bretagne, près d'*Audierne, *en* 1611.

Le vaisseau *l'Union*, parti des côtes de l'Angleterre avec celui de l'Ascension, éprouva une destinée encore plus malheureuse que la sienne. Purchassof nous a conservé la relation de son infortune; on doit la regarder comme une continuation, ou plutôt une division de celle du voyage de Sharpey. Nous la réduirons au récit des faits principaux, pour soutenir l'attention du lecteur.

La tempête qui sépara l'Union de son Amiral, presqu'à la vue du cap de Bonne-Espérance, lui avoit fait perdre son grand mât, qui fut non-seulement brisé par la fureur des vents, mais emporté hors du bâtiment. Rowles, capitaine du vaisseau, eut le bonheur de l'appercevoir flottant sur l'eau, après la tempête passée; il fut repêché & mis en place avec beaucoup d'adresse. Un tems plus favorable ne laissa plus aux Anglois que le regret d'être séparés du vaisseau amiral & de la pinasse.

Ils fe perfuadèrent qu'ils avoient doublé comme eux le cap de Bonne-Efpérance, & qu'ils toucheroient à Madagafcar (2). Le vaiffeau continua fa route vers cette île, & l'ancre fut jettée dans la baie de Saint Auguftin. Il refta vingt jours à attendre Sharpey; enfin l'Union partit pour Zanzibar. Rowles avoit projeté d'y faire quelque féjour, dans l'efpérance de s'y réunir avec l'amiral, mais la perfidie des Negres obligea bientôt les Anglois de s'en éloigner, ils n'y reftèrent que deux jours. On étoit alors au mois de Février, & les vents étoient contraires au deffein que l'équipage avoit de gagner l'île de Socotra. On courut long-tems la mer fans avancer. Cependant le fcorbut faifoit de grands ravages parmi les matelots, le plus grand nombre en étoit attaqué. Rowles cédant enfin aux repréfentations de fes officiers & à la néceffité, fe laiffa conduire par le vent à la partie feptentrionale de l'île de Madagafcar. Son intention étoit de relâcher dans la Baie d'Antongil, mais il tomba du côté de l'oueft dans une fort grande baie, appelée par les habitans Kauquomorre; le payfage en étoit également fertile & agréable.

Après tant de courfes & de dangers, la vue de ce beau féjour fut une confolation pour les Anglois. Ils réfolurent d'y attendre le changement de la mouffon, faifon pendant laquelle fouffient fur la mer des Indes certains vents réglés & périodiques, & de tirer du moins un fruit de leur disgrace, en rétablissant leur santé. Les habitans leur parurent du premier abord fort civils, & ne marquèrent point 'd'éloignement pour lier commerce avec eux; le roi même donna l'exemple à ses sujets, par l'affabilité & les caresses avec lesquelles il reçut plusieurs fois les marchands du vaisseau.

Rowles se fiant trop aux apparences, voulut rendre une visite au prince, accompagné de *Richard Rewet*, principal facteur; de *Jeffery Carlet*, & de trois autres. *Samuel Brandshaw*, qui avoit été employé plusieurs fois à cette cour perfide, eut le bonheur d'être occupé d'autres soins qui ne lui permirent pas de suivre le capitaine. A peine Rowles & son cortege eurent touché le rivage, qu'ils furent enveloppés par une troupe de barbares qui les enlevèrent sans résistance.

Les matelots restés dans la chaloupe, perdant l'espérance de les secourir, n'eurent rien de plus pressé que s'éloigner à force de rames; mais il ne leur fut pas même aisé de regagner le vaisseau, une multitude de pares & de barques sortant de la rivière & montées d'hommes armés, s'avancèrent impétueusement & avec de grands cris pour leur couper le passage. Ils ne balancèrent pas même à s'approcher du vaisseau, dans la résolution de l'attaquer

& de s'en emparer, les fleches & les dards formèrent une épaisse nuée. Dans la confusion des premiers mouvemens, les Anglois craignirent d'être forcés sans pouvoir y apporter de résistance ; mais ayant enfin disposé leur artillerie, les coups furent si bien ajustés que dès la première bordée six ou sept des plus grandes barques furent coulées à fond. Cette exécution refroidit toutes les autres, qui se retirèrent plus promptement qu'elles ne s'étoient avancées.

Cependant le capitaine demeuroit prisonnier avec ses compagnons. Loin d'espérer leur liberté, Brandshaw, qui étoit après lui le principal officier du vaisseau, & qui en prit le commandement, mit en délibération ce qu'il y avoit à faire dans la circonstance où on se trouvoit : elle fut courte & le résultat unanime. Il n'y avoit point d'Anglois qui ne conçût que les Sauvages s'étant portés à cette perfidie sans prétexte, il n'y en avoit que de nouvelles à attendre d'eux ; que dès-lors le seul parti convenable étoit la fuite la plus prompte. Une autre disgrace qui survint pour accabler le malheureux équipage de l'Union, ne lui permit pas de délibérer plus long-tems. Sept hommes moururent presque subitement, sans qu'on en pût soupçonner d'autre cause que leurs blessures faites par les fleches empoisonnées de ces barbares. On se disposa à lever l'ancre, dans l'intention néanmoins de chercher une autre baie de la même île & des habitans plus traitables. Le vent ne permettoit point toujours de s'abandonner à la haute mer. Avant qu'on eût appareillé, les Sauvages se firent voir encore dans une multitude de barques, & s'approchèrent si subitement du vaisseau, qu'ils eurent le tems d'y faire pleuvoir une grêle de fleches avant que l'artillerie fût pointée. Cependant les dispositions qui se faisoient dans le vaisseau, & la crainte de ses terribles armes, les fit retirer promptement vers le rivage. Ils y descendirent avec précipitation. Brandshaw bien instruit de leur malignité, & ne doutant pas qu'ils ne lui préparassent quelque nouvel outrage pendant la nuit, résolut de ne pas les quitter sans un adieu dont ils pussent se souvenir. Par un mouvement très-adroit & presqu'imperceptible, il s'approcha de la côte. Les voyant alors à la portée du canon & de la mousqueterie, il fit faire une décharge générale qui éclaircit aussi-tôt leurs rangs par de larges ouvertures. L'effroi dont ils furent saisis à la vue de tant de morts & de blessés, leur fit abandonner le rivage en poussant d'affreux hurlemens.

Après ces nouvelles hostilités, les Anglois désespérant de trouver dans aucune partie de cette île une retraite où la terreur & la haîne de leur nom ne fussent pas répandues, se mirent en mer, au mépris de tous les dangers, & dirigèrent leur courfe vers Socotra. Mais tous leurs efforts ne purent réfifter aux vents qui les jettèrent avec beaucoup de périls fur la côte d'Arabie. Ils y mouillèrent le 4 de Juin. La mouffon d'hiver étoit arrivée. Il n'y avoit plus d'apparence qu'ils puffent gagner Cambaye, & la côte où ils fe trouvoient ne leur préfentoit aucun port qui pût leur fervir d'afyle dans cette faifon. Après avoir paffé quatre jours à délibérer fur leur fituation, fans ceffe allarmés par des orages impétueux, ils fuivirent l'avis de *Griffon Maurice*, leur pilote, qui leur propofa de fe rendre à Achem. Ce port ne pouvant être fans quelques Guzarates, Brandshaw fe promit d'y vendre fes marchandifes.

On y arriva le 27 de Juillet, après une navigation moins dangereufe que pénible. Le capitaine fut fept jours fans pouvoir obtenir audience du roi, & cette faveur lui fut comme vendue pour un riche préfent. Les obftacles vinrent des Hollandois, qui dans la vue d'attirer à eux tout le commerce de l'Inde, n'épargnèrent aucun moyen pour nuire aux Anglois. Brandshaw fit très-peu de commerce à Achem, & feulement avec les marchands Guzarates, à qui il donna des étoffes d'Angleterre & du plomb, pour du bafta blanc & noir, qui eft le drap de l'île.

Après avoir passé quelque tems dans le port d'Achem, les Anglois se rendirent à Priaman & à Tekou, où la facilité & les avantages qu'ils trouvèrent dans le commerce devinrent un heureux dédommagement pour toutes les peines qu'ils avoient essuyées. Il firent leur cargaison, qui consista en deux cens tonneaux de poivre, une quantité de benjoin & en quelques étoffes de soie de la Chine. La seule difficulté qui prolongea un peu plus leur séjour, fut une mutinerie des matelots dont le capitaine ne put arrêter l'insolence qu'avec beaucoup de ménagement. Le pilote du vaisseau, moins tempérant qu'il n'étoit convenable à son âge & à son emploi, mourut à Priaman d'une maladie qui fut attribuée à ses excès. Aussi-tôt que le bâtiment fut chargé, Brandshaw fit partir *Biddulph* & *Smeth* pour Bantam, dans un jonc chinois avec ce qui lui restoit de marchandises de l'Europe, dont il n'avoit pu se défaire à Priaman ni à Tekou. A leur retour, il se prépara à repasser en Angleterre ; on étoit alors au mois de Février 1610.

Brandshaw avoit exercé jusqu'alors avec autant de bonheur que d'intelligence la principale autorité sur le vaisseau l'Union ; mais lui & son malheureux équipage étoient condamnés par le ciel à un sort plus funeste que celui de l'Ascension. Il n'acheva plus heureusement que Sharpey le voyage des Indes que pour venir faire, prefqu'à la vue d'Angleterre, un trifte naufrage.

Dans l'ardeur où étoit Brandshaw de prévenir le dépériffement total de fon équipage confidérablement diminué, & de retourner promptement en Europe, il mit à la voïe auffi-tôt que fa cargaifon fut faite. Sa navigation jufqu'à l'île de Madagafcar fut fouvent contrariée par des orages & des calmes. Il y mouilla au commencement de Septembre, dans l'efpérance de s'y procurer des vivres; mais il n'y trouva pour ainfi dire que de l'eau & du bois.

L'Union avoit jetté l'ancre dans la baie de Saint-Auguftin, & étoit prête à le lever, lorfque le 6 du du même mois, Henri Midleton, amiral d'une flotte envoyée par la Compagnie angloife des Indes, y aborda (*) dans la même vue d'y faire des vivres. Les deux commandans s'abouchèrent enfemble. Brandshaw fit part à l'amiral de l'état de détreffe où il étoit réduit par la diminution de fon équipage, ayant à peine trente-fix hommes en bonne fanté, & par le défaut de vivres. Il le fit confentir, à

___

(*) Voyez la relation du voyage aux Indes, de Sir Henri *Midleton*, par Nicolas DOUNTON, inférée dans l'Hiftoire générale des Voyages de M. l'Abbé PRÉVOST, deuxième volume, *in*-4°. pages 48 & 49.

tout

tout événement, de se charger de quelques caisses d'argent monnoyé, pour remettre à la Compagnie. Midleton procura à Brandshaw quelques vivres, il accorda aussi les différends qui s'étoient élevés dans son équipage. Enfin, le 9 Septembre dans l'après-midi, il appareilla pour l'Inde.

L'Union, après le départ de la flotte angloise, reprit la route de l'Europe, espérant relâcher à l'île de Sainte-Hélène. Mais une tempête lui fit manquer l'île. Cependant le scorbut & diverses maladies avoient emporté Brandshaw & la plus grande partie de l'équipage. Le reste affoibli pouvoit à peine suffire à la manœuvre. La relâche au Cap-Verd n'arrêta point le progrès des maladies qui régnoient à bord de l'Union. A quelque distance de ce cap, on rencontra une barque de Bristol qui retournoit en Angleterre, & qui se chargea de dix Anglois & de quatre Guzarates mourans. Ce changement leur sauva la vie.

Le vaisseau continua sa route presque au gré des flots. Enfin le vent chassant de l'ouest, & le vaisseau n'étant point gouverné, il fut jetté le 13 Février 1611 sur des rochers à la pointe de la Bretagne, près d'Audierne. Sur le champ on dépêcha de cette ville deux barques à son secours. Ceux qui montèrent à bord le trouvèrent richement chargé de poivre & d'autres marchandises des Indes; il n'y restoit de tout l'équipage que quatre hommes en vie, dont un Indien & les trois autres Anglois. On parvint à relever le vaisseau & on le remorqua dans la rade, quoique brisé & presqu'entièrement fracassé. Le 18, l'Indien mourut, & trois jours après, un des Anglois. Ainsi, de soixante-dix-sept hommes qui composoient l'équipage en partant d'Europe, il n'en revint en Angleterre que neuf & trois Guzarates, en y comprenant ceux qui avoient été portés sur la barque de Bristol.

Les Anglois établis à Morlaix mandèrent aussitôt à la Compagnie ce triste événement. Les directeurs dépêchèrent sur le champ en France quelques personnes munies de leur pouvoir. Elles étoient accompagnées de M. Simonson, habile constructeur de vaisseaux, qui étoit chargé d'examiner l'état de l'Union, & de le radouber s'il étoit possible ; mais après l'avoir visité il le déclara incapable de servir plus long-tems. On n'en sauva que l'artillerie, les marchandises & les meubles.

NOTES.

(1) SURATE, ville des Indes dans les états du Mogol, est forte, très-riche & l'une des plus com-

merçantes du monde. Elle est située au quatre-vingt-huitième degré de longitude, & sous le vingt-unième degré dix minutes de latitude, à trente-cinq lieues au midi de Cambaye, & à vingt milles au nord de Bombay, sur la rivière de Tappy. Elle est éloignée de deux lieues de la mer. Son port est le meilleur de la côte, sans être excellent. Les marchands d'Europe & d'Asie y affluent dans la saison favorable.

Surate est aussi étendue & aussi peuplée que Londres. Cette ville a été quelque tems ouverte ; mais depuis l'invasion de Sevagy, fameux chef des Marattes, qui l'a pillée deux fois dans le dernier siecle, on l'a entourée de murailles. Elle est aussi défendue par un château construit d'une manière irrégulière, mais assez fort pour la mettre à l'abri d'un coup-de-main.

La ville de Surate est moins remarquable par son étendue que par l'agrément & la solidité de ses édifices. Sa grande place est magnifiquement décorée par les palais qui l'environnent. Les maisons qui appartiennent aux personnes opulentes sont revêtues au-dehors & au-dedans de très-belles menuiseries ; les murs dans l'intérieur sont incrustés, ainsi que les planchers, de carreaux de porcelaine ; elles reçoivent le jour par des fenêtres formées de carreaux d'écaille ou de nacre, qui tempèrent l'éclat du soleil sans trop affoiblir sa lumière.

Les Gentils & les Banians forment le plus grand nombre des habitans de cette ville. Les derniers, qui sont presque tous marchands de profession, se distinguent par la franchise & la droiture avec laquelle ils commercent.

Quoique Surate ait éprouvé plusieurs secousses dans les troubles qui ont agité l'Inde depuis plus d'un siecle, c'est encore l'entrepôt de commerce le plus considérable de l'Asie. Tout le Guzarate verse dans ses magasins le produit de ses innombrables manufactures. Une grande partie est transportée dans l'intérieur des terres, le reste passe par le moyen d'une navigation suivie dans toutes les parties du globe. On trouve dans cette ville toutes les especes de marchandises de l'ancien Monde, & sur-tout ce qu'il y a de plus précieux dans l'Orient. Les vivres y sont aussi dans la plus grande abondance & à un prix raisonnable, lorsque la communication avec la campagne n'est point interrompue.

L'or de Surate est si fin, qu'on peut y gagner douze ou quatorze pour cent en le transportant en Europe. L'argent y a aussi moins d'alliage que dans tout autre pays du monde, il est si estimé qu'on le préfère à l'argent du Mexique & aux écus de Séville.

Toutes les religions sont tolérées à Surate. L'effet de cette politique étoit essentiel dans une ville aussi commerçante & où il se trouve en tout tems la plus grande affluence de négocians étrangers. On voit avec surprise le Mahométan & le Gentil, aussi tranquilles & aussi modérés sur cet objet qu'ils marquent ailleurs de zele pour faire des prosélytes. Peu de Chrétiens y deviennent apostats; lorsqu'il s'en trouve dans cette ville, ils y sont vus de mauvais œil, & ils meurent abandonnés & misérables.

Deux gouverneurs ou nababs, nommés par la cour de Délhy, résident à Surate; l'un pour le service militaire, dans le château, & l'autre pour les affaires civiles & criminelles, dans la ville: celui-ci n'obtient la charge qu'en finançant une somme considérable. Si on s'en rapporte à quelques relations modernes, il ne tarde pas à s'en indemniser aux dépens du peuple. La police étoit si bien administrée dans cette ville, lorsqu'Ovington y arriva en 1698, qu'on n'entendoit point parler dans Surate de vols ni de meurtres; mais depuis, l'oppression & l'injustice s'y sont introduites par la foiblesse du gouvernement mogol, continuellement ébranlé par les coups que lui porte la nouvelle puissance des Marattes. Le peuple chargé d'impôts énormes & exposé aux vexations du gouverneur, y est réduit à la plus grande misère.

On excelle à Surate dans l'art de construire des vaisseaux ; sans être travaillés d'une manière aussi finie & aussi régulière que ceux d'Europe, ils les surpassent néanmoins par leur durée. Il n'est point rare d'en voir qui naviguent depuis un siecle. Cette solidité est due à la façon d'opérer des constructeurs & à l'espece de bois qu'ils emploient.

Le voisinage de Bombay donne beaucoup de considération aux Anglois dans Surate & d'influence dans le commerce qui s'y fait ; mais les Marattes dont la puissance augmente tous les jours & qui l'avoisinent aussi, tiennent ses habitans dans une crainte perpétuelle.

(2) MADAGASCAR, île sur les côtes orientales d'Afrique, dont elle est séparée par le canal de Mozambique. C'est la plus grande de notre globe. Elle a environ 336 lieues de longueur sur 120 de largeur. On lui donne 800 lieues de circuit. Les Portugais la découvrirent en 1606, & la nommèrent île de Saint-Laurent. On ne connoît guère que les baies & les côtes de cette île, quoique les Européens y abordent fréquemment depuis plus d'un siecle. Le sol y est très-fertile en oranges, citrons,

ananas, légumes, riz, coton, poivre & fruits; tout ce qu'on y seme des productions de l'Europe & des Indes y vient fort bien, excepté le froment & le raisin. Les habitans y élevent de nombreux troupeaux de bœufs, vaches & brebis, dans des pâturages excellens. Il s'y trouve beaucoup de bois rares, tels que l'ébène, le brésil, le sandal, & des palmiers de plusieurs especes; elle produit aussi plusieurs sortes de miel. Les naturels du pays sont spirituels, bon guerriers, propres aux arts & aux sciences, mais paresseux, perfides & cruels. La circoncision est en usage parmi eux, & ils ont un grand respect pour le tombeau de leurs ancêtres.

Madagascar est sous la domination de plusieurs petits souverains qui sont presque toujours en guerre entr'eux.

Une observation digne de remarque sur les mœurs des différentes nations qui peuplent cette île, & qui a été faite par plusieurs voyageurs Européens, c'est que les vieillards y sont extrêmement considérés. Le maintien des loix & des coutumes est confié à leurs soins. Pour la décision des affaires civiles, les parties intéressées en choisissent un certain nombre qu'elles constituent pour leurs juges; leurs vacations sont payées par des présens de bestiaux proportionnés à l'importance & à la difficulté de l'affaire. Les vieillards exercent aussi la justice criminelle, mais gratuitement, se regardant comme suffisamment récompensés par l'avantage d'avoir délivré le canton d'un malfaiteur.

Les François s'étoient établis à Madagascar, ils y avoient même construit en 1665, à la pointe méridionale, un fort appelé le Fort-Dauphin; mais les Insulaires égorgèrent la plus grande partie de la garnison, en 1673; ceux qui échappèrent au carnage se sauvèrent avec peine sur un vaisseau qui étoit dans la rade & prêt à faire voile pour Surate.

N.° 7.

INCENDIE

Du Vaisseau Hollandois la Nouvelle-Hoorn, près le Détroit de la Sonde, dans la Mer des Indes orientales, & Aventures de BONTEKOÉ, *en 1619* (*).

DANS la variété des relations qui forment les recueils de voyages, il en est peu d'aussi intéressantes que celles du voyage de Bontekoé; l'intelligence & la fermeté qu'il a fait paroître dans les

_____

(*) THEVENOT, garde de la bibliotheque du roi, a inféré dans la collection de ses Voyages, tome 1, *Paris*, 1663, le journal de Bontekoé; il se trouve aussi dans le recueil des voyages pour l'établissement de la Compagnie Hollandoise des Indes orientales, tome 8, *Rouen*, 1725; & dans l'Histoire générale des voyages par M. l'abbé PRÉVOST, tome 8, *in-*4°; *Paris*, 1750.

divers événemens de sa bonne & mauvaise fortune, le ton de sentiment & le caractère de vérité qui éclatent par-tout dans son journal, doivent lui concilier à juste titre l'attention du lecteur. On ne rapportera cependant qu'en abrégé les événemens qui ont précédé & suivi la perte de son vaisseau; un plus long détail nous écarteroit trop de notre objet.

Guillaume Isbrantz Bontekoé fut nommé en 1618, par la Compagnie hollandoise des Indes orientales, capitaine du vaisseau la *Nouvelle-Hoorn*, envoyé aux Indes pour de simples intérêts de commerce; il étoit monté de deux cent-six hommes d'équipage, & du port de onze cens tonneaux.

Bontekoé partit du Texel le 28 de Décembre, & dès le 5 de Janvier, après avoir doublé la pointe d'Angleterre, son vaisseau essuya trois furieux coups de vent qui couvrirent d'eau la moitié du haut-pont. L'équipage en eut tant d'effroi, qu'on entendit crier de toutes parts : Nous coulons bas ! La tempête fut si violente, les éclairs si fréquens, & la pluie si prodigieuse, qu'il sembloit que la mer s'étoit élevée au-dessus de l'atmosphère ; les élémens de l'air & du feu paroissoient confondus. Bontekoé toujours actif, sur-tout dans le danger, ordonna de puiser l'eau avec les seaux de cuir; tout l'équipage y fut employé; mais les ponts se trouvoient si embarrassés par les coffres, que dans le roulis continuel du vaisseau, qui les faisoit heurter l'un contre l'autre, on ne trouvoit pas de place pour le travail. Il fallut mettre en pieces ceux qui apportoient le plus d'obstacles aux ouvriers.

On se vit enfin délivré du danger, mais le gros tems dura jusqu'au 19, & ce ne fut que le 20 qu'on profita du calme pour se remettre en état de continuer le voyage. Deux vaisseaux hollandois qu'on rencontra successivement, l'un nommé la Nouvelle-Zélande, qui avoit pour capitaine Pierre Thysz, d'Amsterdam; l'autre, qui se nommoit l'Enchuisen, sous le commandement de Jean Jansz, apportèrent de la consolation & du secours à la Nouvelle-Hoorn. Cependant elle en fut bientôt séparée, & les ayant rejoints aux îles du Cap-Verd, Bontekoé apprit d'eux qu'au lieu d'obtenir des rafraîchissemens dans l'île de Mai, comme ils s'en étoient flattés en y abordant, les Espagnols leur avoient tué trois hommes.

Ils firent voile de conserve pour passer la ligne; mais ils tombèrent dans des calmes qui les retinrent trois semaines entières, & les forcèrent de presser leur route pour aller passer les Abrolhos avec un vent sud-est. Le calme les prit encore près de ces rochers, & leur fit craindre de se voir obligés de retourner en arrière, avec le risque d'avoir beaucoup de malades dans l'équipage. Ils les passèrent néanmoins, & cherchèrent les îles de Fistan & de Condé, à la hauteur desquelles ils se trouvèrent sans les appercevoir. Ensuite le vent ayant passé au nord, ils gouvernèrent à l'est pour relâcher au cap de Bonne-Espérance, mais le vent de l'ouest étoit si fort qu'ils prirent le parti de faire petites voiles sans oser approcher de la côte. La crainte de voir briser son vaisseau détermina Bontekoé à assembler le conseil ; après avoir considéré que les équipages étoient vigoureux & la provision d'eau abondante, les officiers des trois vaisseaux se décidèrent à doubler le Cap sans y toucher. Cette résolution fut exécutée heureusement, & l'on rangea la terre de Natal, avec un fort beau tems. On étoit à la fin du mois de Mai, cinq mois s'étoient déja passés depuis le départ de la Nouvelle-Hoorn.

L'Enchuisen, qui étoit destiné pour la côte de Coromandel, se sépara ici des deux autres pour prendre sa route entre la côte d'Afrique & l'île de Madagascar. Bientôt, à l'occasion de quelques différends, Bontekoé quitta aussi la Nouvelle-Zélande ; on se perdit de vue à vingt-trois degrés de latitude du sud. Depuis cette fatale séparation, la Nouvelle-Hoorn ne fit plus qu'avancer vers sa perte.

Les maladies avoient commencé à se répandre à bord. Elles augmentèrent si rapidement qu'il y avoit quarante hommes hors de service. La plupart des autres étant presqu'en aussi mauvais état, on tourna vers Madagascar pour se rendre à la baie de Saint-Louis ; mais on ne put trouver de mouillage où le vaisseau fût en sûreté. Bontekoé fit mettre la chaloupe en mer, & y entra lui-même, pendant que le vaisseau faisoit de petites bordées pour se maintenir. La mer brisoit si fort contre le rivage qu'il étoit impossible d'en approcher. Cependant on vit paroître des Insulaires, & un matelot de la chaloupe se mit à la nage pour leur parler. Ils faisoient des signes de la main & sembloient marquer un lieu propre au débarquement. Mais comme on n'étoit pas sûr de les entendre, & qu'ils n'offroient aucun rafraîchissement, il fallut retourner à bord après une fatigue inutile. Les malades qui virent revenir Bontekoé les mains vuides en furent consternés. On remit à la voile vers le Sud jusqu'à la hauteur de ving-neuf degrés, ou changeant de bord on résolut d'aller relâcher à l'île-Maurice ou à l'île Mascarenhas. En effet, ayant gouverné pour passer entre ces deux îles qui ne sont pas éloignées l'une de l'autre, la Nouvelle-Hoorn aborda au cap de Mascarenhas ; on trouva quarante brasses de profondeur proche de la terre.

Quoique ce lieu ne parût pas bien sûr, parce qu'on étoit trop près du rivage, on ne laissa pas d'y mouiller. Tous les malades soupiroient après la terre, mais les brisans ne leur permettoient pas d'en courir le danger. La chaloupe y fut envoyée pour visiter l'île. On y trouva une multitude de tortues. Cette vue augmenta l'ardeur des malades, qui se promettoient d'être à-demi guéris aussi-tôt qu'ils seroient descendus.

Le marchand du vaisseau, qui se nommoit Hein-Rol, s'opposoit à leur descente, sous prétexte que le vaisseau pouvoit dériver & qu'on couroit risque de perdre tous ceux qui seroient à terre. Les malades insistoient néanmoins les mains jointes, & avec de si vives instances, que Bontekoé en fut touché. Après avoir prié vainement Rol d'y consentir, il se chargea de l'événement, & passant sur le pont il cria joyeusement qu'il alloit mettre tout le monde à terre. Cette promesse fut reçue avec des transports de joie. Les matelots qui étoient en santé aidèrent aux malades à descendre dans la chaloupe; Bontekoé leur donna une voile pour se dresser une tente avec des provisions, des ustenciles & un cuisinier; il descendit lui-même pour leur servir de guide. Ce fut un spectacle fort touchant de les voir arriver sur l'herbe & s'y rouler comme dans un lieu de délices; ils assuroient que cette seule situation leur donnoit déja du soulagement.

A peine avoit-on touché le rivage, qu'on apperçut un nombre prodigieux de ramiers, qui se laissoient prendre avec la main ou tuer à coups de bâton, sans faire aucun mouvement pour s'envoler. On en prit dès le premier jour plus de deux cens. Les tortues n'étoient pas moins faciles à prendre. Bontekoé fort satisfait de voir ses malades dans cette abondance, les laissa au nombre de quarante, pour retourner à bord.

Le mouillage parut si mauvais au capitaine, que la nuit suivante il prit la chaloupe, dans le dessein de chercher une meilleure rade. Le matin, à cinq milles de l'endroit où le vaisseau étoit à l'ancre, il trouva une bonne baie, dont le fond étoit de sable. A peu de distance dans les terres, on rencontra un lac dont l'eau n'étoit pas tout-à-fait douce. Bontekoé vit beaucoup d'oies, de pigeons, de perroquets gris & d'autres oiseaux. Il trouva jusqu'à vingt-cinq tortortues à l'ombre sous un seul arbre; elles étoient si grasses qu'à peine pouvoient-elles marcher. Si l'on prenoit un perroquet ou quelqu'autre oiseau, & qu'on le tourmentât jusqu'à le faire crier, ceux de son espece venoient voler autour de lui comme pour le défendre, & se laissoient prendre aisément.

Après avoir viſité toute la baie, Bontekoé fit porter la nouvelle de ſa découverte aux malades, qui ſe rembarquèrent volontiers, dans l'eſpérance de trouver une retraite encore plus commode. On y alla jetter l'ancre ſur trente-cinq braſſes d'eau. Il fut permis aux gens de l'équipage de débarquer tour-à-tour & de chercher du rafraîchiſſement dans les bois. On commanda huit perſonnes avec une ſeine pour pêcher dans le lac ; ils prirent de fort beaux poiſſons, des carpes, des meûniers, & une ſorte de ſaumon gras & de très-bon goût. On trouvoit auſſi dans cette baie des drontes, que les Hollandois nomment dod-aers, eſpece d'oiſeau qui a les aîles petites & que la graiſſe rend fort péſant. Enfin l'on découvrit de l'eau douce dans une petite rivière bordée d'arbres qui deſcendoit des montagnes.

En ſe promenant ſur le rivage, on apperçut une planche ſur laquelle on lut en caractères gravés, qu'Adrien Martenſz Blok, commandant d'une flotte de treize vaiſſeaux, avoient perdu dans ce lieu quelques matelots & des chaloupes qui s'étoient briſées en approchant de la terre. Cependant Bontekoé ne remarqua point que les briſans y fuſſent dangereux. L'île n'étant point peuplée, les matelots eurent le tems d'en parcourir toutes les parties & d'y prendre librement le plaiſir de la pêche & de
la

DES NAUFRAGES. 145

la chasse. Ils faisoient des broches de bois, dont ils se servoient pour rôtir les oiseaux, & les arrosant d'huile de tortue, ils les rendoient aussi délicats que s'ils eussent été lardés. Ils découvrirent encore, pour surcroît d'abondance, une autre rivière de fort belle eau, & remarquèrent avec joie qu'elle étoit remplie de grosses anguilles. Aussi-tôt quittant leurs chemises & les étendant par les deux bouts, ils en prirent un grand nombre qui se trouvèrent de fort bon goût. Ils y virent des boucs, mais si sauvages & si prompts à la course, qu'on n'en put prendre qu'un vieux dont les cornes étoient à demi-rongées par les vers, & dont personne ne voulut manger.

Cette abondance de rafraîchissemens fut si salutaire aux malades, qu'étant parfaitement rétablis on les fit retourner au vaisseau, à l'exception de sept que leur foiblesse obligea de demeurer dans l'île jusqu'à ce qu'on remît à la voile. On n'avoit pas manqué de faire une grosse provision d'oiseaux & de poissons qu'on avoit fait sécher. L'auteur observe que dans l'espace de vingt jours, tous les oiseaux, effarouchés d'une chasse continuelle, s'envoloient lorsqu'on s'approchoit d'eux. Dès le premier jour du débarquement, un des pilotes ayant pris un fusil pour tuer quelques oies, eut le malheur de le voir crever en tirant, & de perdre un œil.

On leva l'ancre dans le deffein de relâcher à l'Isle-Maurice, mais le vaiffeau étant defcendu trop bas, on ne la vit que de loin au-deffus du vent. Il fe trouvoit dans l'équipage quelques perfonnes qui n'avoient pu fe rétablir, ou qui s'étoient trompées en fe croyant guéries. On regrettoit d'avoir quitté trop tôt l'île de Mafcarenhas; d'ailleurs on prévoyoit qu'il faudroit parcourir long-tems les latitudes du fud, avant que de trouver les vents alifés pour fe rendre à Bantam ou à Batavia, & qu'on pouvoit être emporté par la force des courans; ce qui n'auroit pas manqué de faire renaître les maladies. Cette crainte fit prendre la réfolution de porter droit fur l'île de Sainte-Marie, qui eft voifine de Madagafcar, vis-à-vis de la baie d'Antongil. On arriva au côté oriental de l'île, fur huit braffes d'eau où l'on voit clairement le fond, & l'on mouilla dans l'enfoncement de la côte fur un fond de treize braffes. Les Infulaires, quoique moins accoutumés à la vue des Européens que ceux de Madagafcar, apportèrent à bord des poules, des limons avec un peu de riz, & firent comprendre par leurs fignes qu'ils avoient des vaches, des brebis & d'autres provifions. On leur préfenta du vin dans une taffe d'argent; ils le burent avec une extrême avidité, en mettant le vifage entier dans la taffe, comme les bêtes boivent dans un feau; mais lorfqu'ils eurent avalé ce qu'on leur avoit offert, ils fe mirent à crier comme des furieux. Ils étoient nuds, à l'exception du milieu du corps, où ils portoient un petit morceau d'étoffe. Leur couleur étoit d'un jaune noirâtre.

On defcendoit chaque jour à terre pour faire des échanges avec eux. Des fonnettes, des cuillers, des couteaux à manches jaunes, & des grains de verre ou de corail, leur paroiffoient un riche équivalent pour des veaux, des brebis, des porcs, du riz, du lait & des melons d'eau. Ils portoient le lait dans de grandes feuilles adroitement entrelacées les unes dans les autres; mais comme ils avoient peu de limons & d'oranges, Bontekoé réfolut d'aller à Madagafcar avec la chaloupe armée, & d'y porter des marchandifes qu'il efpéroit troquer pour cette efpece de fruit. Il entra dans une rivière qu'il remonta l'efpace d'une lieue fans pouvoir pénétrer plus loin, les arbres des deux rives fe joignant par leurs branches qui pendoient jufques dans l'eau. D'ailleurs, n'ayant découvert aucune apparence de fruits ni d'habitations, il fut obligé de retourner à bord. Un autre jour il réuffit plus heureufement dans l'île même où fon vaiffeau étoit à l'ancre. Il trouva plus loin, fur la même côte, des oranges, des limons, du lait, du riz & des bananes.

Pendant neuf jours que fes gens paffèrent dans

cette rade, ils reprirent toute la vigueur qu'ils avoient en quittant la Hollande. Souvent, lorsqu'ils alloient à terre, ils se faisoient accompagner d'un musicien qui jouoit de la vielle. Les Insulaires écoutoient cet instrument avec la plus grande surprise. Les uns s'asseyoient autour du musicien & faisoient claquer leurs doigts ; d'autres dansoient & sautoient comme dans un transport de joie. Bontekoé ne remarqua point qu'ils eussent d'autre religion qu'une grossière idolâtrie. On voyoit en quelques endroits, au dehors de leurs maisons, des têtes de bœuf élevées sur des pieux, devant lesquells ils se mettoient à genoux & qu'ils paroissoient adorer.

La Nouvell-Hoorn avoient été nettoyée jusqu'à la quille, & réparée si soigneusement que s'il restoit quelque défiance aux Hollandois, ce ne pouvoit être du côté de leur vaisseau. Ils remirent à la voile vers le sud, jusqu'à la hauteur de trente-trois degrés, qu'ils changèrent de bord pour porter à l'est vers le détroit de la Sonde.

Le 19 de Novembre 1619, ils se voyoient à la hauteur de cinq degrés & demi qui est celle du détroit, lorsque Bontekoé qui étoit sur le haut-pont entendit crier : Au feu ! au feu ! Il se hâta de descendre au fond-de-calle, où il ne vit aucune apparence de feu. Il demanda où l'on croyoit qu'il eût pris. Capitaine, lui dit-on, c'est dans ce tonneau. Il y porta la main, sans y rien sentir de brûlant.

Sa terreur ne l'empêcha pas de se faire expliquer la cause d'une si vive alarme. On lui raconta que le maître valet-d'eau étant descendu l'après-midi, suivant l'usage, pour tirer l'eau-de-vie qui devoit être distribuée le lendemain à l'équipage, avoit attaché son chandelier de fer à la futaille d'un baril qui étoit d'un rang plus haut que celui qu'il devoit percer. Une étincelle, ou plutôt une petite partie de la meche ardente, étoit tombée justement dans le trou du bondon; le feu avoit pris à l'eau-de-vie du tonneau, & les deux fonds ayant aussi-tôt sauté, l'eau-de-vie enflammée avoit coulé jusqu'au charbon de forge. Cependant on avoit jetté quelques cruches d'eau sur le feu, ce qui le faisoit paroître éteint. Bontekoé un peu rassuré par ce récit, fit verser de l'eau à pleins seaux sur le charbon; & n'appercevant aucune trace de feu, il remonta tranquillement sur le pont. Mais les suites de cet événement devinrent bientôt si terribles, que pour satisfaire pleinement la curiosité du lecteur par une description intéressante, nous laisserons parler l'auteur lui-même. La peinture naïve qu'il en a fait mérite d'être conservée jusques dans ses moindres circonstances.

« Une demi-heure après, dit Bontekoé, quelques-uns de nos gens commencèrent à crier : Au feu ! J'en fus fort épouvanté, & defcendant auffi-tôt, je vis la flamme qui montoit de l'endroit le plus creux du fond-de-calle. L'embrâfement étoit dans le charbon où l'eau-de-vie avoit pénétré, & le danger paroiffoit d'autant plus preffant, qu'il y avoit trois ou quatre rangs de tonneaux les uns fur les autres. Nous recommençâmes à jetter de l'eau à pleins feaux, & nous en jettâmes une prodigieufe quantité.

» Mais il furvint un nouvel incident qui augmenta le trouble ; l'eau tombée fur le charbon caufa une fumée fi épaiffe, fi fulfureufe & fi puante, qu'on étouffoit dans le fond-de-calle, & qu'il étoit prefque impoffible d'y demeurer. J'y étois néanmoins pour y donner les ordres, & je faifois fortir les matelots tour-à-tour, pour leur laiffer le tems de fe rafraîchir. Je foupçonnois déja que plufieurs avoient été étouffés fans avoir pu arriver jufqu'aux écoutilles. Moi-même j'étois fi étourdi & fi fuffoqué, que ne fachant plus ce que je faifois, j'allai par intervalles repofer ma tête fur un tonneau, tournant le vifage vers l'écoutille pour refpirer un moment.

» Enfin me trouvant forcé de fortir, je dis à Rol qu'il me paroiffoit néceffaire de jetter la poudre à la mer. Il ne put s'y réfoudre : « Si nous » jettons la poudre, me dit-il, il y a de l'appa- » rence que nous ne devons plus craindre de pé- » rir par le feu ; mais que deviendrons-nous, » lorfque nous trouverons des ennemis à combat- » tre, & quel moyen de nous difculper » ?

» Cependant le feu ne diminuoit pas, la puanteur & l'épaiffeur de la fumée ne permettoient plus à per- fonne de demeurer à fond-de-calle. On prit la hache, & dans le bas-pont vers l'arrière on fit de grands trous par lefquels on jetta une grande quantité d'eau, fans ceffer d'en jetter en même tems par les écou- tilles. Il y avoit trois femaines qu'on avoit mis la grande chaloupe à la mer ; on y mit auffi le canot qui étoit fur le haut-pont, parce qu'il caufoit de l'embarras à ceux qui puifoient l'eau. La frayeur étoit telle qu'on ne peut la repréfenter. On ne voyoit que le feu & l'eau dont étoit également me- nacé, & de l'un defquels il falloit être dévoré fans aucune efpérance de fecours ; car on n'avoit la vue d'aucune terre ni la compagnie d'aucun autre vaif- feau. Les gens de l'équipage commençoient à s'é- couler, & fe gliffant de tous côtés hors du bord, ils defcendoient fur les porte-haubans ; de-là, ils fe laiffoient tomber dans l'eau, & nageant vers la chaloupe ou vers le canot, ils y montoient & fe cachoient fous les bancs ou fous les couvertes,

K iv

en attendant qu'ils se trouvassent en assez grand nombre pour s'éloigner ensemble.

» Rol étant allé par hasard dans la galère, fut étonné de voir tant de gens dans le canot & dans la chaloupe : ils lui crièrent qu'ils alloient prendre le large, & l'exhortèrent à descendre avec eux. Leurs instances & la vue du péril lui firent prendre ce parti. En arrivant à la chaloupe, il leur dit : Mes amis, il faut attendre le capitaine. Mais ses ordres & ses représentations n'étoient plus écoutés. Aussi-tôt qu'il fut embarqué ils coupèrent le cordage & s'éloignèrent du vaisseau.

» Comme j'étois toujours occupé à donner mes ordres & à presser le travail, quelques-uns de ceux qui restoient vinrent me dire avec beaucoup d'épouvante : « Ah, capitaine ! qu'allons-nous de-
» venir ? la chaloupe & le canot sont à la mer.....
». Si l'on nous quitte, leur dis-je, c'est avec le
» dessein de ne plus revenir ». Et courant aussi-tôt sur le haut-pont, je vis effectivement la manœuvre des fugitifs. Les voiles du vaisseau étoient sur mât & la grande voile étoit sur ses cargues. Je criai aux matelots : « Hisse vîte & déferle ; effor-
» çons-nous de les joindre, & s'ils refusent de
» nous recevoir dans leur chaloupe, nous ferons
» passer le navire par-dessus eux, pour leur ap-
» prendre leur devoir ».

» En effet, nous approchâmes d'eux jusqu'à la distance de trois longueurs du vaisseau ; mais ils gagnèrent au vent & s'éloignèrent. Je dis alors à ceux qui étoient avec moi : « Amis, vous voyez
» qu'il ne nous reste plus d'espérance que dans la
» miséricorde de Dieu & dans nos propres efforts ;
» il faut les redoubler & tâcher d'éteindre le feu.
» Courez à la soûte aux poudres, & jettez-les à
» la mer avant que le feu puisse y gagner ». De mon côté, je pris les charpentiers, & je leur ordonnai de faire promptement des trous avec de grandes gouges & des tarrières pour faire entrer l'eau dans le navire jusqu'à la hauteur d'une brasse & demie. Mais ces outils ne purent pénétrer les bordages, parce qu'ils étoient garnis de fer.

» Cet obstacle répandit une consternation qui ne peut jamais être exprimée : l'air retentissoit de gémissemens & de cris. On se remit à jetter de l'eau, & l'embrasement parut diminuer ; mais peu de tems après le feu prit aux huiles. Ce fut alors que nous crûmes notre perte inévitable. Plus on jettoit d'eau, plus l'incendie paroissoit augmenter. L'huile & la flamme qui en sortoit se répandoient de toutes parts. Dans cet affreux état, on poussoit des cris & des hurlemens si terribles, que mes cheveux se se hérissoient, & je me sentois tout couvert d'une sueur froide.

» Cependant le travail continuoit avec la même ardeur; on jettoit de l'eau dans le navire & les poudres à la mer. On avoit déja jetté soixante demi-barrils de poudre, mais il en restoit encore trois cens. Le feu y prit & fit sauter le vaisseau qui dans un instant fut brisé en mille & mille pieces. Nous y étions encore au nombre de cent-dix-neuf. Je me trouvois alors sur le pont près de l'armure de la grande voile, & j'avois devant les yeux soixante-trois hommes qui puisoient de l'eau. Ils furent emportés avec la vîtesse d'un éclair, & disparurent tellement qu'on n'auroit pu dire ce qu'ils étoient devenus. Tous les autres eurent le même sort. Pour moi, qui m'attendois à périr comme tous mes compagnons, j'étendis les bras & les mains vers le ciel & je m'écriai: O Seigneur! faites-moi miséricorde. Quoiqu'en me sentant sauter je crusse que c'étoit fait de moi, je conservai néanmoins toute la liberté de mon jugement, & je sentis dans mon cœur une étincelle d'espérance. Du milieu des airs je tombai dans l'eau entre les débris du navire qui étoit en pieces. Dans cette situation, mon courage se ranima si vivement que je crus devenir un autre homme. En regardant autour de moi, je vis le grand mât à l'un de mes côtés, & le mât de misène à l'autre. Je me mis sur le grand mât, d'où je considérai tous les tristes objets dont j'étois environné. Alors je dis, en poussant un grand soupir : O Dieu ! ce beau navire est donc péri comme Sodôme & Gomorrhe !

» Je fus quelque tems sans appercevoir aucun homme. Cependant, tandis que je m'abîmois dans mes réflexions, je vis paroître sur l'eau un jeune homme qui sortoit du fond & qui nageoit des pieds & des mains. Il saisit la cagouille de l'éperon, qui flottoit sur l'eau, & dit en s'y mettant : Me voici encore au monde. J'entendis sa voix, & je m'écriai : O Dieu ! y a-t-il ici quelque autre que moi qui soit en vie ? Ce jeune homme se nommoit *Harman Van-Kniphuisen*, natif de Eyder. Je vis flotter près de lui un petit mât. Comme le grand sur lequel j'étois ne cessoit de rouler & de tourner, ce qui me causoit beaucoup de peine, je dis à Harman : « Pousse-moi cette éparre, je me met-
» trai dessus & la ferai flotter vers toi pour nous
» y mettre ensemble ». Il fit ce que je lui ordonnois ; sans quoi, brisé comme j'étois de mon saut & de ma chûte, le dos fracassé & blessé à deux endroits de la tête, il m'auroit été impossible de le joindre. Ces maux dont je ne m'étois pas encore apperçu commencèrent à se faire sentir avec tant de force, qu'il me sembla tout d'un coup que je cessois de voir & d'entendre. Nous étions tous deux l'un près de l'autre, chacun tenant au bras

une piece du revers de l'éperon. Nous jettions la vue de tous côtés, dans l'espérance de découvrir la chaloupe ou le canot. A la fin nous les apperçûmes, mais fort loin de nous. Le soleil étoit au bas de l'horison. Je dis au compagnon de mon infortune : « Ami, toute espérance est perdue pour nous.
» Il est tard ; le canot & la chaloupe étant si loin,
» il n'est pas possible que nous nous soutenions
» toute la nuit dans cette situation. Elevons nos
» cœurs à Dieu, & demandons-lui notre salut
» avec une résignation entière à sa volonté ».

Nous nous mîmes en prières, & nous obtînmes grace ; car à peine achevions-nous de pousser nos vœux au ciel, que levant les yeux nous vîmes la chaloupe & le canot près de nous. Quelle joie pour des malheureux qui se croyoient prêts à périr ! Je criai aussi-tôt : Sauve ! sauve le capitaine ! Quelques matelots qui m'entendirent se mirent aussi à crier : Le capitaine vit encore ! Ils s'approchèrent des débris ; mais ils n'osoient avancer davantage, dans la crainte d'être heurtés par les grosses pieces. Harman qui n'avoit été que peu blessé en sautant, se sentit assez de vigueur pour se mettre à la nage, & se rendit dans la chaloupe. Pour moi, je criai : « Si vous voulez me sauver la vie, il faut que
» vous veniez jusqu'à moi, car j'ai été si maltraité
» que je n'ai pas la force de nager ». Le trom-

DES NAUFRAGES. 157

pette s'étant jetté à la mer avec une ligne de sonde qui se trouva dans la chaloupe, en apporta un bout jusqu'entre mes mains. Je la fis tourner autour de ma ceinture, & ce secours me fit arriver heureusement à bord; j'y trouvai Rol, *Guillaume Van-Galen*, & le second pilote nommé *Meindert Kryns*, qui étoit de Hoorn. Ils me regardèrent long-tems avec admiration.

» J'avois fait faire à l'arrière de la chaloupe une petite tengue qui pouvoit contenir deux hommes. J'y entrai pour y prendre un peu de repos; car je me sentois si mal que je ne croyois p avoir beaucoup de tems à vivre; j'avois le dos brisé, & je souffrois mortellement des deux trous que j'avois à la tête. Cependant je dis à Rol : « Je crois que » nous ferions bien de demeurer cette nuit pro- » che du débris. Demain, lorsqu'il sera jour, nous » pourrons sauver quelques vivres, & peut-être » trouverons-nous une boussole pour nous aider à » découvrir les terres ». On s'étoit sauvé avec tant de précipitation, qu'on étoit presque sans vivres. A l'égard des boussoles, le premier pilote, qui soupçonnoit la plupart des gens de l'équipage de vouloir abandonner le navire, les avoit ôtées de l'habitacle; ce qui n'avoit pu arrêter l'exécution de leur projet, ni l'empêcher lui-même de périr.

» Rol négligeant mon conseil, fit prendre les

rames comme s'il eût été jour. Mais après avoir vogué toute la nuit dans l'espérance de découvrir les terres au lever du soleil, il se vit bien loin de son attente, en reconnoissant qu'il étoit également éloigné des terres & des débris. On vint me demander dans ma retraite si j'étois mort ou vivant. « Capitaine, me dit-on, qu'allons-nous devenir ?
» Il ne se présente point de terre, & nous som-
» mes sans vivres, sans carte & sans boussole......
» Amis, leur répondis-je, il falloit m'en croire
» hier au soir, lorsque je vous conseillois forte-
» ment de ne pas vous éloigner des débris. Je me
» souviens que pendant que je flottois sur le mât,
» j'étois environné de lard, de fromage & d'autres
» provisions...... Cher capitaine, me dirent-ils affec-
» tueusement, sortez de là, & venez nous con-
» duire..... Je ne puis, leur répliquai-je, & je suis
» si perclus qu'il m'est impossible de remuer ».

» Cependant avec leur secours j'allai m'asseoir sur le pont, où je vis l'équipage qui continuoit de ramer. Je demandai quels étoient les vivres; on me montra sept ou huit livres de biscuit. « Cessez de
» ramer, leur dis-je, vous vous fatiguerez vaine-
» ment, & vous n'aurez point à manger pour
» réparer vos forces ». Ils me demandèrent ce qu'il falloit donc qu'ils fissent. Je les exhortai à se dépouiller de leurs chemises pour en faire des voi-

les. La difficulté étoit de trouver du fil, je leur fis prendre les paquets de corde qui étoient de rechange dans la chaloupe; ils en firent une espece de fil-de-caret, & du reste on en fit des écoûtes & des couets. Cet exemple fut suivi dans le canot. On parvint ainsi à coudre toutes les chemises ensemble, & l'on en composa de petites voiles.

» Nous pensâmes ensuite à faire la revue de nos gens. On se trouvoit au nombre de quarante-six dans la chaloupe, & de vingt-six dans le canot. Il y avoit dans la chaloupe une capote bleue de matelot, & un coussin, qui me furent cédés en faveur de ma situation. Le chirurgien étoit avec nous, mais sans aucun médicament. Il eut recours à du biscuit mâché qu'il mettoit sur mes plaies; & par la protection du ciel ce remede me guérit. J'avois voulu donner aussi ma chemise pour contribuer à faire les voiles, mais tout le monde s'y étoit opposé; & je dois me louer des attentions qu'on eut pour moi.

» Le premier jour, nous nous abandonnâmes aux flots tandis qu'on travailloit aux voiles. Elles furent prêtes le soir; on envergua & l'on mit au vent. On étoit au 20 de Novembre. Nous prîmes pour guide le cours des étoiles dont nous connoissions fort bien le lever & le coucher. Pendant la nuit on étoit transi de froid, & la chaleur du jour étoit insupportable, parce que nous avions le soleil perpendiculairement sur nos têtes. Le 21 & les deux jours suivans, nous nous occupâmes à construire une arbalête pour prendre hauteur; on traça un cadran sur le couvert, & l'on prépara un bâton avec les croix. *Teunis Sybrandsz*, menuisier du vaisseau, avoit un compas & quelque connoissance de la manière dont il falloit marquer la fleche. En nous aidant mutuellement, nous parvînmes à faire une arbalête dont on pouvoit se servir. Je gravai une carte marine dans la planche, & j'y traçai l'île de Sumatra, celle de Java, & le détroit de la Sonde (1) qui est entre ces deux îles. Le jour de notre infortune, ayant pris hauteur sur le midi, j'avois trouvé que nous étions sur les cinq degrés & demi de latitude du sud, & que le pointage de la carte étoit à vingt lieues de terre. J'y traçai encore un compas, & tous les jours je fis l'estime. Nous gouvernions un peu au-dessus du sud, vers l'entrée du détroit, dans la vue de choisir plus facilement notre route lorsque nous viendrions à découvrir les terres.

 » De sept ou huit livres de biscuit qui faisoient notre unique provision, je réglai des rations pour chaque jour; & tant qu'il dura, je distribuai à chacun la sienne. Mais on en vit bientôt la fin, quoique la mesure pour chacun ne fût qu'un petit morceau

ceau de la grosseur du doigt. On n'avoit aucun breuvage ; lorsqu'il tomboit de la pluie, on amenoit les voiles qu'on étendoit dans l'espace de la chaloupe, pour rassembler l'eau & la faire couler dans deux petits tonneaux, les seuls qu'on eût emportés ; on la tenoit en réserve pour les jours qui se passoient sans pluie.

Cette extrémité n'empêchoit point qu'on ne me pressât de prendre abondamment ce qui convenoit à mes besoins, parce que tout le monde, me disoit-on, avoit besoin de mon secours, & que sur un si grand nombre de gens la diminution seroit peu sensible. J'étois bien aise de leur voir pour moi ces sentimens, mais je ne voulois rien prendre de plus que les autres. Le canot s'efforçoit de nous suivre ; cependant, comme nous faisions meilleure route, & qu'il n'avoit personne qui entendît la navigation, lorsqu'il s'approchoit de nous ou que quelqu'un trouvoit le moyen de passer à notre bord, tous les autres nous prioient instamment de les recevoir, parce qu'ils appréhendoient de s'écarter ou d'être séparés de la chaloupe par quelque accident de mer. Nos gens s'y opposoient fortement, & me représentoient que ce seroit nous exposer à périr tous.

» Enfin nous arrivâmes bientôt au comble de notre misère ; le biscuit nous manqua tout-à-fait,

& nous ne découvrions point les terres. J'employois tous mes efforts pour persuader aux plus impatiens que nous n'en pouvions être loin, mais je ne pus les soutenir long-tems dans cette espérance ; ils commencèrent à murmurer contre moi-même, qui me trompois, disoient-ils, dans l'estime de la route, & qui portois le cap à la mer au lieu de courir sur les terres. La faim devenoit fort pressante, lorsque le ciel permit qu'une troupe de mouettes vînt voltiger sur la chaloupe avec tant de lenteur qu'elles paroissoient chercher à se faire prendre. Elles se baissoient facilement à la portée de nos mains, & chacun en prit aisément quelques-unes. On les pluma aussi-tôt pour les manger crues; cette chair nous parut délicieuse, & j'avoue que je n'ai jamais trouvé tant de douceur au miel même. Cependant un si foible repas ne pouvoit nous conserver la vie long-tems.

» Nous passâmes encore le reste du jour sans avoir la vue d'aucune terre. Nos gens étoient si consternés, que le canot s'étant approché de nous, & ceux qui s'y trouvoient nous conjurant encore de les prendre, on conclut que puisque la mort étoit inévitable, il falloit mourir tous ensemble. On les reçut donc, & l'on tira du canot toutes les rames & les voiles.

» Il y eut alors dans la chaloupe trente rames

que nous rangeâmes fur les bancs en forme de couverte ou de pont. On avoit auſſi une grande voile, une mifène, un artimon & une civadière. La chaloupe avoit tant de creux qu'un homme pouvoit fe tenir aſſis fous le couvert des rames. Je partageai ma troupe en deux parties, dont l'une fe tenoit fous le couvert tandis que l'autre étoit deſſus, & l'on fe relevoit tour-à-tour. Nous étions foixante-douze, qui jettions les uns fur les autres des regards triſtes & défolés, tels qu'on peut fe les figurer entre des gens qui mouroient de faim & de foif, & qui ne voyoient plus venir de mouettes ni de pluie.

» Lorſque le défefpoir commençoit à prendre la place de la triſteſſe, on vit comme fourdre de la mer un aſſez grand nombre de poiſſons volans, de la groſſeur des plus gros merlans, qui volèrent même dans la chaloupe. Chacun s'étant jetté deſſus, ils furent diſtribués & mangés cruds. Ce fecours étoit léger. Cependant il n'y avoit perſonne de malade; ce qui paroiſſoit d'autant plus étonnant, que malgré mes conſeils quelques-uns avoient commencé à boire de l'eau de la mer. « Amis, leur difois-je,
» gardez-vous de boire de l'eau falée; elle n'ap-
» paſera point votre foif, & elle vous caufera un
» flux de ventre auquel vous ne réſiſterez pas ».
Les uns mordoient des boulets de pierriers & des balles de mouſquet, d'autres buvoient leur propre

urine. Je bus auſſi la mienne ; mais la rendant corrompue, il fallut renoncer à cette miſérable reſſource.

» Ainſi le mal croiſſant d'heure en heure, je vis arriver le tems du déſeſpoir. On commençoit à ſe regarder les uns les autres d'un air farouche, comme prêts à s'entre-dévorer & à ſe repaître chacun de la chair de ſon voiſin. Quelques-uns parlèrent même d'en venir à cette funeſte extrémité, & de commencer par les jeunes-gens. Une propoſition auſſi atroce me remplit d'horreur, mon courage en fut abattu. Je me tournai du côté du ciel, pour le conjurer de ne pas permettre qu'on exerçât cette barbarie, & que nous fuſſions tentés au deſſus de nos forces dont il connoiſſoit les bornes. Enfin j'entreprendrois vainement d'exprimer dans quel état je me trouvai, lorſque je vis quelques matelots diſpoſés à commencer l'exécution & réſolus à ſe ſaiſir des jeunes-gens. J'intercédai pour eux dans les termes les plus touchans. « Amis, qu'allez-
» vous faire ? Quoi ! vous ne ſentez pas l'horreur
» d'une action ſi barbare ? Ayez recours au ciel,
» il regardera votre miſère avec compaſſion. Je
» vous aſſure que nous ne pouvons pas être loin
» des terres ».

» Enfin je leur fis voir le pointage de chaque jour & quelle avoit été la hauteur. Ils me répondirent que je leur tenois depuis long-tems le même langage, qu'ils ne voyoient point l'effet des espérances dont je les avois flattés, qu'ils n'étoient que trop certains que je les trompois ou que je me trompois moi-même. Cependant ils m'accordèrent l'espace de trois jours, au bout desquels ils protestèrent que rien ne seroit capable de les arrêter. Cette affreuse résolution me pénétra jusqu'au fond du cœur; je redoublai mes prières pour obtenir que nos mains ne fussent pas souillées par le plus abominable de tous les crimes.

» Cependant le tems couloit, & l'extrémité me paroissoit si pressante, que j'avois peine à me défendre moi-même du désespoir, que je reprochois aux autres. J'entendois dire autour de moi : « Hé-
» las! si nous étions à terre, nous mangerions de
» l'herbe comme les bêtes ». Je ne laissois pas de renouveller continuellement mes exhortations. Mais la force commença le lendemain à nous manquer autant que le courage ; la plupart n'étoient presque plus capables de se lever du lieu où ils étoient assis, ni de se tenir debout; Rol étoit si abattu, qu'il ne pouvoit se remuer. Malgré l'affoiblissement que m'avoient dû causer mes blessures, j'étois encore un des plus robustes, & je me trouvois assez de vigueur pour aller d'un couvert de la chaloupe à l'autre.

» Nous étions au second jour de Décembre, qui étoit le treizième jour depuis notre naufrage. L'air se chargea; il tomba de la pluie qui nous apporta un peu de soulagement; elle fut accompagnée d'un calme qui permit de détacher les vergues & de les étendre sur le bâtiment, on se traîna par-dessous, & chacun but de l'eau de la pluie à son aise, & les deux petits tonneaux demeurèrent remplis. J'étois alors au timon, & suivant l'estime je jugeois que nous ne devions pas être loin de la terre. J'espérai que l'air pourroit s'éclaircir, tandis que je demeurerois dans ce poste, & je m'obstinai à ne le pas quitter. Cependant l'épaisseur de la brume, & la pluie qui ne diminuoit pas, me firent éprouver un froid si vif, que n'ayant plus le pouvoir d'y résister, j'appelai un des quartiers-maîtres pour lui faire prendre ma place. Il vint, & j'allai me mêler entre les autres où je repris un peu de chaleur.

A peine le quartier-maître eut-il passé une heure à la barre du gouvernail, que le tems ayant changé il découvrit une côte. Le premier mouvement de sa joie lui fit crier : Terre ! terre ! Tout le monde trouva des forces pour se lever, & chacun voulut être assuré par ses yeux d'un si favorable événement. C'étoit effectivement la terre. On fit servir aussi-tôt toutes les voiles & l'on courut droit sur la côte. Mais en approchant du rivage, on trouva les brifans fi forts qu'on n'ofa fe hafarder à traverfer les lames. L'île, car c'en étoit une, s'enfonçoit par un petit golfe où nous eûmes le bonheur d'entrer. Là nous jettâmes le grapin à la mer ; il nous en reftoit un petit qui fervit à nous amarrer à terre, & chacun fe hâta de fauter fur le rivage.

» L'ardeur fut extrême pour fe répandre dans les bois & dans les lieux où l'on efpéroit trouver quelque chofe qui pût fervir d'aliment. Pour moi, je n'eus pas plutôt touché la terre que m'étant jetté à genoux je la baifai de joie, & rendis graces au Ciel de la faveur qu'il nous accordoit. Ce jour étoit le dernier des trois à la fin defquels on devoit manger les mouffes du vaiffeau.

» L'île offroit des noix de coco, mais on n'y put découvrir d'eau douce. Nous nous crûmes trop heureux de pouvoir avaler la liqueur que les noix rendent dans leur fraîcheur ; on mangeoit les plus vieilles dont le noyau étoit plus dur. Cette liqueur nous parut un agréable breuvage, & n'auroit produit que des effets falutaires fi nous en euffions ufé avec modération ; mais tout le monde en ayant pris à l'excès, nous fentîmes dès le même jour des tranchées & des douleurs infupportables, qui nous forcèrent de nous enfevelir dans le fable les uns près des autres. Elles ne finirent que par de grandes évacuations qui rétablirent le lendemain notre santé. On fit le tour de l'île, sans trouver la moindre apparence d'habitations, quoique diverses traces fissent assez connoître qu'il y étoit venu des hommes. Nous n'y découvrîmes point d'autres productions, que des noix de coco. Quelques matelots virent un serpent qui leur parut épais d'une brasse.

» Après avoir rempli notre chaloupe de noix vieilles & fraîches, nous levâmes l'ancre vers le soir, & nous gouvernâmes sur l'île de Sumatra, dont nous eûmes la vue dès le lendemain; celle que nous quittions en est à quatorze ou quinze lieues. Nous côtoyâmes les terres de Sumatra vers l'est, aussi long-tems qu'il nous resta des provisions. La nécessité nous forçant alors de descendre, nous rasames la côte sans pouvoir traverser les brisans. Dans l'embarras où nous étions menacés de retomber, il fut résolu que quatre ou cinq des meilleurs nageurs tâcheroient de se rendre à terre, pour chercher le long du rivage quelqu'endroit où nous pussions aborder. Ils passèrent heureusement à la nage, & se mirent à suivre la côte tandis que nous les conduisions des yeux. Enfin, trouvant une rivière, ils se servirent de leurs caleçons pour nous faire des signaux qui nous attirèrent à leur suite.

En nous approchant nous apperçûmes devant l'embouchure un banc, contre lequel la mer brifoit avec encore plus de violence. Je n'étois pas d'avis qu'on hafardât le paffage, ou du moins, je ne voulus m'y déterminer qu'avec le confentement général. Tout le monde fe mit en rang par mon ordre, & je demandai à chacun fon opinion. Ils s'accordèrent tous à braver le péril. J'ordonnai qu'à chaque côté de l'arrière on tînt une rame parée avec deux rameurs à chacune, & je pris la barre du gouvernail pour aller droit à couper la lame. Le premier coup de mer remplit d'eau la moitié de la chaloupe; il fallut promptement puifer avec les chapeaux; les fouliers & tout ce qui pouvoit fervir à cet office. Mais un fecond coup de mer nous mit tellement hors d'état de gouverner & de nous maintenir, que je crus notre perte certaine. « Amis, m'écriai-je, tenez la chaloupe en équi-
» libre, & redoublez vos efforts à puifer, ou
» nous périffons fans reffource ». On puifoit avec toute l'ardeur poffible, lorfqu'un troifième coup de mer furvint; mais la lame fut fi courte qu'elle ne put jetter beaucoup d'eau, fans quoi nous périffions infailliblement; & la marée commençant auffi-tôt à refouler, nous traverfâmes enfin ces furieux brifans. On goûta l'eau, qui fut trouvée douce, ce bonheur nous fit oublier toutes nos pei-

nes. Nous abordâmes au côté droit de la rivière où le rivage étoit couvert de belles herbes, entre lesquelles nous découvrîmes de petites feves telles qu'on en voit dans quelques endroits de Hollande. Notre première occupation fut d'en manger avidement.

» Quelques-uns de nos gens étant allés au-delà d'une pointe de terre qui se présentoit devant nous, y trouvèrent du tabac & du feu. Nouveau sujet d'une extrême joie. Quelque explication qu'il fallût donner à ces deux signes, ils nous marquoient que nous n'étions pas loin de ceux qui les avoient laissés. Nous avions dans la chaloupe deux haches qui nous servirent pour abattre quelques arbres, & pour en couper les branches, dont nous fîmes de grands feux en plusieurs endroits ; tous nos gens s'assirent autour & se mirent à fumer le tabac qu'ils avoient trouvé.

» Vers le soir nous redoublâmes nos feux, & dans la crainte de quelque surprise, je posai trois sentinelles aux avenues de notre petit camp. La lune étoit au déclin. Nous passâmes la première partie de la nuit sans aucun autre mal que de violentes tranchées qui nous venoient d'avoir mangé trop de feves. Mais au milieu de nos douleurs, les sentinelles nous apprirent que les habitans du pays s'approchoient en grand nombre. Leur dessein, dans les ténebres, ne pouvoit être que de nous attaquer. Toutes nos armes confiftoient dans les deux haches, avec une épée fort rouillée, & nous étions tous fi foibles qu'à peine avions-nous la force de nous remuer.

Cependant cet avis nous ranima, & les plus abattus ne purent fe réfoudre à périr fans quelque défenfe. Nous prîmes dans nos mains des tifons ardens avec lefquels nous courûmes au-devant de nos ennemis. Les étincelles voloient de toutes parts, & rendoient le fpectacle terrible. D'ailleurs, les Infulaires ne pouvoient être informés que nous étions fans armes. Auffi prirent-ils la fuite pour fe retirer derrière un bois. Nos gens retournèrent auprès de leurs feux, où ils paffèrent le refte de la nuit dans des alarmes continuelles. Rol & moi, nous nous crûmes par prudence obligés de rentrer dans la chaloupe, pour nous affurer du moins cette reffource contre toutes fortes d'événemens.

» Le lendemain au lever du foleil, trois Infulaires fortirent du bois & s'avancèrent vers le rivage. Nous leur envoyâmes trois de nos gens, qui ayant déja fait le voyage des Indes, connoiffoient un peu les ufages & la langue du pays. La première queftion à laquelle ils eurent à répondre, fut de quelle nation ils étoient. Après avoir fatisfait à cette demande & nous avoir repréfenté comme d'infortunés marchands dont le vaisseau avoit péri par le feu, ils demandèrent à leur tour si nous pouvions obtenir quelques rafraîchissemens par des échanges. Pendant cet entretien, les Insulaires continuèrent de s'avancer vers la chaloupe, & s'étant approchés avec beaucoup d'audace ils voulurent savoir si nous avions des armes. J'avois fait étendre les voiles sur la chaloupe, parce que je me défiois de leur curiosité. On leur répondit que nous étions bien pourvus de mousquets, de poudre & de balles.

Ils nous quittèrent alors, avec promesse de nous apporter du riz & des poules. Nous fîmes environ quatre-vingt réales de l'argent que chacun avoit dans ses poches, & nous les offrîmes aux trois Insulaires, pour quelques poules & du riz tout cuit qu'ils nous apportèrent. Ils parurent fort satisfaits du prix. J'exhortai nos gens à prendre un air ferme. Nous nous assîmes librement sur l'herbe, & nous remîmes à tenir conseil après nous être rassasiés par un bon repas. Les trois Insulaires assistèrent à ce festin, & dûrent admirer notre appétit. Nous leur demandâmes le nom du pays, sans pouvoir distinguer dans leur réponse si c'étoit Sumatra. Cependant nous en demeurâmes persuadés, lorsqu'ils nous eurent montré de la main que Java étoit au-dessous, & nous comprîmes facilement qu'ils vouloient nommer Jean Coen, général des Hollandois, qui commandoit alors dans cette île. Il nous parut certain que nous étions au vent de Java, & cet éclaircissement nous causa d'autant plus de satisfaction, que n'ayant point de boussole nous avions hésité jusqu'alors dans toutes nos manœuvres.

» Il ne nous manquoit plus que des vivres pour achever de nous rendre tranquilles. Je pris la résolution de m'embarquer avec quatre de nos gens dans une petite pirogue qui étoit sur la rive, & de remonter la rivière jusqu'à un village que nous avions apperçu dans l'éloignement, pour aller faire autant de provisions qu'il me seroit possible avec le reste de l'argent que nous avions rassemblé. M'étant hâté de partir, j'eus bientôt acheté du riz & des poules que j'envoyai à Rol avec la même diligence, en lui recommandant l'égalité dans la distribution, pour ne donner aucun sujet de plainte. De mon côté, je fis dans le village un fort bon repas avec mes compagnons, & je ne trouvai pas la liqueur du pays sans agrément. C'est une sorte de vin qui se tire des arbres, & qui est capable d'enivrer.

Pendant que nous mangions, les habitans étoient assis autour de nous, & conduisoient nos morceaux de leurs regards en les dévorant des yeux. Après le repas, j'achetai d'eux un buffle qui me coûta cinq réales & demie. Mais étant si sauvage que nous ne pouvions le prendre ni l'emmener, nous y employâmes beaucoup de tems. Le jour commençoit à baisser ; je voulois que nous retournassions à la chaloupe, dans la vue de revenir le lendemain. Mes gens me prièrent de les laisser cette nuit dans le village, sous prétexte qu'il leur seroit plus aisé de prendre le buffle pendant les ténebres. Je n'étois pas de leur avis, & je m'efforçai de les détourner de ce dessein. Cependant leurs instances m'y firent consentir, & je les quittai, en les abandonnant à leur propre conduite.

» Je retournai sur le bord de la rivière, où je trouvai près de la pirogue quantité d'Insulaires qui paroissoient en contestation. Ayant cru démêler que les uns vouloient qu'on me laissât partir, & que d'autres s'y opposoient, j'en pris deux par le bras, & je les poussai vers la pirogue d'un air de maître. Leurs regards étoient farouches. Cependant ils se laissèrent conduire jusqu'à la barque, & ne firent pas difficulté d'y entrer avec moi ; l'un s'assit à l'arrière, & l'autre à l'avant. Enfin ils se mirent à ramer. J'observai qu'ils avoient au côté chacun leur cric ou poignard, & par conséquent, qu'ils étoient maîtres de ma vie. Après avoir un peu vogué, celui qui étoit à l'arrière vint à moi, au milieu de la pirogue où je me tenois debout, & me déclara par des signes qu'il vouloit de l'argent. Je tirai de ma poche une petite piece de monnoie que je lui offris. Il la reçut, & l'ayant regardée quelques momens d'un air incertain, il l'enveloppa dans le morceau de toile qu'il avoit autour de sa ceinture. Celui qui étoit à la proue vint à son tour, & me fit les mêmes signes. Je lui donnai une autre piece qu'il considéra aussi des deux côtés, mais il parut encore plus incertain s'il la devoit prendre ou m'attaquer ; ce qui lui auroit été facile puisque j'étois sans armes. Je sentis la grandeur du péril, & le cœur me battoit violemment.

Cependant nous descendions toujours, & d'autant plus vîte que nous étions portés par le reflux. Vers la moitié du chemin, mes deux guides commencèrent à parler entr'eux avec beaucoup de chaleur. Tous leurs mouvemens sembloient marquer qu'ils avoient dessein de fondre sur moi. J'en fus allarmé jusqu'à trembler. Ma consternation me fit tourner les yeux vers le ciel, à qui je demandai le secours qui m'étoit nécessaire dans un danger si pressant. Une inspiration secrette me fit prendre le parti de chanter, ressource étrange contre la peur ! Je chantai de toute ma force, jusqu'à faire retentir les bois dont les deux rives étoient couvertes. Les deux Insulaires se mirent à rire, ouvrant la bouche si large que je vis jusqu'au milieu de leur gosier. Leurs regards me firent connoître qu'ils ne me croyoient ni crainte ni défiance. Ainsi je vérifiai ce que j'avois entendu dire sans le comprendre, qu'une frayeur extrême est capable de faire chanter. Pendant que je continuois cet exercice, la barque alloit si rapidement que je commençai à découvrir notre chaloupe. Je fis des signes à nos gens, ils les apperçurent, & je les vis accourir vers le bord de la rivière. Alors me tournant vers mes deux tameurs, je leur fis entendre que pour aborder il falloit qu'ils se missent tous deux à la proue, dans l'idée que l'un d'eux ne pourroit du moins m'attaquer par-derrière. Ils m'obéirent sans résistance, & je descendis tranquillement sur la rive.

» Lorsqu'ils me virent en sûreté au milieu de mes compagnons, ils demandèrent où tant de gens passoient la nuit; on leur dit que c'étoit sous les tentes qu'ils voyoient. Nous avions dressé effectivement de petites tentes, avec des branches & des feuilles d'arbres. Ils demandèrent encore où couchoient Rol & moi qui leur avions paru les plus respectés; on leur répondit que nous couchions dans la chaloupe sous les voiles; après quoi ils rentrèrent dans leur pirogue pour retourner au village.

» Je fis à Rol & aux autres le récit de ce qui
m'étoit

m'étoit arrivé dans mon voyage, & je leur donnai l'espérance de revoir le lendemain nos quatre hommes avec le buffle. La nuit se passa dans une profonde tranquillité. Mais après le lever du soleil, nous fûmes surpris de ne pas voir paroître nos gens, & nous commençâmes à soupçonner qu'il leur étoit arrivé quelque accident. Quelques momens après, nous vîmes venir deux Insulaires qui chassoient une bête devant eux; c'étoit un buffle. Mais je n'eus pas besoin de le considérer long-tems, pour reconnoître que ce n'étoit pas celui que j'avois acheté. Un de nos gens, qui entendoit à-demi la langue du pays & qui se faisoit entendre de même, demanda aux deux noirs pourquoi ils n'avoient pas amené le buffle qu'ils m'avoient vendu, & où étoient nos quatre hommes; ils répondirent qu'il avoit été impossible d'amener l'autre, & que nos gens qui venoient après eux en conduisoient un second. Cette réponse ayant un peu dissipé notre inquiétude, je remarquai que le buffle sautoit beaucoup & qu'il n'étoit pas moins sauvage que le premier; je ne balançai point à lui faire couper les pieds avec la hache. Les deux noirs le voyant tomber poussèrent des cris & des hurlemens épouvantables.

A ce bruit, deux ou trois cens Insulaires qui étoient cachés dans le bois, en sortirent brusquement, & coururent d'abord vers la chaloupe, dans le deſſein apparemment de nous couper le paſſage pour s'aſſurer la liberté de nous maſſacrer tous. Trois de nos gens qui avoient fait un petit feu à quelque diſtance des tentes, pénétrèrent leur projet, & ſe hâtèrent de nous en donner avis. Je ſortis du bois, & m'étant un peu avancé je vis quarante ou cinquante de nos ennemis qui ſe précipitoient vers nous d'un autre côté du même bois. « Tenez ferme, dis-je à nos gens, le nombre de » ces miſérables n'eſt pas aſſez grand pour nous » cauſer de l'épouvante ». Mais nous en vîmes paroître une ſi groſſe troupe, la plupart armés de boucliers & d'une ſorte d'épées, que regardant notre ſituation d'un autre œil, je m'écriai : « Amis, » courons à la chaloupe, car ſi le paſſage nous » eſt coupé, il faut renoncer à toute eſpérance ». Nous prîmes notre courſe vers la chaloupe, & ceux qui ne purent y arriver aſſez-tôt ſe jettèrent dans l'eau pour s'y rendre à la nage.

» Nos ennemis nous pourſuivirent juſqu'à bord. Malheureuſement pour nous, rien n'étoit diſpoſé pour s'éloigner de la rive avec une diligence égale au danger. Les voiles étoient étendues en forme de tente, d'un côté de la chaloupe à l'autre ; & tandis que nous nous empreſſions d'y entrer, les Inſulaires nous ſuivant de près percèrent de leurs zagaies plusieurs de nos gens, dont nous vîmes les intestins qui leur tomboient du corps. Nous nous défendions néanmoins avec nos deux haches & notre vieille épée. Le boulanger de l'équipage, qui étoit un grand homme plein de vigueur, s'aidoit de l'épée avec succès. Nous étions amarrés par deux grappins, l'un à l'arrière & l'autre à l'avant. Je m'approchai du mât & criai au boulanger : Coupe le cableau. Mais il fut impossible de le couper. Je courus à l'arrière, & mettant le cableau à l'étambord, je criai : Hache. Alors il fut coupé facilement. Nos gens de l'avant le prirent & tirèrent la chaloupe vers la mer. Envain les Insulaires tentèrent de nous suivre dans l'eau, ils perdirent fond & furent contraints d'abandonner leur proie.

» Nous pensâmes à recueillir le reste de nos gens qui nageoient dans la rivière. Ceux qui n'avoient pas reçu de coups mortels rentrèrent à bord, & le ciel fit souffler aussi-tôt un vent forcé de terre, quoique jusqu'alors il eût été de mer. Il nous fut impossible de ne pas reconnoître que c'étoit un témoignage sensible de la protection divine. Nous mîmes toutes nos voiles, & nous allâmes jusqu'au large d'une seule bordée, avec une facilité surprenante à repasser le banc & les brisans qui nous avoient causé tant d'embarras à l'entrée de la rivière. Nos ennemis s'imaginant que nous y ferions

M ij

naufrage, s'étoient avancés jusqu'à la dernière pointe du cap, pour nous y attendre & nous massacrer. Mais le vent continua de nous être favorable, & l'avant de la chaloupe qui étoit fort-haut coupa les lames avec ce secours.

» A peine étions-nous hors de danger, qu'on s'apperçut que le brave boulanger qui nous avoit si bien défendus, avoit été blessé d'une arme empoisonnée. Sa blessure étoit au-dessus du nombril; les chairs étoient déja d'un noir livide. Je les lui coupai jusqu'au vif pour arrêter les progrès du venin, mais la douleur que je lui causai fut inutile, il tomba mort à mes yeux, & nous le jettâmes dans les flots. En faisant la revue de nos gens, nous trouvâmes qu'il en manquoit seize, dont onze avoient été tués sur le rivage. Le sort des quatre malheureux qui étoient restés dans le village fut amèrement déploré. Rien n'étoit si cruel que la nécessité où nous étions de les abandonner. Cependant il y a beaucoup d'apparence qu'ils n'y purent être sensibles, & que c'étoit déja fait de leur vie.

» Nous gouvernâmes vent arrière en rangeant la côte. Le reste de nos provisions consistoit en huit poules & un peu de riz ; elles furent distribuées entre cinquante hommes que nous étions encore. Mais la faim commençant bientôt à se faire fentir, nous fûmes obligés de retourner à terre par une baie que nous découvrîmes. Des Infulaires qui étoient fur le rivage en grand nombre prirent la fuite en nous voyant débarquer. Nous avions fait une trop funefte expérience de la barbarie de ces Sauvages, pour en efpérer des vivres ; mais nous trouvâmes au moins de l'eau douce. Les rochers voifins nous offrirent des huîtres & des petits limaçons de mer, dont nous mangeâmes avec d'autant plus de goût, qu'ayant fauvé un chapeau plein de poivre que j'avois acheté dans le village où étoient reftés nos quatre hommes, il nous fervit à les affaifonner.

Après nous en être raffafiés, chacun en remplit fes poches, & nous rentrâmes dans la chaloupe, avec deux petits tonneaux pleins d'eau fraîche. Je propofai, en quittant la baie, de prendre un peu plus au large pour faire plus de chemin, & ce confeil fut fuivi ; mais le vent qui commençoit à forcer nous fit effuyer pendant la nuit une groffe tempête. Cependant les craintes & la fatigue qu'elle nous fit effuyer devinrent une faveur du ciel : fi nous euffions continué de ranger la côte, nous n'aurions pu nous défendre de relâcher près d'un autre aiguade qui fe préfente dans la même île ; nous y aurions trouvé des ennemis cruels qui s'étoient déclarés depuis peu contre les Hollandois, & qui en avoient déja massacré plusieurs.

» A la pointe du jour, nous eûmes la vue de trois îles qui étoient devant nous. Nous prîmes la résolution d'y relâcher, quoique nous ne les crussions point habitées ; on se flattoit d'y trouver quelque nourriture. Celle où nous abordâmes étoit remplie de cette espece de roseaux qu'on nomme bambous, & qui sont de la grosseur de la jambe. Nous en prîmes plusieurs dont nous perçâmes les nœuds avec un bâton, à l'exception de celui de dessous ; nous les remplîmes d'eau douce comme autant de tonneaux, que nous fermâmes avec des bouchons. Cet expédient nous fournit une bonne provision d'eau dans la chaloupe. Il y avoit aussi des palmiers dont la cîme étoit assez molle pour nous servir d'aliment. On parcourut l'île sans faire d'autre découverte.

» Un jour, me trouvant au pied d'une assez haute montagne, je ne pus résister à l'envie de monter au sommet, dans l'espérance vague de faire quelque observation qui pût être utile à nous conduire. Nous cherchions les lieux où les Hollandois étoient établis dans ces parages. Il me sembloit que ce soin me regardoit particulièrement, & que tous nos infortunés avoient les yeux tournés sur moi. Cependant, outre les maux qui m'étoient communs avec eux, je n'étois jamais venu aux Indes orientales, & n'ayant ni boussole ni autres instrumens de mer, je ne me trouvois capable de rien pour mettre fin à ces maux.

» Lorsque je fus au sommet de la montagne, mes regards se perdirent dans l'immense étendue du ciel & de la mer. Je me jettai à genoux, le cœur plein d'amertume, & j'adressai ma prière au ciel, avec des soupirs & des gémissemens que je ne puis exprimer. Etant prêt à descendre, je jettai encore les yeux de tous côtés autour de moi. Je crus voir sur ma droite que les nuées chassoient de terre, & que c'étoit cette raison qui rendoit l'horison si fin. Aussi-tôt je découvris deux hautes montagnes dont la couleur me parut bleue. Il me vint à l'esprit qu'étant à Hoorn, j'avois entendu dire à Guillaume Schouten, qui avoit fait deux fois le voyage des Indes orientales, qu'au cap de Java il y avoit deux hautes montagnes qui paroissoient bleues. Nous étions venus dans l'île en rangeant à main gauche la côte de Sumatra, & ces montagnes étoient à droite. Je voyois entr'elles une ouverture ou un vuide au travers duquel je ne découvrois pas de terre, & je n'ignorois pas que le détroit de la Sonde étoit entre Sumatra & Java. Ces réflexions me firent conclure qu'il n'y avoit point d'erreur dans notre route.

» Je descendis plein de joie, & je me hâtai d'annoncer à Rol que j'avois vu les deux montagnes. Elles ne paroissoient plus lorsque je lui en fis le récit, parce que les nuées avoient achevé de chasser. Mais j'ajoutai ce que j'avois appris à Hoorn de la bouche de Schouten, & j'établis mes conjectures par d'autres raisonnemens. Rol y trouva de la vraisemblance. « Assemblons nos gens, me » dit-il, & gouvernons de ce côté-là ». Cette déclaration que je fis à l'équipage, excita beaucoup d'empressement pour apporter à bord de l'eau, des bambous qu'ils avoient coupés & des cîmes de palmier. On mit à la voile avec la même ardeur; le vent étoit favorable à nos vues. Nous portâmes le cap droit à l'ouverture des deux montagnes, & pendant la nuit nous nous gouvernâmes par le cours des étoiles. Vers minuit nous apperçûmes du feu. On s'imagina d'abord que c'étoit le feu de quelque vaisseau, & que ce devoit être une carraque. Mais en approchant nous reconnûmes que c'étoit une petite île du détroit de la Sonde, appelée l'île *Dwars in de Weg*, c'est-à-dire, *qui traverse le chemin*. Après en avoir doublé la pointe, nous vîmes un second feu de l'autre côté, & diverses marques nous firent juger que c'étoit des pêcheurs.

» Le lendemain, à la pointe du jour, nous

fûmes arrêtés par un calme. Nous étions, sans le savoir, sur la côte de Java. Un matelot étant monté au haut du mât, cria aussi-tôt qu'il découvroit un gros de vaisseaux. Il en compta jusqu'à vingt-trois. Notre joie ne se peut exprimer ; ce n'étoit que cris & sauts. On se hâta de border les avirons, à cause du calme, & l'on nagea droit vers cette flotte. C'étoit un nouvel effet de la protection du Ciel, car nous serions allés à Bantam, où nous n'avions rien de favorable à attendre, parce que le roi de cette contrée étoit en guerre avec notre nation ; au lieu que, par une faveur admirable de la Providence, nous allâmes tomber entre les bras de nos compatriotes & de nos amis.

» Ces vingt-trois vaisseaux étoient hollandois, sous le commandement de Frédéric Houtman d'Alcmaar. Il se trouvoit alors dans sa galerie, d'où il nous observoit avec sa lunette d'approche. Surpris de la singularité de nos voiles, & cherchant l'explication d'un spectacle si nouveau, il envoya sa chaloupe au-devant de nous pour s'informer qui nous étions. Ceux qui la conduisoient nous reconnurent. Nous avions fait voile ensemble du Texel, & nous ne nous étions séparés que dans la mer d'Espagne. Ils nous firent passer, Rol & moi, dans leur chaloupe, & nous conduisirent à bord de l'amiral, dont le vaisseau se nommoit la Vierge de Dordrecht. Nous lui fûmes aussi-tôt présentés. Après nous avoir marqué la joie qu'il avoit de nous revoir, jugeant sans explication quel étoit le plus pressant de nos besoins, il fit couvrir sa table & s'y mit avec nous. Lorsque je vis paroître du pain & les autres viandes, je me sentis le cœur si serré que mes larmes inondèrent mon visage, & que je ne me trouvai point la force de manger. Nos compagnons d'infortune, qui arrivèrent presqu'aussi-tôt furent distribués sur tous les autres vaisseaux de la flotte.

» L'amiral se fit raconter toutes nos aventures, qu'il écouta avec le plus grand étonnement ; ensuite il nous fit embarquer dans un yacht pour nous rendre à Batavia. Nous étions encore au nombre de cinquante, & nous y fûmes rendus le lendemain. Les amis que nous avions retrouvés sur la flotte m'avoient fourni des vêtemens & à tout mon équipage. Notre entrée dans la ville se fit en fort bon ordre. Nous nous présentâmes à l'hôtel de *Jean Pietersz Coen*, général de la Compagnie, qui n'avoit point été encore informé de notre arrivée, mais qui nous reçut favorablement lorsque nous nous eûmes fait connoître. Il fallut satisfaire sa curiosité par un long récit ; ce que je fis d'abord en peu de mots en ces termes : « Seigneur général, » nous partîmes le 28 Décembre 1618 du Texel,

» dans le navire nommé la Nouvelle-Hoorn ; nous
» approchâmes du détroit de la Sonde, étant par
» la hauteur de cinq degrés & demi ; là, le feu
» prit à notre vaisseau le 19 Novembre 1619 ; là
» nous sautâmes ». Ensuite m'arrêtant au détail de
toutes les circonstances de notre malheur, je lui
expliquai comment il étoit arrivé, combien nous
avions perdu de gens, comment je sautai avec
le navire, & comment le Ciel m'avoit conservé
avec un seul jeune-homme.

» Le général, fort attentif à ma narration, me
dit froidement, après avoir entendu le reste de nos
aventures : « Que faire à cela ? C'est un grand
» malheur...... Ensuite il dit à un de ses domesti-
» ques : Apporte la coupe d'or »...... Il y fit verser du vin d'Espagne, en disant : « Capitaine, je
» vous souhaite plus de bonheur ; je bois à votre
» santé..... Il ajouta : Demeurez ici, vous dînerez
» avec moi. J'ai dessein de partir cette nuit pour
» me rendre devant Bantam, afin de pouvoir mieux
» donner mes ordres à notre armée. Pour vous,
» demeurez ici jusqu'à ce que je vous mande ou que
» je sois de retour ». Il but aussi à la santé de Rol.

» J'eus encore quelques entretiens avec lui. Il
partit effectivement la nuit pour Bantam. Pendant
son absence, nous continuâmes à manger à sa table, suivant ses ordres, pendant huit jours. Enfin

l'occasion se présenta de nous employer; il n'attendit point que nous le fissions souvenir de sa promesse. Il me manda auprès de lui devant Bantam; j'y reçus la commission de capitaine du vaisseau *le Bergerboot*. Deux jours après, il nomma aussi Rol pour exercer les fonctions de commis ou marchand sur le même vaisseau. Notre joie fut complette de nous trouver rejoints dans ce navire, avec les mêmes commandemens que nous avions eus sur la Nouvelle-Hoorn ».

Nous abrégerons, ou plutôt nous ne ferons qu'indiquer les événemens qui précédèrent le retour de Bontekoé dans sa patrie; il désespéra encore plus d'une fois de la revoir.

Le vaisseau le Bergerboot, dont il venoit d'être fait capitaine, étoit court & portoit trente-deux pieces de canon. Il étoit chargé de viande, de lard, de riz & de munitions de guerre pour ravitailler les forts hollandois, & principalement ceux des îles Moluques. Deux autres navires, *le Neptune* & *l'Etoile du matin*, avoient reçu le même ordre, & étoient chargés de même. Ces trois vaisseaux partirent de conserve dans les premiers jours de l'année 1620.

Bontekoé rapporte ensuite dans son journal (*) ce qui lui arriva dans le cours de son voyage : il en finit le détail, en disant qu'ayant touché à l'île d'Amboine, Rol y obtint le gouvernement du fort de Batsien ; qu'il l'y laissa & continua de visiter les Moluques pour les fournir de provisions ; qu'ensuite le desir de faire ses derniers adieux à Rol le ramena à Batsien. Bontekoé en reçut environ cent lastes de cloux-de-girofle, qui furent chargés en retour sur son vaisseau, pour les magasins de la Compagnie. La séparation de ces deux amis fut triste ; ils s'embrassèrent avec peu d'espérance de se revoir jamais, & en répandant des larmes au souvenir des infortunes qu'ils avoient souffertes ensemble. Rol mourut quelque tems après à Maleïe.

De retour à Batavia, Bontekoé rendit compte de son voyage au général Coen, qui lui reconnoissant de l'activité & de l'intelligence, le chargea successivement de deux autres commissions auxquelles il employa deux années entières. Enfin il fut nommé pour une expédition des Hollandois contre les Chi-

―――――――――――

(*) Le reste du Journal de Bontekoé renferme 114 pages, dans le huitième volume du Recueil des Voyages pour l'établissement de la Compagnie hollandoise des Indes orientales. Voyez pages 307 & suivantes.

nois & les Portugais de Macao. Son vaisseau étoit *le Groningue*. *Corneille Reyertsz* avoit le commandement général de la flotte, qui étoit composée de huit vaisseaux de guerre & de plusieurs yachts. Ils appareillèrent de Batavia le 10 d'Avril 1622.

Cette expédition fut longue & meurtrière; Bontekoé ne rentra dans le port de Batavia que le 2 d'Avril 1624. Il fut encore employé à quelques commissions pour le service de la Compagnie, dans les îles entre Batavia & Bantam. Enfin, dans les derniers mois de l'année il saisit l'occasion de repasser en Europe. On équipoit alors à Batavia, la *Nouvelle-Hollande*, *le Goude* & *le Middelbourg*, pour aller en Perse, & ensuite faire route vers les Provinces-Unies. Bontekoé demanda au général *Carpentier*, qui avoit succédé à Coen, la permission de partir sur un de ces trois bords, elle lui fut accordée, avec la commission de capitaine de la Nouvelle-Hollande, qui étoit un fort beau navire. L'amiral Reyertsz, qui revint de Piscadore vers le même tems, dans la résolution de retourner aussi en Europe, obtint le commandement de ces trois vaisseaux, & monta celui de Bontekoé. Ils mirent à la voile 6 de Février 1625 (*), destinés tous

---

(*) L'Auteur du Recueil des Voyages pour l'établissement de la Compagnie des Indes orientales, a donné

deux à des infortunes qui causèrent la mort de l'un, & rendirent le retour de l'autre presqu'aussi funeste que son arrivée dans les Indes.

Cinq semaines étoient à peine expirées, que Reyertsz tomba malade, & que la situation des trois vaisseaux devint très-critique, par une tempête furieuse qui dura long-tems. Le Goude fut englouti dans les flots avec tout l'équipage; la Nouvelle-Hollande ne dut sa conservation qu'à l'habileté de son capitaine; à l'égard du Middelbourg entièrement démâté, il fut regrée par Bontekoé; ensuite ils se séparèrent pour ne se plus revoir.

Le 30 Mars, Bontekoé mouilla à l'île de Madagascar, dans la baie de Saint-Louis; il y fut nécessité, tant pour donner du soulagement aux

---

ici dans une erreur qui a été copiée par M. l'Abbé Prévost, en plaçant le départ de Bontekoé au 6 Février 1624. Il est visible, d'après Thevenot & la date de l'instruction donnée à Bontekoé à bord du vaisseau la Bonne-Espérance, qu'ils se sont trompés tous deux; Bontekoé n'étant revenu de l'expédition de la Chine qu'au mois d'Avril 1624, & ayant été chargé depuis son retour de plusieurs commissions qui le retinrent aux Indes jusqu'au commencement de l'année 1625; d'ailleurs, son voyage pour le retour en Europe auroit duré près de deux ans.

malades, que pour radouber le vaisseau qui avoit été extrêmement maltraité par la violence de la tempête. Onze jours après qu'on eut jetté l'ancre, Reyertsz, dont la maladie n'avoit fait qu'augmenter depuis la disgrace de ses trois vaisseaux, mourut dans l'amertume de son chagrin. La Compagnie perdit en sa personne un officier actif & très-expérimenté. La mort de l'amiral toucha sensiblement Bontekoé; il lui rendit les honneurs funebres, avec le plus d'appareil qu'il put dans la situation où il se trouvoit.

Le 25 d'Avril 1625, la Nouvelle-Hollande, après avoir été aussi bien réparée qu'elle pouvoit l'être en cet endroit, & avoir fait une grosse provision d'eau, de limons & d'oranges, mit à la voile par un assez beau tems qui dura jusqu'au 10 de Mai. Les vents devinrent si furieux, que le vaisseau fut le jouet de la mer irritée jusqu'au 6 de Juin. Bontekoé commençoit à perdre l'espérance de pouvoir doubler le Cap, & délibéroit même de retourner à Batavia, lorsqu'emporté contre le vent même, par la force des courans, il fut surpris de l'avoir doublé sans s'en être apperçu. Le reste de la navigation ne fut qu'un mélange d'évènemens ordinaires, à l'exception de deux ou trois que nous rapporterons d'une manière moins abrégée.

abrégée. Ce n'eſt qu'à regret que nous quittons le journal d'un chef auſſi actif que prudent.

La joie de l'équipage de la Nouvelle-Hollande ne fut pas médiocre, d'avoir paſſé ce retoutable Cap ſans s'en douter. Bontekoé, qui ne pouvoit revenir de ſon étonnement, profita de ſa bonne fortune en dirigeant ſon cours vers l'île de Sainte-Hélène qu'il découvrit le 14 Juin. Lorſqu'il eut rangé la côte en s'approchant de la vallée de l'égliſe, il apperçut par le travers de cette vallée une caraque eſpagnole à la rade. Malgré le déſordre de ſon vaiſſeau, Bontekoé fit tous ſes efforts pour s'avancer vers la caraque & pour aller bruſquement à l'abordage, dans l'opinion que les bordées de cette énorme maſſe portant trop haut, il auroit pu la joindre & la prendre facilement. Les raffales qui s'échappoient d'entre les montagnes s'oppoſèrent à ſon deſſein, & donnèrent le tems aux Eſpagnols de touer la caraque, de débarquer du canon & de dreſſer des batteries ſur le rivage.

Cependant une raffale ayant porté les Hollandois à la portée du mouſquet de ce gros bâtiment, ils armèrent leur chaloupe & l'envoyèrent aux Eſpagnols avec un pavillon de paix. A la vue de cette manœuvre, les Eſpagnols firent avancer auſſi leur chaloupe entre les deux navires. Ils demandèrent d'où venoit le vaisseau hollandois. On leur répondit qu'il venoit de Java, & que s'étant écarté de ses conserves il les attendoit incessamment. Leur réponse ne fut pas moins civile lorsqu'on leur demanda aussi d'où ils venoient ; ils dirent que c'étoit de Goa. Le patron Hollandois leur demanda ensuite la permission de faire de l'eau, parce qu'étant arrivés les premiers il les en regardoit comme les maîtres ; il ajouta qu'on se retireroit après avoir rempli les tonneaux. Les Espagnols pour dernière réponse, les traitèrent avec les plus grandes marques de mépris, en proférant plusieurs injures, & en les appelant canaille, *Anda pietro*, *anda canaglia*.

Cette nouvelle qui fut rapportée aussi-tôt par la chaloupe, irrita extrêmement l'équipage. Bontekoé crut devoir assembler le conseil. Le résultat fut d'envoyer demander une seconde fois la liberté de faire de l'eau, & de laisser le tems d'une horloge aux Espagnols pour prendre leur parti ; après quoi, s'ils s'obstinoient dans leur refus, il fut arrêté qu'on iroit les attaquer. La chaloupe retourna vers eux avec le pavillon de paix. Ils revinrent à la moitié du chemin, accompagnés d'un moine qu'on reconnut à ses habits. Le patron Hollandois ayant renouvellé ses propositions, ne reçut que des outrages pour réponse. A son retour, Bontekoé fit sonner la cloche & commencer la prière. On mit des horloges de demi-heure sur les cabestans ; lorsqu'elles furent écoulées, le canon hollandois fit un feu épouvantable sur la caraque. Elle étoit à la juste portée des coups. Son château d'avant paroissoit aussi haut que les hunes de la misène hollandoise. L'effet des bordées de la Nouvelle-Hollande fut tel, qu'on entendit le craquement des planches qui étoient brisées par les boulets.

Le feu de la caraque cessa bientôt ; mais la batterie que les Espagnols avoient élevée sur le rivage tiroit continuellement, & presque tous les coups portoient ; ils blessèrent quelques-uns de l'équipage hollandois, entr'autres le second charpentier qui eut la jambe cassée. Bontekoé craignant d'être coulé à fond, prit le parti de se faire touer derrière quelques rochers ; cette manœuvre ne fut achevée qu'au commencement de la nuit, & mit le vaisseau à couvert de la batterie qu'on redoutoit. Le conseil fut ensuite assemblé, & on s'informa de la quantité d'eau qui restoit à bord. Par le calcul qu'on fit de celle qui restoit pour la pour la consommation du passage de la ligne & du reste de la route, on trouva qu'il ne falloit compter que sur quatre demi-septiers d'eau par jour pour chaque homme. Les officiers demandèrent alors aux matelots s'ils vouloient se contenter de cette provision jusqu'en Hollande, ou se battre en désespérés pour chasser les ennemis de l'aiguade. Les voix furent recueillies. On conclut que le voyage seroit continué dans la situation où étoit le vaisseau. Bontekoé fit aussi-tôt lever l'ancre.

Le jour commençoit à paroître. Les Espagnols voyant qu'on faisoit nager le vaisseau par la chaloupe, se rassemblèrent sur le rivage, & firent plusieurs décharges de mousquet qui incommodèrent extrêmement la manœuvre. Cependant on vint à bout de s'éloigner, avec beaucoup de peine & de danger. Bontekoé avoue qu'une heure de retard l'auroit exposé à perdre beaucoup de monde. Mais il se crut vengé, en apprenant dans la suite, par les dépêches qu'on reçut de six vaisseaux hollandois qui avoient relâché au même lieu, que la caraque avoit péri des suites de ce combat; les six vaisseaux avoient vu du moins une caraque coulée bas. Ceux qui les montoient n'avoient pu, de même que Bontekoé, faire de l'eau, parce que les Espagnols qui avoient enlevé toute la cargaison de leur navire, s'étoient retranchés sur le rivage avec toute leur artillerie, & étoient à couvert du feu des Hollandois.

La navigation de la Nouvelle-Hollande ne fut plus traversée, si ce n'est que par quelques brumes ou grains. Enfin, le 15 d'Octobre on découvrit la terre, qui fut bientôt reconnue pour l'Irlande. Bontekoé entra dans le port de Kingsale, mais avec quelque défiance, parce qu'on y apperçut un vaisseau de guerre anglois, & qu'il n'ignoroit pas que la Compagnie étoit en mauvaise intelligence avec l'Angleterre. Bontekoé, toujours prudent, fit mouiller l'ancre au large de lui, & ne souffrit point que les gens de l'équipage quittassent le vaisseau en trop grand nombre. Cependant il fut rassuré par le capitaine lui-même, qui déclara qu'il n'avoit point ordre de l'attaquer. « Cette » déclaration, dit Bontekoé, ne me mettoit point » l'esprit en repos. Je l'invitai à un grand repas à » terre, où nous fîmes bonne chère & bûmes largement. Dans la gaîté du repas, lorsque je le » vis en état de s'expliquer avec franchise, je le » pressai de me dire s'il n'avoit point d'ordre de » nous attaquer. Il me répondit que non; qu'à la » vérité, depuis que nous étions entrés dans le » port, il en avoit donné avis en Angleterre, mais » qu'il n'avoit reçu aucune réponse ».

L'inquiétude de Bontekoé cessa bientôt entièrement, par l'arrivée de deux vaisseaux de sa nation qui avoient été envoyés pour lui servir d'escorte. Il n'eut à combattre que l'incontinence & l'ivrognerie de ses gens. La plupart étoient descendus à

Kingsale. Ses ordres réitérés n'étant point capables de les rappeler à bord, il prit le parti d'aller parler au maire de la ville, qui lui dit qu'il ne savoit aucun moyen d'obliger les matelots à regagner leur bord. Bontekoé ne se rendit point; il imagina de rendre visite à la femme de ce magistrat, & de lui présenter une piece de toile. Ce présent rendit le mari plus traitable. Ils concertèrent ensemble, dans une seconde visite, qu'il seroit publié par toute la ville, au son du tambour, que tout ce qui seroit avancé aux matelots du vaisseau des Indes orientales, au-dessus de sept schelings, seroit perdu pour les créanciers. Cette ruse réussit. Il n'y avoit pas un matelot qui ne dût plus de sept schellings : on les preffa de payer, & on ne voulut plus leur rien fournir qu'en payant. Ils se rendirent auprès de Bontekoé, pour obtenir de quoi faire leur dépense & la continuer encore quelque tems. Au lieu de leur répondre, il fit lever l'ancre, à la vue de ceux qui étoient encore à terre, & sortant de la passe, il mit le cap à la mer. Alors ceux qui étoit encore à la ville se jettèrent avec empressement dans des barques & canots pour rejoindre le vaisseau ; ils étoient accompagnés de leurs créanciers, à qui les anciennes avances furent payées sur le compte de leurs débiteurs. Cependant trois ou quatre des matelots restèrent à Kingsale; ils avoient donné des promesses de mariage à des filles qu'ils épousèrent dans la suite. Bontekoé continua sa route avec ses deux navires d'escorte, & entra heureusement dans un port de Zélande, le 15 de Novembre 1625. En débarquant, il bénit le ciel de l'avoir délivré de tant de périls pendant un voyage de sept ans.

Son dessein étoit de finir sa relation à son retour dans sa chère patrie, mais jugeant qu'on doit s'intéresser au Middelbourg, qu'il avoit abandonné dans un triste état, il donne quelques explications sur le sort de ce malheureux vaisseau.

En partant de Madagascar, Bontekoé s'étoit flatté, mais vainement, de retrouver le Middelbourg à l'île de Sainte-Hélène. Dans la suite, le capitaine Bierenbroote, ayant relâché au cap de Bonne-Espérance à son retour des Indes, y trouva des lettres que les officiers du Middelbourg y avoient laissées, suivant l'usage. Ils informoient leurs compatriotes qu'ils avoient fait des efforts inutiles pour rejoindre la Nouvelle-Hollande à la baie de Saint-Louis; qu'ayant dérivé jusqu'à celle d'Antongil, ils y avoient relâché, & qu'ils s'y étoient radoubés pour continuer leur navigation. On lisoit aussi dans les mêmes lettres quelques circonstances de leur séjour au Cap. Depuis ce tems-là, on n'a rien appris d'eux par les voies du commerce hollandois; on a seulement su par des lettres de Lisbonne, que le Middelbourg s'étant rendu à la baie de Sainte-Hélène, avoit été attaqué par deux caraques portugaises, contre lesquelles il s'étoit si vigoureusement défendu, qu'il avoit mis le feu à l'une d'elles par un boulet de canon. Les Portugais craignant pour eux-mêmes, finirent l'attaque & prirent le parti d'abandonner leur proie.

Bontekoé conclut que, n'ayant pas eu d'autres lumières sur la fortune du Middelbourg, on ne sauroit douter qu'il n'ait été enseveli dans le sein des flots, soit par la violence des tempêtes, soit pour avoir été désemparé dans son combat contre les Portugais.

NOTES.

(1) LE DÉTROIT DE LA SONDE est situé dans la mer des Indes sous les cinq & sixième degrés de latitude méridionale; il est formé par les îles de Sumatra & de Java qu'il sépare. Ces deux îles avec celles de Borneo, de Bali, de Madura, de Banca, & plusieurs autres petites, sont appelées les îles de la Sonde; elles sont situées

au couchant des Moluques & autour de l'équateur. La navigation eſt fort difficile dans le détroit de la Sonde, à cauſe des bancs & des écueils qui s'y trouvent. Batavia, célebre établiſſement des Hollandois dans l'île de Java, eſt le centre de leur commerce des Indes orientales.

N.º 7.

RELATION

Du Naufrage du Vaisseau Hollandois le Batavia, commandé par FRANÇOIS PELSART, sur les roches de Fréderic Outhman, près les côtes de la Concorde, dans la Nouvelle-Holande, en 1630 (*).

FRANÇOIS PELSART, Hollandois, a rendu son nom fameux dans l'histoire des navigations aux extrémités du globe. Il est cité pour un des premiers Européens, qui ont abordé à la Terre australe; mais ce marin est bien plus digne de la sensibilité, & même de l'admiration du lecteur, par l'intelli-

---

(*) Le journal de Pelsard, traduit en françois par Melchisedech THEVENOT, garde de la bibliotheque du roi, est imprimé dans sa Collection des Voyages, Tome premier; *Paris*, 1663. M. le Président DES BROSSES l'a aussi inféré, mais en abrégé, dans son Histoire des naviga-

gence & la fermeté qu'il a montrées dans la circonstance malheureuse de son naufrage.

Le journal du voyage de Pelsart, publié successivement à Amsterdam, à Londres & à Paris, a été lu avec beaucoup d'avidité dans le dernier siecle. Nous le rendrons encore plus intéressant aujourd'hui, en le faisant suivre par une exposition sommaire des anciennes & nouvelles découvertes dans le vaste Continent austral.

Les directeurs de la Compagnie hollandoise des Indes orientales, animés par l'heureux retour, en 1629, de cinq vaisseaux commandés par le général Carpentier, & richement chargés, expédièrent la même année, une flotte de onze vaisseaux, dans la même vue. *Le Batavia*, sous le commandement de François Pelsart, habile marin, étoit du nombre de ces vaisseaux. Son équipage étoit de près de trois cens personnes, en y comprenant les passagers & quelques femmes & enfans ; sa cargaison étoit très-considérable.

La flotte partit du Texel le 28 Octobre 1628;

---

tions aux Terres australes, premier volume. *Paris*, 1756. On le trouve encore dans l'Histoire générale des voyages, par M. l'Abbé PRÉVOST, tome II, *in4°. Paris*, 1753.

le journal du voyage jufqu'au Cap de Bonne-Efpérance, n'eft remarquable par aucun événement extraordinaire; mais en approchant du Cap, une violente tempête difperfa tous les vaiffeaux qui avoient été de conferve jufqu'alors. Pelfart fort inquiet du fort des autres, gouvernoit, après la tempête paffée, pour les rejoindre & continuer fa route, lorfque le 4 de Juin 1630, il fut porté pendant la nuit fur des rochers appelés par les Hollandois les *Abrolhos*, ou roches de *Frédéric Outhman*. Cet écueil tient à la Nouvelle-Hollande près de la côte de la Concorde, dans la terre auftrale; il fe trouve à la hauteur de vingt-huit degrés de latitude du fud. Le capitaine étoit alors au lit, très-incommodé d'une maladie de langueur. Il crut fentir, au mouvement extraordinaire du vaiffeau, qu'il touchoit. La frayeur le fit lever auffi-tôt & courir fur le tillac.

Toutes les voiles étoient hautes, & la route étoit nord-eft au nord. La lune qui étoit fur l'horizon laiffoit appercevoir dans l'éloignement une écume fort épaiffe. L'inquiétude de Pelfart augmentant, il appelle le pilote & lui reproche que fa négligence va les expofer à périr. Celui-ci s'excufe, en difant qu'il a fait bon quart; qu'il avoit remarqué de loin la blancheur de cette écume, & que fon matelot lui avoit répondu, lorfqu'il avoit demandé ce que c'étoit, qu'elle provenoit des rayons de la lune. Pelsart lui demanda alors en quel endroit du monde se trouvoit le vaisseau ; le pilote lui répondit : « Dieu seul le sait ; nous sommes sur un » banc inconnu ».

Dans cette extrémité on jetta la sonde ; il se trouvoit à l'arrière du vaisseau dix-huit pieds d'eau, & à l'avant beaucoup moins. Un danger si pressant avoit rassemblé les officiers : on ne vit point d'autre parti à prendre que d'alléger le vaisseau, dans l'espérance qu'il se remettroit plus aisément à flot. Sur le champ on l'arrête avec une ancre, & on se met en devoir de jetter tous les canons à la mer.

Tandis que les matelots étoient occupés de ce travail, il survint un orage de pluie & de vent ; ce fut alors que les Hollandois connurent tout le danger où ils étoient, & qu'ils se virent environnés de bancs & de rochers contre lesquels le vaisseau heurtoit à chaque instant. On résolut de couper le grand mât, qui ne servoit qu'à augmenter les secousses du vaisseau. Malheureusement, quoiqu'on eût observé de le couper vers le pied, il fut impossible de le dégager des manœuvres. On n'appercevoit point de terre que la mer ne couvrît à l'exception d'une île, que l'on jugeoit à l'œil être éloignée de trois lieues, & de deux autres plus petites, ou plutôt deux rochers qui paroiſſoient plus proches. Le pilote qui fut envoyé pour les reconnoître, aſſura que la mer ne les couvroit point, mais qu'entre tant de bancs & de rochers l'accès en feroit fort difficile. On réſolut néanmoins d'en courir les riſques, & de faire porter d'abord à terre les femmes, les enfans & les malades, dont les cris & le déſeſpoir n'étoient propres qu'à faire perdre courage aux matelots. Ils furent embarqués avec beaucoup de diligence dans la chaloupe & dans l'eſquif.

Vers dix heures du matin on s'apperçut que le vaiſſeau étoit entr'ouvert. Pelſart fit redoubler les efforts pour porter de la ſoûte ſur le tillac le pain & les autres alimens. L'eau fut négligée, parce qu'on ne s'imaginoit pas qu'on en manqueroit à terre. L'auteur de la relation n'a pu taire à ce ſujet dans ſon journal, la brutalité d'une partie des matelots Hollandois. Dans un état ſi déſeſpéré, dit-
» il, ils ne penſèrent qu'à ſe gorger de vin, parce
» qu'il étoit à l'abandon. Auſſi ne put-on faire
» que trois voyages avant la nuit, & porter au
» rivage environ cent quatre-vingt perſonnes, vingt
» barrils de pain, & quelques petits barrils d'eau ».
Ces proviſions furent même diſſipées par l'équipage, à meſure qu'elles arrivoient dans l'île. Pelſart s'y rendit pour arrêter le déſordre. Cette attention

fut d'autant plus importante dans cette triste circonstance, qu'elle servit à lui faire connoître que l'île étoit sans eau. Il se remit en mer, & revenoit avec une vive impatience pour en faire transporter, avec les plus précieuses marchandises du vaisseau, lorsqu'un grand vent & les flots soulevés l'obligèrent de relâcher au lieu d'où il étoit parti. En vain tenta-t-il plusieurs fois de retourner à bord, la mer brisoit si rudement contre le vaisseau, qu'il lui fut impossible d'aborder. Un matelot s'étant jetté à la nage pour le venir joindre & lui représenter le besoin que ses gens avoient de son secours, il renouvella plusieurs fois les mêmes efforts. Mais désespérant de surmonter la force des vagues, il se vit réduit à renvoyer le matelot par la même voie, avec ordre de faire ramasser toutes les planches qui se trouveroient sur le vaisseau, de les attacher ensemble & de les jetter dans les flots, afin qu'on pût les repêcher pour en faire des nageoires à la chaloupe ou à l'esquif. Cependant l'orage augmentoit, & la perte de sa vie ne pouvant être d'aucune utilité pour les malheureux qui imploroient son assistance, il fut contraint de retourner à l'île, & de laisser, avec une vive douleur, son lieutenant & soixante-dix personnes dans le péril le plus éminent.

Ceux qui s'étoient crus heureux de pouvoir pasfer dans l'une ou l'autre des deux îles, n'y étoient guère en meilleure situation. En vérifiant la quantité de leur eau, ils n'en trouvèrent dans la petite île qu'environ cinquante pintes pour quarante personnes dont leur troupe étoit composée. Il y en avoit moins encore dans la grande île, où le nombre des malheureux étoit de cent quatre-vingt. Pelsart ayant relâché dans la première, on lui représenta la nécessité d'employer la chaloupe & l'esquif à chercher de l'eau dans les îles voisines. Il en reconnut la nécessité; mais il déclara qu'il ne pouvoit prendre cette résolution sans l'avoir communiquée à ceux de la grande île, qui tomberoient autrement dans le dernier désespoir, en voyant éloigner la chaloupe & l'esquif.

Il eut beaucoup de peine à faire goûter cette généreuse idée, dans la crainte où l'on étoit qu'il ne fût retenu dans la grande île. Cependant, lorsqu'il eut déclaré qu'il périroit plutôt à la vue de son vaisseau, que de laisser la plus grande partie de son équipage & de ses amis dans une incertitude pire que la mort, il obtint la liberté d'exécuter sa résolution. L'esquif approcha heureusement de la grande île; mais ceux qui accompagnoient Pelsart, lui dirent qu'ils ne lui permettroient pas de descendre à terre, & que s'il avoit quelque chose à communiquer à l'autre troupe, il pouvoit crier

pour

pour fe faire entendre. Il s'efforça inutilement de fe jetter dans l'eau pour gagner le rivage; on le retint avec tant d'obftination, que fe voyant forcé de fuivre la loi qu'on lui impofoit, il prit le parti de jetter fes tablettes dans l'île, après y avoir écrit qu'il partoit avec l'efquif pour aller chercher de l'eau dans les terres que la pitié du Ciel pouvoit lui faire rencontrer.

Il en chercha d'abord le long des rochers & fur les côtes de plufieurs autres petites îles; mais s'il en trouva dans des creux de terre ou de roc, l'eau de la mer qui brifoit continuellement contre ces écueils s'y étoit mêlée, & la rendoit inutile pour fes befoins. Il fallut retourner à la petite île, pour y faire de quelques mauvaifes planches une efpece de pont à la chaloupe, car on ne pouvoit entreprendre une plus longue navigation avec un bâtiment découvert. Pelfart, ayant fait approuver fes réfolutions à toute la troupe, partit avec ceux qu'il choifit pour l'accompagner. Il prit hauteur ; elle fe trouva de vingt-huit degrés treize minutes. Bientôt il eut la vue d'une côte qu'il prit pour la terre-ferme, à fix milles, fuivant fon eftime, au nord-quart-d'oueft du lieu de fon naufrage. La fonde lui donna vingt-cinq & trente braffes d'eau. Comme la nuit s'approchoit, il s'éloigna le foir de la côte; mais s'en étant rapproché à la pointe du jour, il n'en étoit vers neuf heures qu'à trois milles. Elle lui parut baſſe, ſans arbres & pleine de rochers, à-peu-près de la même hauteur que celle de Douvres. Il découvrit une petite anſe dont le fond n'offroit que des ſables. Le tems qui étoit fort gros ne lui permit pas d'y entrer.

Le jour ſuivant, 10 de Juin, il ſe tint dans le même parage en variant ſes bordées; mais la mer ne ceſſant pas d'être fort orageuſe, il ſe vit dans la néceſſité d'y jetter une partie de ſes proviſions qui l'empêchoient de faire tirer l'eau dont la chaloupe ſe rempliſſoit continuellement. Le vent s'étant appaiſé, il fit route le lendemain au nord, ſans oſer s'engager dans les briſans qui lui faiſoient craindre l'approche de la terre. Le 12, la hauteur ſe trouva de vingt-ſept degrés. Il ſuivit la côte avec vent ſud-eſt, mais toujours avec défiance, parce qu'elle étoit fort eſcarpée & qu'il n'y voyoit aucune apparence d'ouverture. Dans cet éloignement, le pays lui parut fertile & couvert d'herbes. Le 13, il trouva vingt-cinq degrés quarante minutes de hauteur, d'où il conclut que le courant l'avoit porté vers le nord. Là, découvrant une ouverture, il fit inutilement ſes efforts pour aborder. La côte étoit compoſée de rochers rouges d'une même hauteur, ſans terre & ſans ſable qui paruſſent former un rivage.

Le 14, à vingt-quatre degrés, la marée qui portoit beaucoup vers le nord permit encore moins de chercher une defcente. Cependant Pelfart ayant apperçu de loin beaucoup de fumée, fit employer auffi-tôt les rames pour s'approcher du lieu d'où il la voyoit partir. Il fe promit de l'eau dans un canton qui devoit être habité par des hommes. Mais la côte étoit inacceffible, & la mer fi groffe qu'il perdit l'efpérance d'en pouvoir approcher. Dans le chagrin d'un fi cruel obftacle, fix de fes hommes fe fiant à leur adreffe, fautèrent dans les flots, & gagnèrent enfin la terre avec beaucoup de peines & de dangers, tandis que la chaloupe s'arrêta fur fon ancre, à vingt-cinq braffes de fond. Ils employèrent tout le jour à chercher de l'eau, & dans leur courfe ils apperçurent quatre hommes qui s'avançoient vers eux le ventre à terre, c'eft-à-dire, en marchant fur les pieds & les mains comme des animaux. Ils ne les reconnurent pour des créatures humaines, qu'après les avoir effrayés par quelques mouvemens qui les obligèrent de fe lever pour prendre la fuite. On les apperçut alors de la chaloupe même. Ces Sauvages font noirs & tout-à-fait nuds. Les fix Hollandois n'ayant pu découvrir aucune trace d'eau, rejoignirent Pelfart à la nage, bleffés & meurtris du choc des vagues & des rochers.

On leva l'ancre, & malgré la crainte des brisans on continua de suivre la côte.

Le 15, on découvrit un cap, & vers sa pointe un récif ou chaîne de rocher qui s'avançoit d'un mille en mer. Pelsart ne fit pas difficulté de s'engager dans ces écueils, parce que la mer y paroissoit peu agitée; mais il n'y trouva qu'un cul-de-sac dont l'enfoncement n'avoit aucune sortie. Une autre ouverture, dans laquelle il n'entra pas moins témérairement, ne lui fit trouver par degrés que deux pieds d'eau, & beaucoup de pierres; mais cette côte offrant un rivage de sable d'un mille de largeur, il y descendit pour y faire creuser des puits. L'eau n'en étoit pas moins salée que celle de la mer. Cependant on trouva dans les creux des rochers un reste d'eau de pluie, qui fut d'un extrême soulagement pour des malheureux qui périssoient de soif, & qui n'avoient eu depuis plusieurs jours qu'un demi-septier pour ration. Ils en recueillirent pendant toute la nuit environ cent cinquante pintes. Ils jugèrent que les Sauvages étoient venus nouvellement dans cet endroit, par des cendres & des coquilles (*) qu'ils y trouvèrent.

L'espérance de recueillir une plus grande quan-

(*) La traduction de Thevenot porte, au lieu de coquilles, des restes d'écrévisses.

tité d'eau dans les rochers, leur fit braver tous les dangers de cette côte. Ils retournèrent à terre le 16, avec si peu de ménagement pour leur vie, qu'à peine employoient-ils la fonde. Mais comme il n'avoit pas plu depuis long-tems, leur attente fut trompée; tout étoit sec dans les plus profondes ouvertures des rochers. La terre qu'on découvroit au-delà ne promettoit pas plus d'eau; c'étoit une campagne rase, sans herbes & sans arbres, où l'on ne voyoit que des tas de fourmillières, ou plutôt des especes de ruches que ces animaux fabriquent pour leur retraite, & la plupart si grandes, qu'on les prendroit de loin pour des huttes d'Indiens. Les mouches étoient en si grand nombre, que Pelsart & ceux qui l'accompagnoient furent fort embarrassés à s'en défendre. Ils virent à la portée du mousquet huit Sauvages, chacun un bâton à la main, qui prirent la fuite à leur approche.

Enfin, désespérant de trouver de l'eau, ils sortirent du récif dans la résolution d'abandonner cette côte. Ils s'étoient flattés de rencontrer la rivière de Jacob Remmesens; mais se trouvant à vingt-deux degrés dix-sept minutes, & un vent de nord-est qui devenoit fort violent ne leur faisant envisager que de plus grands dangers, ils considérèrent que le meilleur usage qu'ils eussent à faire de la petite provision d'eau qu'ils avoient recueillie, étoit pour se rendre promptement à Batavia, où ils espéroient, par le récit de leur malheur, procurer des secours plus utiles que toutes leurs recherches à ceux qu'ils avoient laissés dans les îles.

Le 17, à cent milles du lieu de leur naufrage, ils mirent à la voile au nord-est. Pelsart nous a conservé le journal exact de la traversée, qu'il fit en quinze jours, des roches d'Outhman à Batavia. On y voit qu'elle auroit été plus rapide s'il n'avoit été souvent contrarié par les vents & le calme. Cependant cet obstacle n'étoit point le plus inquiétant pour lui & son équipage; ils avoient peu d'eau, & elle se corrompoit tous les jours. La crainte de la soif, ce pressant besoin de l'homme, leur fit perdre beaucoup de tems à en chercher. Enfin, au moment où elle alloit manquer totalement, ils trouvèrent une eau limpide & courante qui renouvella leur provision.

Une autre rencontre qu'ils firent quelques jours après, leur parut d'un heureux augure pour le succès de leur voyage. A la vue des côtes de Java, & presqu'à la chûte du jour, ils apperçurent une voile derrière eux; on reconnut bientôt, avec la plus grande satisfaction, qu'elle tenoit la même route. Sur le champ ils jettèrent l'ancre, résolus de l'attendre.

Le lendemain, aux premiers rayons du soleil,

Pelfart fit ramer vers ce vaisseau; il étoit Hollandois & accompagné de deux autres, tous les trois appartenans à la Compagnie. Pelsard aborda le principal, & fut reconnu par un conseiller de Batavia, nommé Ramburgh. Le récit de leur infortune, & plus encore le motif qui avoit fait entreprendre à Pelsart une course si périlleuse, le touchèrent sensiblement; il promit d'appuyer ses solicitations au conseil de Batavia, & le retint auprès de lui jusqu'au débarquement. A leur arrivée, Pelsart & son équipage pensèrent moins à se reposer de leurs fatigues qu'à solliciter pour ceux qu'ils avoient abandonnés.

Cependant il se passoit une horrible scène dans les trois îles où ils avoient laissé cette malheureuse troupe. Le sous-commis du vaisseau, qui avoit été apothicaire à Harlem, & qui se nommoit Jérôme *Cornelis*, avoit médité dans le cours du voyage, dès les côtes d'Afrique, avec le pilote & quelques matelots, de se rendre maîtres du vaisseau pour exercer la piraterie. Après le naufrage, ne trouvant pas le moyen de se rendre à terre, il passa deux jours sur le grand mât qui flottoit, & lorsqu'il ne s'attendoit plus qu'à la mort, une vergue que le vent lui amena servit à le faire arriver dans une des îles. Il devoit commander dans l'absence de Pelsart. Loin d'être porté par le malheur commun, à se repentir de ses perfides desseins, il crut que c'étoit une occasion de les exécuter, & que s'il pouvoit se rendre maître de ce qui étoit resté de l'équipage, il lui seroit aisé de surprendre le commandant lorsqu'il arriveroit avec le secours qu'il étoit allé chercher à Batavia, & même de se saisir de son vaisseau. Mais il falloit se défaire de ceux qu'il craignoit de trouver opposés à son projet.

Avant que de tremper ses mains dans le sang, il fit signer à ses complices une promesse par laquelle ils s'engageoient à suivre aveuglément ses ordres. La plus grande partie de l'équipage se trouvoit dans l'île où il étoit; un triste pressentiment l'avoit déja fait nommer le cimetière de Batavia. Cornelis envoya dans la seconde île, sous prétexte d'y faire chercher de l'eau, un jeune officier nommé *Weybe-hays*, homme d'esprit & de résolution, dont il appréhendoit le plus d'obstacle, tandis qu'il redoutoit moins la pénétration des autres. Cet homme atroce prit ses mesures avec une si cruelle prudence, qu'il en fit égorger trente ou quarante avant qu'ils eussent conçu la moindre défiance de son dessein. Ceux qui échappèrent au massacre se sauvèrent sur quelques pieces de bois, & joignirent Weybe-hays, auquel ils firent le récit de leur aventure. Il y avoit quarante hommes dans l'île où il étoit passé, & il y avoit trouvé de l'eau après plufieurs jours de recherche ; auffi-tôt qu'il y étoit abordé, il l'avoit annoncé à Cornelis, par le fignal concerté de trois feux, mais qui ne furent pas apperçus.

Weybe-hays, fur le rapport des fuyards, ne doutant pas que les affaffins ne lui deftinaffent le même traitement, il fe mit en état de leur réfifter. Mais ils comprirent qu'ils le trouveroient fur fes gardes. Leur fureur les conduifit d'abord à la troifième île, où joignant la furprife à la force, ils tuèrent tous les malheureux qui s'y étoient raffemblés, à l'exception de quelques femmes & de fept enfans. Ils remirent au lendemain le dernier acte de cette fanglante tragédie, qui regardoit Weybe-hays, efpérant fans doute qu'étant mal armé, il fe détermineroit dans l'intervalle à prévenir leur attaque par une foumiffion volontaire. Cornelis employa ce tems à faire ouvrir les caiffes des marchands, qu'on avoit fauvées du vaiffeau ; il diftribua les étoffes à fa troupe, & s'étant choifi des gardes il les fit habiller d'écarlate avec de grandes dentelles d'or & d'argent. Cinq femmes qu'ils avoient fauvées de la mort furent regardées comme une partie du butin. Il en prit une pour lui ; une autre qui étoit fille du miniftre, fut donnée à fon lieutenant, & les trois autres demeurèrent abandonées au public, avec un réglement, ajoute l'auteur de la relation, pour la manière dont elles devoient servir.

Après ces monstrueuses violences, il se fit élire capitaine général, par un acte qui fut signé de tous ses partisans. Ensuite il envoya vingt-deux hommes sur deux chaloupes, pour attaquer la troupe de Weybe-hays; mais ce détachement ayant été repoussé, il entreprit d'y aller lui-même avec trente-sept hommes, qui étoient tout ce que les deux petits bâtimens pouvoient contenir à bord. Weybe-hays vint le recevoir au débarquement, presque sans autres armes que des bâtons ferrés de clous, & le contraignit de se retirer. L'impossibilité de réussir par la force fit prendre alors aux assassins la voie de la négociation. Ils proposèrent un traité de paix; Weybe-hays ne fit pas difficulté de s'y prêter, le ministre qui étoit avec lui fut chargé d'en dresser les articles. Elle fut conclue aux conditions suivantes : Que Cornelis cesseroit d'insulter la troupe de Weybe-hays; qu'il lui donneroit une partie des étoffes pour habiller ses gens; qu'on s'emploieroit de concert à chercher de l'eau & des vivres qui seroient distribués avec égalité dans les deux troupes, & que du côté de Weybe-hays on rendroit un petit bateau avec lequel un matelot du parti opposé s'étoit sauvé dans son île. Mais tandis qu'on traitoit avec toutes les apparences de bonne-foi,

Cornelis écrivit à quelques soldats François, qui s'étoient attachés à Weybe-hays, & leur offrit à chacun six mille livres pour les corrompre, dans l'espoir que cette intelligence lui donneroit le moyen de surprendre ses ennemis. Ces lettres furent montrées à Weybe-hays, qui résolut d'employer la ruse contre la trahison. Le jour suivant ayant été marqué pour l'exécution des articles, Cornelis qui ne se croyoit pas découvert apporta lui-même les étoffes, avec plusieurs de ses partisans.

A peine eût-il mis le pied dans l'île, que sa troupe fut chargée, & que lui-même fut saisi & garotté. Trois de ceux qui l'avoient accompagné restèrent sur la place; un seul nommé *Wouter-los* se sauva. Le lendemain il revint avec une troupe plus forte; mais Weybe-hays le repoussa.

Les rebelles s'opiniâtrèrent à sa perte; tous les jours c'étoient de nouvelles attaques, que le courage & le sang-froid de ce brave homme rendoient inutiles. Cependant il y a toute apparence qu'il auroit été obligé de succomber à la fin, sa troupe étoit moins nombreuse que celle de Cornelis, & elle s'affoiblissoit sensiblement par la disette.

Pelsart ne perdoit point de tems à Batavia, ses ardentes sollicitations lui avoit enfin fait obtenir du conseil une frégate, nommée *le Serdam*, & des plongeurs Guzarates (1). Il mit la plus grande activité à la charger de provisions & à appareiller. Le vaisseau poussé par un vent favorable fut bientôt rendu sur les rochers d'Outhman.

Pelsart avoit été absent plus de deux mois ; mais il reconnut sans peine des lieux que sa sensibilité lui rendoit toujours présens. A son arrivée, il remarqua qu'il s'élevoit de la fumée dans une des îles ; ce qui fut une douce satisfaction pour lui, se persuadant que tous ceux qui avoient échappé au naufrage n'étoient pas morts. Le premier soin de Pelsart fut de jetter l'ancre, & de se mettre dans l'esquif avec du pain & du vin, pour aborder à cette île. Mais dans la traversée il fut joint par un canot monté de quatre hommes : c'étoit le généreux Weybe-hays, qui venoit le prévenir des scènes d'horreur qui s'étoient passées pendant son absence ; que l'acharnement des rebelles continuoit toujours, & que le matin même il avoit encore essuyé un assaut ; il l'instruisit aussi de l'horrible complot de ces déterminés, qui avoient résolu de s'emparer de lui & de son vaisseau à son arrivée.

Le capitaine indigné revira promptement vers la frégate. Il y étoit à peine remonté, & avoit donné ses ordres pour une vigoureuse défense, qu'il découvrit deux chaloupes des rebelles qui s'avançoient vers lui. La surprise de Pelsart fut extrême de les voir montées par des hommes armés & couverts de dentelles d'or & d'argent. Lorsqu'ils furent à la portée de la voix, il leur demanda pourquoi ils abordoient le vaisseau les armes à la main ; ils lui répondirent : « Nous vous le dirons, lorsque nous serons à bord ». Le capitaine justement irrité leur ordonna de les jetter à mer, sinon qu'il alloit les couler à fond. Le ton de menace & les forces qui la soutenoient leur firent prendre le parti de la soumission ; ils jettèrent leurs armes & montèrent dans le vaisseau, où ils furent aussi-tôt mis aux fers. Un de leurs chefs, nommé Jean *de Bremen*, qui fut interrogé le premier, parce qu'il avoit eu l'audace de menacer ceux qui l'enchaînoient, avoua qu'il avoit égorgé ou aidé à assassiner vingt-sept hommes. Le soir même, Weybe-hays amena à bord Cornelis son prisonnier. On étoit au 17 Septembre.

Le lendemain, le capitaine & le pilote prirent des bateaux, & s'étant renforcés de dix hommes de la troupe de Weybe-hays, ils passèrent à l'île des conjurés, où étoit le reste de la troupe de Cornelis. Ceux qui y étoient demeurés perdirent courage aussi-tôt qu'ils virent aborder leur capitaine. Ils rendirent les armes & se laissèrent mettre les fers.

Après cet acte d'autorité, Pelsart donna tous ses soins à la recherche des marchandises & effets précieux appartenans à la Compagnie, & dispersés dans l'île. Ils ne furent point infructueux, tout fut retrouvé, à l'exception d'une bague & d'une chaîne d'or; mais avant la fin du jour, la bague fut remise au capitaine. Ensuite il se porta sur le lieu du naufrage; il eut la douleur de voir le Batavia en mille pieces, la quille enfouie dans le sable, une partie de l'avant du vaisseau jettée par les vagues sur le rocher, & d'autres débris encore flottans. Un des matelots dit à Pelsart qu'un des jours de son absence, & le seul où ils eussent éprouvé un beau tems, étant aller pêcher, le bout d'une pique avoit donné contre une caisse remplie d'argent. Cette découverte ranima l'espérance du capitaine, il se flatta de la recouvrer ainsi que les autres. Le tems n'étant pas alors favorable, on résolut de différer cette recherche.

Le lendemain, Pelsart fit passer à la troupe de Weybe-hays, dans son île, appelée depuis l'île de Weybe-hays, les provisions dont elle manquoit. On en rapporta de l'eau. L'auteur du journal observe que ceux qui étoient descendus dans cette île n'y ayant point trouvé d'eau, s'étoient déterminés à y creuser des puits; mais que l'eau en étoit salée, & qu'elle baissoit & haussoit comme la marée; que cependant pressés par la soif, il s'étoient déterminés à en boire, sans qu'ils eussent été incommodés.

Le 25 Septembre, le capitaine & le pilote accompagnés de plongeurs Guzarates, retournèrent au débris; le ciel étoit serein & la mer calme. Ils s'en approchèrent à la basse marée. Dès les premiers efforts on retrouva une caisse, une seconde fut encore repêchée de même; les plongeurs assurèrent qu'ils en avoient touché quatre autres. Des menaces d'ouragan firent cesser le travail, que l'on reprit dans l'après-midi. On tira encore trois caisses; mais la quatrième, arrêtée sans doute par quelques pointes de rocher, résista à tous les efforts. Dans la nécessité de l'abandonner, on prit la précaution de marquer l'endroit où elle étoit, par une ancre & un canon qu'on laissa sur le rivage. Les deux jours suivans furent embrumés.

Un vent froid & violent souffloit du Sud, & ne permettoit point de travailler dans les débris; mais il étoit favorable pour gagner Batavia. Pelsart voulant en profiter, fit assembler le conseil; le résultat fut de mettre promptement à la voile. On décida aussi de juger les prisonniers rebelles. Leur nombre & l'inquiétude que donnoient les marchandises & effets qu'on avoit sauvés du naufrage, l'emportèrent sur la considération qui étoit due au tribunal de la Compagnie. D'après ces motifs, les coupables furent jugés & condamnés à être pendus; la sentence fut exécutée le 29. Le lendemain Pelsart leva l'ancre pour Batavia, avec un vent favorable. Il y arriva en très-peu de tems.

Notes.

(1) *Guzarates*, peuple de l'Inde. Le pays qu'ils habitent se nomme aujourd'hui le royaume de *Cambaye*. Il est borné au nord par le royaume de Loos, à l'est par la Cochinchine, à l'ouest & au sud par le golfe & le royaume de Siam. Les Guzarates sont idolâtres ou mahométans. Ce peuple est fort laborieux. Les hommes sont robustes & d'une taille proportionnée. Ceux qui habitent l'intérieur du pays, qui est très-fertile, s'occupent à la culture de la terre ou à faire des toiles de coton; les Guzarates qui sont répandus le long de la grande rivière de Camboge & des côtes de la mer, vivent de la pêche & passent pour habiles marins. On les regarde aussi dans l'Inde comme les plus hardis & les meilleurs plongeurs. Les Anglois & les Hollandois en engagent souvent pour completter ou renforcer les équipages de leurs vaisseaux.

N.° 8.

RELATION

Du Naufrage d'un Vaisseau Hollandois, le Sparrow-Hawk, *sur les côtes de l'Isle de* Quelpaert, *Mer de la Corée, en* 1653 (*).

HENRI *HAMEL*, de *Gorgum*, écrivain du *Sparrow-Hawk*, nous a conservé la relation du naufrage de ce vaisseau, qu'il a publiée aussi-tôt son retour dans sa patrie.

Les détails intéressans, que renferme son journal, & les caractères de vérité qu'on y trouve, prévinrent en sa faveur dès qu'il fut imprimé en Hollande. Peu de tems après, il en parut une traduction angloise à Londres.

(*) M. l'Abbé PRÉVOST a inféré, daprès la traduction angloise, cette relation dans le sixième volume de l'Histoire générale des Voyages, *in*-4°. Paris, 1748.

Le traducteur obferve judicieufement qu'on ne peut raifonnablement douter de l'authenticité de la relation de Hamel, foit parce qu'elle s'eft trouvée conforme aux dépofitions des fept Hollandois qui revinrent avec lui, & qui furent interrogés féparément par des perfonnes de confidération, foit parce qu'elle ne renferme rien qui ne foit d'accord avec ce qu'on lit dans Palafox & dans les autres hiftoriens de l'invafion des Tartares.

Le 10 de Janvier 1653, le vaiffeau le *Sparow-Hawk*, monté de foixante-quatre hommes d'équipage, & chargé pour le compte de la Compagnie hollandoife des Indes orientales, partit du Texel, fous le commandement du capitaine *Eybertz*, d'Amfterdam. Après avoir effuyé quelques tempêtes & plufieurs accidens d'une fâcheufe navigation, il arriva dans la rade de Batavia, le premier de Juin. Le 14 du même mois, étant ravitaillés, ils remirent à la voile par ordre du gouverneur général, pour fe rendre à Tay-wan, dans l'île Formofe; ils y mouillèrent le 16 de Juin. Le vaiffeau portoit Cornelius Leffen, qui alloit prendre poffeffion du gouvernement de cette ville & de l'île, à la place de Nicolas Verbuge. Le 30, un ordre du confeil les obligea de partir pour le Japon. Dès le lendemain; vers le foir, en fortant du canal de Formose; ils essuyèrent une tempête qui ne fit qu'augmenter toute la nuit.

Le premier d'Août au matin, ils se trouvèrent fort près d'une petite île, où ils mouillèrent avec beaucoup de difficulté, parce qu'on ne trouve pas de fond dans presque toutes les parties de cette mer. Lorsque le brouillard vint à se dissiper, ils furent surpris de se voir si près des côtes de la Chine, qu'ils distinguoient facilement sur le rivage, des gens armés qui s'attendoient apparemment à profiter des débris du vaisseau; mais quoique la tempête ne cessât pas d'augmenter, ils passèrent dans le même lieu toute la nuit & le jour suivant, à la vue de ceux qui les observoient. Le troisième jour, ils s'apperçurent que la tempête les avoit jettés à vingt lieues de leur route, & qu'ils voyoient encore l'île Formose. Ils passèrent entre cette île & le continent. Le tems étoit assez froid. Ce qui les chagrina le plus, ce fut de se voir arrêtés dans ce canal jusqu'au 11 du même mois, par le mélange incertain des vents & des calmes. Enfin un vent sud-est, qui forma une nouvelle tempête, avec une forte pluie, les obligea de prendre au nord-est & au nord-est quart-de-nord. Les trois jours suivans, le tems devint encore plus orageux, & le vent changea tant de fois qu'ils ne firent que lever & baisser les voiles.

Dans cette situation, la violence continuelle de la mer avoit fort affobli leur vaiffeau; & la pluie qui ne difcontinuoit pas, les empêchant de faire des obfervations, ils furent obligés d'amener toutes leurs voiles & de s'abandonner au gré des flots. Le 15, ils prirent tant d'eau qu'ils n'étoient plus maîtres de leur bâtiment. La nuit fuivante, leur chaloupe & la plus grande partie de la galerie furent emportées par la violence des vagues qui ébranlèrent le beaupré & mirent la proue fort en danger. Les coups de vent étoient fi impétueux & fe fuccédoient de fi près, qu'il étoit impoffible de remédier à ce défordre. Enfin, une vague qui fe brifa fur l'antenne faillit d'emporter tout ce qu'il y avoit de matelots fur le pont, & jetta tant d'eau dans le bâtiment, que le capitaine s'écria qu'il falloit couper le mât fur le champ, & demander le fecours du Ciel, parce qu'une ou deux vagues de plus cauferoient infailliblement la perte du vaiffeau.

Ils étoient réduits à cette extrémité, lorfqu'au fecond quart, celui qui veilloit à l'avant s'écria: Terre! Terre! en affurant qu'on n'étoit éloigné du rivage que d'une portée de moufquet. C'étoit la pluie & l'épaiffeur des ténèbres qui n'avoient pas permis de s'en appercevoir plutôt. Il fut impoffible de mouiller, parce qu'on ne trouva point de fond; & tandis qu'on s'efforçoit inutilement d'y parvenir, il se fit une si grande voie d'eau, que tous ceux qui étoient à fond-de-cale furent noyés, sans en avoir pu sortir. Quelques-uns de ceux qui étoient sur le pont sautèrent dans la mer, les autres furent entraînés par les flots; il y en eut quinze qui gagnèrent ensemble le rivage, la plupart nuds & tout brisés. Ils se persuadèrent d'abord que tous les autres avoient péri, mais en grimpant sur les rochers ils entendirent les voix de quelques personnes qui poussoient des plaintes; & le jour suivant, à force de crier & de chercher le long du rivage, ils en rassemblèrent plusieurs qui étoient dispersés sur le sable. De soixante-quatre, ils se trouvèrent au nombre de trente-six, la plupart blessés dangereusement.

En cherchant les débris du vaisseau, ils découvrirent un de leurs compagnons pris entre deux planches, dont il avoit été si serré qu'il ne vécut pas plus de trois heures après avoir été dégagé. Mais de tous ceux qui avoient eu le malheur de périr, ils ne retrouvèrent que le capitaine Eybertz, étendu sur le sable à dix ou douze brasses de l'eau, la tête appuyée sur son bras. Ils l'enterrèrent. De toutes leurs provisions, la mer n'avoit jetté sur le rivage qu'un sac de farine, un tonneau de viande salée, un peu de lard & un baril de vin rouge. Ils n'eurent pas peu d'embarras à faire du feu; car se croyant dans quelque île déserte, leur unique ressource étoit dans leur industrie. Le vent & la pluie ayant diminué vers le soir, ils ramassèrent assez de bois pour se mettre à couvert avec les voiles qu'ils avoient pu sauver de leur naufrage.

Le 17, étant de déplorer leur situation; tantôt s'affligeant de ne voir paroître personne, tantôt se flattant de n'être pas éloignés du Japon, ils découvrirent à la portée du canon un homme qu'ils appelèrent par divers signes, mais qui prit la fuite dès qu'il les eut apperçus. Dans l'après-midi, ils en virent trois autres dont l'un étoit armé d'un mousquet, & les deux autres de fleches. Ces inconnus s'approchèrent à la portée du fusil; mais remarquant que les Hollandois s'avançoient vers eux, ils leur tournèrent le dos, malgré les signes par lesquels on s'efforçoit de leur faire connoître qu'on ne leur demandoit que du feu.

Enfin, quelques Hollandois ayant trouvé le moyen de les joindre, celui qui portoit le mousquet ne fit pas difficulté de l'abandonner entre leurs mains. Ils s'en servirent pour allumer du feu. Ces trois hommes étoient vêtus à la chinoise, excepté leurs bonnets qui étoient composés de crin de cheval. Les Hollandois s'imaginèrent avec effroi que c'étoient peut-être des Chinois sauvages ou des pirates. Vers le soir, ils virent paroître une centaine d'hommes armés, vêtus comme les premiers, qui après les avoir comptés pour s'assurer de leur nombre les tinrent renfermés pendant toute la nuit.

Le lendemain à midi, environ deux mille hommes, tant à cheval qu'à pied, vinrent se placer devant leur hutte ou leur tente, en ordre de bataille. Le secrétaire, les deux pilotes & un mousse, ne firent pas difficulté de se présenter à eux. Ils furent conduits au commandant, qui leur fit mettre au col une grosse chaîne de fer avec une petite sonnette, & les obligea de se prosterner devant lui avec cette parure. Ceux qui étoient demeurés dans la hutte furent traités de même, tandis que les Insulaires sembloient applaudir par de grands cris. Après les avoir laissés quelques tems dans cette situation, c'est-à-dire, prosternés sur le visage; on leur fit signe de se mettre à genoux. On leur fit plusieurs questions qu'ils ne purent entendre. Ils ne réussirent pas mieux à faire connoître qu'ils avoient voulu se rendre au Japon, parce que dans ce pays le Japon s'appelle Junare ou Jirpon. Le commandant ayant perdu l'espérance de les entendre mieux, fit apporter une tasse d'arrak, qui leur fut présentée tour-à-tour, & les renvoya dans leur tente. Il se fit montrer ce qu'il leur restoit de provisions, & bientôt après on leur ap-

P iv

porta du riz cuit à l'eau. Mais comme on s'imagina qu'ils mouroient faim, on ne leur en donna d'abord qu'une portion médiocre, dans la crainte que l'excès ne leur fût nuisible.

Après midi, les Hollandois furent surpris de voir venir plusieurs de ces barbares avec des cordes à la main. Ils ne doutèrent pas que ce ne fût pour les étrangler. Mais leur crainte s'évanouit en les voyant courir vers les débris du vaisseau, pour tirer au rivage ce qui pouvoit leur être utile. Le pilote ayant fait ses observations, jugea qu'ils étoient dans l'île de Quelpaert (1), au trente-troisième degré trente-deux minutes de latitude.

Les Insulaires employèrent le 19 à tirer au rivage tous les restes du naufrage, à faire sécher les toiles & les draps, à brûler le bois pour en tirer le fer qu'ils aiment beaucoup. Comme la familiarité commençoit à s'établir, les Hollandois se présentèrent au commandant des forces de l'île, & à l'amiral qui s'étoit approché aussi de leur tente. Ils firent présent à l'un & à l'autre d'une lunette-d'approche & d'un flacon de vin rouge. La tasse d'argent du capitaine ayant été trouvée entre les rochers, ils l'offrirent aussi à ces deux officiers. Les lunettes & la liqueur furent acceptées ; il parut même que le vin étoit goûté, puisque les deux officiers en burent jusqu'à se ressentir de ses effets.

Mais ils rendirent la tasse du capitaine, avec divers témoignages d'amitié.

Le 20, on acheva de brûler le bois du vaisseau & d'en tirer le fer. Pendant cette opération, le feu s'étant approché de deux pieces de canon chargées à boulet, les deux coups partirent avec tant de bruit, que tous les Insulaires prirent la fuite, & n'osèrent revenir qu'après avoir été rassurés par des signes. Le même jour, on apporta deux fois du riz aux Hollandois. Le matin du jour suivant, le commandant leur fit entendre par signes qu'il falloit lui apporter tout ce qu'ils avoient pu sauver dans leur tente. C'étoit pour y mettre le scellé, & cette formalité fut exécutée devant leurs yeux. On lui amena au même moment quelques personnes de l'île, qui avoient détourné, pour leur propre usage, du fer, des cuirs & d'autres restes de la cargaison. Il les fit punir sur le champ, pour faire connoître aux étrangers que le dessein des habitans n'étoit pas de leur faire tort dans leurs personnes ni dans leurs biens. Chaque voleur reçut trente ou quarante coups sur la plante des pieds, avec un bâton de six pieds de long & de la grosseur du bras. Ce châtiment fut si rigoureux, qu'il en coûta les orteils à quelques-uns des coupables.

Vers midi, on fit entendre aux Hollandois qu'ils devoient se préparer à partir. On offrit des chevaux à ceux qui étoient en bonne fanté, & les malades furent portés dans des hamacs. Ils fe mirent en marche, accompagnés d'une garde nombreufe à pied & à cheval. Après avoir fait quatre lieues, ils s'arrêtèrent le foir dans une petite ville nommée Tadiane, où leur fouper fut fort léger, & leur logement dans un magafin qui avoit l'air d'une étable. Le 22, à la pointe du jour, étant partis dans le même ordre que le jour précédent, ils gagnèrent un petit fort, près duquel ils virent deux galiotes. Ils y dînèrent, & le foir ils arrivèrent à Maggan ou Mo-kfo, ville ou le gouverneur de l'île fait fa réfidence. Ils furent conduits tous enfemble fur une place quarrée, vis-à-vis la maifon-de-ville, où ils trouvèrent environ trois mille hommes fous les armes. Quelques-uns vinrent leur offrir de l'eau. Mais les voyant armés d'une manière terrible, les Hollandois s'imaginèrent qu'on avoit deffein de les tuer. L'habillement de cette milice barbare étoit capable d'augmenter leur crainte, il avoit quelque chofe d'effrayant qui ne fe voit point à la Chine ni au Japon.

Le fecrétaire fut conduit devant le gouverneur, avec quelques-uns de fes compagnons. Ils fe tinrent quelque tems profternés près d'une efpece de balcon où il étoit affis comme un fouverain. On fit figne aux autres de lui venir rendre les mêmes honneurs. Enfuite il leur fit demander par divers signes d'où ils venoient, & quel terme ils s'étoient propofé dans leur navigation. Ils répondirent qu'ils étoient Hollandois, & qu'ils devoient fe rendre à Nangazaqui au Japon. Le gouverneur leur déclara d'un figne de tête qu'il comprenoit quelque chofe à leur réponfe; après quoi il les fit paffer en revue, quatre-à-quatre, & leur ayant fait fucceffivement la même queftion, il les fit conduire dans un édifice où l'oncle du roi, accufé d'avoir voulu ravir la couronne à fon neveu, avoit été renfermé jufqu'à fa mort.

Auffi-tôt qu'ils furent tous entrés dans cette efpece de prifon, elle fut environnée d'hommes armés. On leur donna chaque jour douze onces de riz par tête, avec la même quantité de farine de froment; mais prefque rien de plus, & tout ce qui leur fut offert étoit fi mal préparé qu'à peine pouvoient-ils y toucher. Ils fe virent ainfi réduits à vivre de riz, de farine & de fel, avec de l'eau pour unique boiffon. Le gouverneur, qui paroiffoit âgé d'environ foixante-dix ans, étoit un homme très-raifonnable & fort eftimé à la cour. En les congédiant, il leur avoit fait connoître par fignes qu'il écriroit au roi pour favoir fes intentions à leur égard, mais que la réponfe tarderoit peut-être un peu, parce que la cour étoit éloignée de quatre-vingt lieues. Ils le prièrent de leur accorder quelquefois un peu de viande & d'autres sortes d'alimens, avec la permission de sortir chaque jour six-à-six pour prendre l'air & laver leur linge. Cette grace ne leur fut pas refusée. Il leur fit l'honneur d'en appeler souvent quelques-uns, & de leur faire écrire quelque chose devant lui, soit en hollandois, soit dans sa propre langue. Ils commencèrent ainsi à pouvoir entendre quelques termes du pays. La satisfaction que cet honnête gouverneur paroissoit prendre à s'entretenir avec eux & même à leur procurer de petits amusemens, leur fit concevoir l'espérance de passer tôt ou tard au Japon. Il eut tant de soin de leurs malades, que suivant l'auteur, ils furent mieux traités par ces Idolâtres, qu'ils ne l'eussent été par des Chrétiens.

Le 29 d'Octobre, le secrétaire, le pilote & le garçon du chirurgien furent conduits chez le gouverneur. Ils y trouvèrent un homme assis, qui avoit une grande barbe rousse. « Pour qui prenez-vous » cet homme ? leur dit le gouverneur..... Ils répondirent qu'ils le croyoient Hollandois...... « Vous » vous trompez, reprit-il en riant, c'est un Co- » réfien ». Après quelques autres discours, cet homme qui avoit gardé jusqu'alors le silence, leur demanda en hollandois qui ils étoient, & de quel pays. Ils satisfirent sa curiosité, en joignant à cette explication le récit de leur infortune. Aux mêmes questions qu'ils lui firent à leur tour, il répondit que son nom étoit *Jean Wettevri*, qu'il étoit natif de Ryp en Hollande, d'où il étoit venu en 1626, à bord du vaisseau le Hollandia, en qualité de volontaire; que l'année d'après, dans un voyage qu'il faisoit au Japon sur la frégate *l'Ouderkeres*, il avoit été jetté par le vent sur la côte de Corée (2); que manquant d'eau & se trouvant commandé avec quelques autres pour en faire sur le rivage, il avoit été pris par les habitans, lui & deux de ses compagnons, *Theodoric Gerard* & *Jean Pieters*, qui avoient été tués à la guerre, il y avoit dix-sept ou dix-huit ans, dans une invasion que les Tartares avoient faite en Corée : qu'il étoit âgé de cinquante-huit ans, & que faisant sa demeure dans la capitale du royaume, le roi lui avoit donné la commission de venir s'informer qui ils étoient, & ce qui les avoit amenés dans ses états. Il ajouta qu'il avoit souvent demandé au roi la permission de passer au Japon, & que pour toute réponse, ce prince lui avoit assuré qu'il ne l'obtiendroit jamais, à moins qu'il n'eût des aîles pour y voler; que l'usage du pays étoit d'y retenir les étrangers, mais qu'on ne les y laissoit manquer de rien, & que l'habillement & la nour-

-riture leur étoient fournis gratuitement pendant toute leur vie.

Ce difcours ne pouvoit être fort agréable aux Hollandois, mais la joie de trouver un fi bon interprete diffipa leur mélancolie. Cependant Wettevri avoit tellement oublié la langue de fon pays, qu'ils eurent d'abord quelque peine à l'entendre. Il eut befoin d'un mois entier pour rappeler fes idées. Le gouverneur fit prendre en forme toutes leurs dépofitions, qu'il envoya fidélement à la cour, & leur recommanda de ne pas s'affliger, parce que la réponfe feroit prompte; d'un autre côté, il leur accorda chaque jour de nouvelles faveurs. Wettevri & les officiers qui l'accompagnoient eurent la liberté de les voir en tout tems, & celle de leur faire expliquer leurs befoins.

Au commencement de Décembre, les trois ans de l'adminiftration de leur bienfaiteur étant expirés, ils virent arriver un nouveau gouverneur. L'auteur eft ici dans l'embarras pour trouver des expreffions qui répondent à fes fentimens. On auroit peine à s'imaginer, dit-il, quels témoignages de bonté les Hollandois reçurent de ce généreux protecteur, avant fon départ. Les voyant mal pourvus pour l'hiver, il leur fit faire à chacun deux paires de fouliers, un habit bien doublé, & une paire de bas de peau. Il joignit à ce bienfait les careffes les plus nobles. Il déclara qu'il étoit fort affligé de ne pouvoir les envoyer au Japon, ou les conduire avec lui au continent. Il ajouta qu'ils ne devoient pas s'allarmer de son départ, parce qu'en arrivant à la cour, il emploieroit tout son crédit pour leur faire obtenir leur liberté, ou du moins la permission de le suivre. Il leur rendit les livres qu'ils avoient sauvés de leur naufrage, & plusieurs parties de leurs effets, auxquels il joignit une bouteille d'huile précieuse. Enfin, il obtint du nouveau gouverneur, qui les avoit déja réduits au riz, au sel & à l'eau, que leur subsistance seroit un peu plus abondante.

Mais après son départ, qui arriva au mois de Janvier 1654, ils furent traités avec plus de dureté que jamais. On leur donna de l'orge au lieu de riz, & de la farine d'orge au lieu de farine de froment. Ils furent obligés de vendre leur orge pour en acheter d'autres alimens. Cette rigueur, & le chagrin de ne pas voir arriver d'ordres du roi pour les conduire à la cour, les firent penser à prendre la fuite au printems prochain. Après avoir délibéré long-tems sur les moyens de se saisir d'une barque dans l'obscurité de la nuit, six d'entr'eux formèrent la résolution d'exécuter ce dessein vers la fin du mois d'Avril. Mais le plus hardi étant monté sur une muraille, pour s'assurer du lieu où étoit la barque, fut apperçu de quelques chiens, qui donnèrent l'alarme aux gardes par leurs abboiemens.

Au commencement de Mai, le pilote ayant eu la liberté de sortir avec cinq de ses compagnons, découvrit, en se promenant dans un petit village voisin de la ville, une barque assez bien équipée, qui n'avoit personne pour la garder. Il chargea sur le champ un des cinq Hollandois de prendre un petit bateau & quelques planches courtes qu'il voyoit sur le rivage. Ensuite leur ayant fait boire à tous un coup d'eau, il se rendit avec eux sur la barque, sans aucune précaution. Tandis qu'ils s'efforçoient de la dégager d'un petit banc de sable qui coupoit le passage, quelques habitans observèrent leur dessein, & l'un d'entr'eux courut jusques dans l'eau, avec un mousquet, pour les forcer de retourner au rivage. Mais ses menaces les effrayèrent peu, à l'exception d'un seul, qui n'ayant pu joindre assez-tôt les autres, fut obligé de regagner la terre. Les cinq autres, s'efforçoient de lever la voile, lorsque le mât & la voile tombèrent dans l'eau. Ils ne laissèrent pas de les rétablir avec beaucoup de peine; mais comme ils recommençoient à lever la voile, le bout du mât se rompit. Ces délais ayant donné le tems aux habitans du village de se mettre dans une barque, ils eurent bientôt joint les fugitifs, qui sans
être

être effrayés du nombre & des armes, sautèrent légèrement dans la barque ennemie, & se flattèrent de pouvoir s'en saisir. Mais la trouvant remplie d'eau & hors d'état de servir, ils prirent le parti de la soumission.

Ils furent conduits au gouverneur, qui les fit d'abord à étendre à plat sur la terre, les mains liées à une grosse piece de bois. Ensuite s'étant fait amener tous les autres, liés aussi & les fers aux mains, il demanda aux six coupables si leurs compagnons avoient eu quelque connoissance de leur fuite. Ils répondirent non, d'un air ferme. Wettevri reçut ordre d'approfondir quel avoit été leur dessein. Ils protestèrent qu'ils n'en avoient pas eu d'autre que de se rendre au Japon. « Quoi ! leur » dit le gouverneur, vous auriez osé entreprendre » ce voyage sans pain & sans eau ? » Ils lui dirent naturellement qu'ils avoient mieux aimé s'exposer à la mort une fois pour toutes, que de mourir à chaque moment. Là-dessus, ces malheureux reçurent chacun vingt-cinq coups sur les fesses nues, avec un bâton long d'une brasse & large de quatre doigts, sur un pouce d'épaisseur, plat du côté dont on frappe, & rond du côté opposé. Les coups furent appliqués si vigoureusement, qu'ils en gardèrent le lit pendant plus d'un mois. Le gouver-

Tome II. Q

neur fit délier les autres; mais ils furent renfermés plus étroitement, & gardés jour & nuit.

L'île de Quelpaert, nommée Chesure par les habitans, est située à douze ou treize lieues de la Corée, au sud; elle en a quatorze ou quinze de circonférence. Du côté du Nord, elle s'ouvre par une baie où l'on trouve toujours plusieurs barques, & d'où l'on fait voile au continent. La côte de Corée est d'un accès dangereux pour ceux qui la connoissent mal: parce qu'elle n'a qu'une seule rade où les vaisseaux puissent mouiller à l'abri. Dans toutes les autres, on est souvent exposé à se voir jetter sur les côtes du Japon. Quelpaert est environnée de rochers. Elle produit des chevaux & d'autres bestiaux en abondance; mais comme elle paie au roi des droits considérables qui la rendent fort pauvre, elle est méprisée des Coréfiens du continent. On y voit une montagne très-haute, entièrement couverte de bois, & quantité de collines fort nues, qui sont entremêlées de vallées abondantes en riz.

A la fin de Mai, le gouverneur reçut ordre de faire conduire les Hollandois à la cour. Six ou sept jours après, ils furent embarqués dans quatre barques, les fers aux pieds & la main droite attachée à un bloc de bois. On appréhendoit qu'ils ne sautassent dans l'eau, comme ils auroient pu facilement, parce que tous les soldats de l'escorte furent incommodés du mal de mer.

Après avoir lutté deux jours contre le vent, ils furent repoussés dans l'île de Quelpaert, où le gouverneur ôta leurs fers, pour les faire rentrer dans leur prison. Quatre ou cinq jours après, s'étant rembarqués de grand matin, ils arrivèrent près du continent vers le soir. On leur fit passer la nuit dans la rade. Le lendemain ils prirent terre, & leurs chaînes leur furent ôtées, mais avec la précaution de doubler leur garde. On amena aussi-tôt des chevaux, sur lesquels ils se rendirent à la ville de Haynam. Ils eurent le plaisir de s'y rejoindre tous ; car ayant été séparés par le vent ils avoient débarqués en différens lieux.

Le matin du jour suivant, ils arrivèrent à la ville de Se-ham, où leur canonnier, qui n'avoit pas joui d'une bonne santé depuis le naufrage, mourut, & fut enterré par l'ordre du gouverneur. Le soir ils s'arrêtèrent dans la ville de Nadian ; le lendemain, à Sanchang ; ensuite à Tongap, après avoir traversé une haute montagne sur le sommet de laquelle est un vaste fort nommé Epam-Sansiang. De-là ils se rendirent à la ville de Teyn ; & le jour suivant, ayant passé par la ville de Kuniga, ils arrivèrent le soir à Kyn-Tyn, grande ville où le roi tenoit anciennement sa cour ; & qui est à présent la résidence du gouverneur de la province de Thillado. Le commerce y est florissant, & la rend fort célebre dans le pays, quoiqu'elle soit à une journée de la mer. Ils gagnèrent ensuite Je-san, derniere ville de la même province, d'où ils allèrent à la petite ville de Gunum, puis à Jeu-san, & à Kon-sio, résidence du gouverneur de la province de Tiang-Siando. Le lendemain, ayant passé une grande riviere, ils entrèrent dans la province de Sengado, où se trouve Sior capitale du royaume.

Après avoir passé plusieurs jours dans différentes villes, ils traversèrent une riviere, qui ne leur parut pas moins large que la Meuse l'est à Doort. Une lieue au-delà ils arrivèrent à Sior. Depuis leur débarquement jusqu'à cette ville, ils comptèrent soixante-quinze lieues, toujours au nord, mais tirant un peu sur l'ouest. Pendant les deux ou trois premiers jours, ils furent logés dans la même maison. Ensuite on leur donna, pour trois ou quatre ensemble, de petites huttes, dans le quartier des Chinois qui sont établis à Sior. Ils furent menés en corps devant le roi. Ce prince les ayant interrogés par le ministère de Wettevri, ils le supplièrent humblement de les faire transporter au Japon, d'où ils se flattoient qu'avec le secours des Hollandois qui y exercent le commerce, ils pourroient retourner quelque jour dans leur patrie. Le roi leur répondit, que les loix de la Corée ne permettoient pas d'accorder aux étrangers la liberté de partir; mais qu'on auroit soin de leur fournir toutes leurs nécessités. Ensuite il leur ordonna de faire en sa présence les exercices pour lesquels ils avoient le plus d'habileté, tels que de chanter, de danser & de sauter; après quoi leur ayant fait apporter quelques rafraîchissemens, il fit présent à chacun de deux pieces de drap, pour se vêtir à la manière des Coréfiens.

Le lendemain ils furent conduits chez le général des troupes, qui leur fit déclarer par Wettevri, que le roi les avoit admis au nombre de ses gardes-du-corps, & qu'en cette qualité, on leur fourniroit chaque mois soixante-dix katis de riz. Chacun reçut un papier qui contenoit son nom, son âge, son pays, la profession qu'il avoit exercée jusqu'alors, & celle qu'il embrassoit au service du roi de Corée. Cette patente étoit en caractères coréfiens, scellée du grand sceau du roi & de celui du général, qui n'étoient que la simple impression d'un fer chaud. Avec leur commission ils reçurent chacun leur mousquet, de la poudre & des balles. On leur ordonna de faire une décharge de leurs armes, le premier & le quatrième jour de chaque mois, devant le général, & d'être toujours prêts à marcher à sa suite, soit pour accom-

pagner le roi, foit dans d'autres occafions. Le général fait trois revues par mois, & les foldats font
autant de fois l'exercice en particulier. Les Hollandois étoient encore au nombre de trente-cinq. On
leur donna un Chinois & Wettevri pour les commander; le premier en qualité de fergent, l'autre
pour veiller fur leur conduite & leur apprendre les
ufages des Coréfiens.

La curiofité porta la plupart des grands de la
cour à les inviter à dîner, pour les faire tirer &
danfer à la manière hollandoife. Mais les femmes
& les enfans étoient encore plus impatiens de les
voir, parce que le bruit s'étoit répandu qu'ils
étoient d'une race monftrueufe, & que pour boire
ils étoient obligés de fe lier le nez derrière les oreilles. L'étonnement augmenta lorfqu'on les vit mieux
faits que les habitans du pays. On admira particulièrement la blancheur de leur teint. La foule étoit
fi grande autour d'eux, que dans les premiers jours
à peine pouvoient-ils fe faire un paffage dans les
rues, ou trouver un moment de repos dans leurs
huttes. Enfin le général arrêta cet emportement,
par la défenfe qu'il fit publier d'approcher de leurs
logemens fans fa permiffion. Cet ordre étoit d'autant
plus néceffaire, que les efclaves mêmes des grands
portoient la hardieffe jufqu'à les faire fortir de leurs
huttes pour s'en faire un amufement.

Au mois d'Août, on vit arriver un envoyé Tartare, qui venoit demander le tribut. L'auteur, fans nous expliquer ici les motifs du roi, raconte que ce prince fut obligé d'envoyer les Hollandois dans une grande forterefle, à fix ou fept lieues de Sior, & de les y laiffer jufqu'au départ du miniftre Tartare, c'eft-à-dire, jufqu'au mois fuivant. Cette forterefle eft fituée fur une montagne nommée Nummafan-Siang, qu'on ne peut monter en moins de trois heures. Elle eft fi bien défendue, qu'elle fert de retraite au roi même, dans les tems de guerre. La plupart des grands du royaume y font leur réfidence ordinaire, fans crainte d'y manquer de provifions, parce qu'elle en eft toujours fournie pour trois ans.

Vers la fin de Novembre, le froid devint fi vif, que la rivière étant glacée, on y vit paffer à la fois trois cens chevaux chargés. Le général alarmé pour les Hollandois, témoigna fon inquiétude au roi. On leur fit diftribuer quelques cuirs à demipourris, qu'ils avoient fauvés de leur naufrage, pour les vendre & s'en acheter des habits. Deux ou trois d'entr'eux employèrent ce qui leur revint de cette vente à fe procurer la propriété d'une petite hutte, qui leur coûta neuf ou dix écus. Ils aimèrent mieux fouffrir le froid, que de fe voir continuellement tourmentés par leurs hôtes, qui

Q iv

les envoyoient chercher du bois dans les montagnes, à trois ou quatre lieues de la ville. Les autres s'étant vêtus le moins mal qu'il leur fut possible, passèrent le reste de l'hiver, comme ils en avoient passé plusieurs autres.

L'envoyé Tartare étant revenu à Sior au mois de Mars 1655, il leur fut défendu, sous de rigoureuses peines, de mettre le pied hors de leurs maisons. Cependant le jour de son départ, *Henri Jans* & *Henri-Jean Bos* résolurent de se présenter à lui dans le chemin, sous prétexte d'aller au bois. Aussi-tôt qu'ils le virent paroître à la tête de sa troupe, ils s'avancèrent près de son cheval, & prenant les rênes d'une main ils ouvrirent de l'autre leur robe coréssienne, pour faire voir par-dessous l'habit hollandois. Cet incident causa d'abord beaucoup de confusion dans la troupe. L'envoyé leur demanda fort curieusement qui ils étoient. Mais ne pouvant se faire entendre, il leur donna par signes l'ordre de le suivre. Le soir, s'étant informé s'il pouvoit trouver un interprete, on lui parla de Wettevri. Il l'envoya chercher sur le champ. Wettevri ne manqua pas d'en avertir le roi. On tint un conseil dans lequel il fut résolu de faire un présent à l'envoyé, pour empêcher que cette affaire n'allât jusqu'aux oreilles du khan. Les deux Hollandois furent ramenés à Sior, & resserrés dans une étroite prifon où leur vie ne fut pas de longue durée. Mais leurs compagnons, ne les revoyant plus, ignorèrent fi leur mort avoit été naturelle ou violente. Après le retour de ces deux miférables, tous les autres furent conduits devant le confeil de guerre, pour y être examinés. On leur demanda s'ils avoient eu connoiffance de la fuite de leurs compagnons ; leur défaveu n'empêcha point qu'ils ne fuffent condamnés à recevoir chacun cinquante coups fur la plante des pieds. Mais le roi leur fit grace, en déclarant qu'ils devoient être moins confidérés comme des vagabonds mal intentionnés pour le pays, que comme des malheureux étrangers, que la tempête avoit jettés fur les côtes du royaume. Ils furent renvoyés dans leurs huttes, mais avec défenfe d'en fortir fans la permiffion du roi.

Au mois de Juin, le général leur fit dire par leur interprete qu'un vaiffeau ayant échoué dans l'île de Quelpaert, & Wettevri étant trop âgé pour entreprendre ce voyage, ceux d'entr'eux qui entendoient mieux la langue coréfienne devoient fe préparer au nombre de trois, à partir pour Quelpaert, avec la commiffion d'obferver les circonftances du naufrage, pour en venir rendre compte à la cour. Sur cet ordre, l'affiftant & le fecond pilote avec un canonier fe mirent en chemin deux jours après.

L'envoyé Tartare revint au mois d'Août & l'ordre de ne fortir de leurs quartiers que trois jours après fon départ, fut renouvellé aux Hollandois, avec de rigoureufes menaces. La veille de fon arrivée, ils reçurent une lettre de leurs compagnons, qui leur apprenoient qu'au lieu de les conduire à Quelpaert, on les avoit étroitement renfermés fur la frontière la plus méridionale du royaume, afin que fi le kan, informé de la mort des deux autres, demandoit que le refte lui fût envoyé, on pût lui répondre qu'il en étoit péri trois dans le voyage de Quelpaert.

Le même envoyé revint encore vers la fin de l'année. Quoique depuis la malheureufe entreprife des deux Hollandois, il fût venu deux fois de la part du grand-kan, fans avoir fait aucune mention de cet événement, la plupart des feigneurs Coréfiens s'efforcèrent d'engager le roi à fe défaire de tous les autres. On tint confeil là-deffus pendant trois jours. Mais le roi, le prince fon frère, le général & quelques autres, rejettèrent une propofition auffi atroce, & dont le grand-kan pouvoit tôt ou tard être inftruit. Le général propofa de les faire combattre chacun contre deux Coréfiens, avec les mêmes armes. C'étoit le moyen difoit-il, de fe délivrer d'eux, fans qu'on pût accufer le roi du meurtre de ces pauvres étrangers. Ils furent informés fecrétement de cette réfolution par quelques personnes charitables. Le frère du roi passant dans leur quartier pour se rendre au conseil, dont il étoit président, ils se jettèrent à ses genoux, ils implorèrent sa bonté & le touchèrent d'une si vive compassion, qu'il devint leur protecteur. Aussi ne durent-ils la vie qu'à ses sollicitations & à l'humanité du roi. Cependant, plusieurs personnes paroissant offensées de cette indulgence, on résolut, autant pour les mettre à couvert des entreprises de leurs ennemis, que pour les dérober aux Tartares, de les reléguer dans la province de Thillado, en leur assignant par mois cinquante livres de riz pour leur subsistance.

Suivant cet ordre, ils partirent de Sior à cheval, au mois de Mars 1657, sous la conduite d'un sergent. Wettevri les accompagna l'espace d'une lieue, jusqu'à la rivière qu'ils avoient passée en venant de Quelpaert. Ils revirent la plupart des villes qu'ils avoient traversées dans le même voyage. Enfin, ayant couché à Jeam, ils en partirent le lendemain au matin, & vers midi ils arrivèrent dans une ville considérable, nommée Diu-siong ou Thilla-pening, qui est commandée par une grande citadelle. C'est la résidence du Pénig-sé, qui y commande dans l'absence du gouverneur, & qui porte le titre de colonel de la province. Le sergent qui leur avoit servi de guide les remit entre les mains de cet Officier avec les lettres du roi. Ensuite il reçut ordre d'aller chercher leurs trois compagnons qui étoient partis de Sior l'année précédente, & qui n'étoient qu'à douze lieues de Diu-siong, dans une ville où commandoit l'amiral. Ils furent logés ensemble dans un édifice public, au nombre de trente-trois.

Dans le cours du mois d'Avril, on leur apporta quelques cuirs restés jusqu'alors à Quelpaert dont ils n'étoient éloignés que de dix-huit lieues. Ils furent chargés, pour unique occupation, d'arracher deux fois par mois l'herbe qui croissoit dans la place du château. Le gouverneur qui leur marquoit beaucoup d'affection, comme tous les habitans de la ville, fut appelé à la cour pour répondre à quelques accusations qui mirent sa vie en danger. Mais étant aimé du peuple & favorisé par la plupart des grands, il fut renvoyé avec honneur. Son successeur traita les Hollandois moins humainement. Il les obligea d'aller chercher leur bois sur une montagne à trois lieues de la ville, après avoir été accoutumés jusqu'alors à se le voir apporter. Une attaque d'apoplexie les délivra de cet odieux maître au mois de Septembre suivant.

Cependant ils ne se trouvèrent pas mieux de celui qui lui succéda. Lorsqu'ils lui demandèrent du drap pour se vêtir, en lui faisant voir que le travail avoit ufé leurs habits, il leur déclara qu'il n'avoit pas reçu d'ordre du roi fur ce point; qu'il n'étoit obligé de leur fournir que du riz, & que pour leurs autres befoins ils devoient eux-mêmes fe les procurer. Ils lui propofèrent alors de leur accorder la permiffion de demander l'aumône, chacun à leur tour, en lui repréfentant que nuds comme ils étoient, & leur travail ne leur produifant qu'un peu de fel & de riz, il leur étoit impoffible de gagner leur vie. Cette grace leur fut accordée, & bientôt ils eurent de quoi fe garantir du froid.

Au commencement de l'année 1658, ils effuyèrent de nouveaux chagrins, à l'arrivée d'un nouveau gouverneur. La liberté de fortir de la ville leur fut ôtée. Seulement le gouverneur déclara que s'ils vouloient travailler pour lui, il leur donneroit à chacun trois pieces d'étoffes de coton. Mais ils rejettèrent humblement cette propofition, parce qu'ils n'ignoroient pas que ce travail leur feroit ufer plus d'habits qu'on ne leur offroit d'étoffe. Quelques-uns d'entr'eux étant tombés malades de la fievre dans ces circonftances, la frayeur des habitans, au feul nom de fievre, leur fit obtenir la permiffion de mendier, à condition qu'ils ne fuffent jamais abfens de la ville plus de quinze jours ou de trois femaines, & qu'ils ne tournaffent point leur marche du côté de la cour ni du Japon. Comme cette faveur ne regardoit que la moitié de leur troupe, ceux qui demeurèrent dans la ville, reçurent ordre de prendre soin des malades, & d'arracher l'herbe dans la place publique.

Le roi étant mort au mois d'Avril, son fils monta sur le trône après lui, avec le consentement du grand-kan. Les Hollandois continuèrent de mendier, sur-tout parmi les prêtres & les moines du pays, qui les traitèrent avec beaucoup de charité, & qui ne se lassoient pas de leur entendre raconter leurs aventures & les usages de leur pays. Le gouverneur qui arriva en 1660, leur témoigna tant de bonté, qu'il regrettoit souvent de ne pouvoir les renvoyer en Hollande, ou du moins dans quelque lieu fréquenté des Hollandois. La sécheresse fut si grande cette année, que les vivres devinrent fort rares. La misère n'ayant fait qu'augmenter l'année suivante, on vit quantité de voleurs sur les grandes routes, malgré la vigueur avec laquelle ils furent poursuivis par les ordres du roi; la faim fit périr un grand nombre d'habitans. Le gland, les pommes de pin, & d'autres fruits sauvages étoient la seule nourriture des pauvres. La famine devint si pressante, que plusieurs villages furent pillés, & que les magasins même du roi ne furent pas respectés. Ces désordres ne laissèrent pas de demeurer impunis, parce que les coupables étoient des esclaves de la cour. Le mal dura jusqu'en 1662, & l'année d'après s'en ressentit encore. La ville de Diu-siong, où les Hollandois n'avoient pas cessé de demeurer, n'étant plus capable de leur fournir des provisions, il vint un ordre de la cour pour en distribuer une partie dans deux autres villes. Douze furent envoyés à Say-siane, cinq à Siun-schien, & cinq à Nam-man, à seize lieues plus loin. Cette séparation leur fut 'abord fort affligeante; mais elle devint l'occasion de leur fuite, & par conséquent de leur salut.

Ils partirent à pied, & leurs malades avec leur bagage, sur des chevaux qui leur furent accordés gratuitement. La première & la seconde nuit, ils furent logés ensemble dans la même ville. Le troisième jour, ils arrivèrent à Siun-schien, où les cinq qui étoient destinés pour cette ville furent laissés. Le lendemain, les autres passèrent la nuit dans un village, d'où étant partis fort matin, ils entrèrent vers midi dans Say-syane. Leurs guides les livrèrent au gouverneur ou à l'amiral de la province de Thillado, dont cette ville étoit la résidence. Ce seigneur leur parut d'un mérite distingué. Mais celui qui lui succéda bientôt devint leur fléau. La plus grande faveur qu'il leur accorda fut la permission de couper du bois pour en faire des fleches à ses gens. Les domestiques des seigneurs Coréfiens n'ont pas d'autres occupations que de tirer de l'arc, parce que leurs maîtres font gloire d'entretenir d'excellens archers.

A l'entrée de l'hiver, les Hollandois demandèrent au nouveau gouverneur qu'il leur fût permis de mendier pour fe procurer des habits. Ils obtinrent la liberté de s'abfenter pendant trois jours, la moitié de leur nombre à la fois. Cette permiffion leur devint d'autant plus avantageufe, que les principaux habitans de la ville favorifoient leurs courfes par un mouvement de compaffion. Elles duroient quelquefois l'efpace d'un mois entier. Tout ce qu'ils avoient amaffé fe partageoit en commun. Ils continuèrent de mener cette vie jufqu'au rappel du gouverneur, qui fut créé général des troupes royales. C'eft la feconde dignité du royaume. Son fucceffeur adoucit beaucoup le fort des Hollandois de Say-fiane, en ordonnant qu'ils fuffent traités comme leurs compagnons l'étoient dans les autres villes. Ils furent déchargés de tous les travaux pénibles; on ne les obligea plus qu'à paffer deux fois en revue chaque mois, à garder leur maifon à leur tour, ou du moins à faire favoir au fecrétaite dans quel lieu ils alloient lorfqu'ils avoient la permiffion de fortir.

Entre plufieurs autres faveurs, ce gouverneur leur donnoit quelquefois à manger; & s'attendriffant

fant fur leur infortune, il leur demandoit pourquoi, étant fi près de la mer, ils n'entreprenoient pas de paffer au Japon ? Ils répondoient qu'ils n'ofoient hafarder de déplaire au roi. Ils ajoutoient que d'ailleurs ils ignoroient le chemin, & qu'ils manquoient de vaiffeau. « Quoi ! reprenoit-il, n'y a-t-il point affez de barques fur la côte ? » Ils affectoient de répondre qu'elles ne leur appartenoient pas, & que s'ils manquoient leur entreprife, ils craignoient d'être traités comme des voleurs & des déferteurs. Le gouverneur rioit de leurs fcrupules. Ils ne s'imaginoit pas qu'ils ne lui tenoient ce langage que pour écarter fes foupçons, & que jour & nuit ils ne penfoient qu'aux moyens de fe procurer une barque. L'auteur remarque ici que les Hollandois furent vengés du gouverneur précédent. Il n'avoit joui de fa dignité qu'environ quatre mois. Ayant été accufé d'avoir condamné trop légèrement à mort plufieurs perfonnes de différens ordres, il fut condamné par le roi à recevoir quatre-vingt-dix coups fur les os des jambes, & banni perpétuellement.

Vers la fin de cette année, on vit paroître une comete; elle fut fuivie de deux autres, qui parurent toutes deux à la fois, pendant l'efpace d'environ deux mois; l'une au fud-eft, & l'autre au fud-ouest, mais leurs queues oppofées l'une à l'autre. La cour en conçut tant d'alarme, que le roi fit doubler la garde dans tous ses ports & sur tous les vaisseaux. Il donna ordre que toutes ses forteresses fussent bien munies de provisions de guerre & de bouche, & que ses troupes fussent exercées tous les jours. La crainte qu'il avoit d'être attaqué par quelque voisin, alla jusqu'à lui faire défendre qu'on allumât du feu pendant la nuit dans les maisons qui pouvoient être apperçues de la mer. On avoit vu les mêmes phénomènes lorsque les Tartares avoient ravagé le pays; & l'on se souvenoit d'avoir été avertis par des signes de cette nature, avant la guerre des Japonois contre la Corée. Les habitans ne rencontroient pas les Hollandois, sans leur demander ce qu'on pensoit des cometes dans leur pays. Ils répondoient qu'elles étoient le prenostic de quelque terrible événement, tel que la peste, la guerre ou la famine, & quelquefois de ces trois malheurs ensemble. Ils parloient de bonne-foi, remarque l'auteur avec beaucoup de simplicité, parce qu'ils avoient été convaincus de cette vérité par l'expérience.

Comme ils passèrent fort tranquillement l'année 1664 & la suivante, tous leurs soins se rapportèrent à se rendre maîtres d'une barque; mais ils eurent le chagrin de ne pas réussir. Ils alloient quelquefois à la rame le long du rivage, dans un bateau qui leur fervoit à chercher de quoi vivre. Quelquefois ils faifoient le tour des petites îles, pour obferver tout ce qui pouvoit être favorable à leur évafion. Leurs compagnons, qui étoient dans les deux autres villes, venoient les vifiter par intervalles. Ils leur rendoient leurs vifites lorfqu'ils en obtenoient la permiffion du gouverneur. Leur patience fe foutenoit dans les plus grandes peines, affez contens de jouir d'une bonne fanté & de ne pas manquer du néceffaire dans le cours d'un fi long efclavage.

En 1666 ils perdirent ce bon gouverneur, qui fut élevé aux premieres dignités de la cour en récompenfe de fes vertus. Il avoit répandu indifféremment fes bienfaits fur toutes fortes de perfonnes, pendant deux ans d'une heureufe adminiftration qui lui avoit gagné l'affection de tout le monde, & l'eftime de fon maître & celle de la nobleffe. Il avoit réparé les édifices publics, nettoyé les côtes, augmenté les forces maritimes, &c.

Après fon départ, la ville demeura trois jours fans gouverneur, parce que l'ufage accorde ce tems au fucceffeur pour choifir, avec le fecours de quelque devin, un moment favorable à fon inauguration. Ce choix ne fut pas heureux pour les Hollandois. Entre plufieurs mauvais traitemens, leur nouveau maître voulut les faire travailler continuellement à jetter de la terre en moule. Ils rejettèrent cette propofition, fous prétexte qu'après avoir rempli leur devoir, ils avoient befoin de leur tems pour fe procurer de quoi fe vêtir & fatisfaire à leurs autres néceffités ; que le roi ne les avoit point envoyés pour un travail fi rude, ou que s'ils devoient être traités avec cette rigueur, il valoit beaucoup mieux pour eux renoncer à la fubfiftance qu'on leur accordoit, & demander d'être envoyés au Japon ou dans quelqu'autre lieu fréquenté par leurs compatriotes. La réponfe du gouverneur fut une menace de les forcer d'obéir. Mais il n'eut pas le tems d'exécuter fes intentions; quelques jours après, tandis qu'il fe trouvoit à bord d'un fort beau vaiffeau, le feu prit par hafard à la chambre des poudres, qui étoit fituée devant le mât, & fit fauter la proue ; ce qui couta la vie à cinq hommes. Il fe difpenfa d'en donner avis à l'intendant de la province, dans l'efpérance que cet accident demeureroit caché. Malheureufement pour lui, le feu avoit été apperçu par un des efpions, que la cour entretient fur les côtes comme dans l'intérieur du royaume. L'intendant qui en fut averti par cette voie, fe hâta d'en rendre compte au fouverain; le gouverneur fut rappelé immédiatement, & condamné au banniffement perpétuel, après avoir reçu quatre-vingt-dix coups fur les os des jambes.

Les Hollandois virent arriver, au mois de Juillet, un nouveau gouverneur, mais fans obtenir le changement qu'ils avoient espéré dans leur sort. Il leur demanda chaque jour cent brasses de natte. Lorsqu'ils lui représentèrent que c'étoit leur demander l'impossible, ils les menaça de trouver quelque occupation qui leur conviendroit mieux. Une maladie qui lui survint l'empêcha d'exécuter son projet; mais outre leur devoir ordinaire, ils demeurèrent chargés du soin d'arracher l'herbe dans la place du Pénig-sé, & d'apporter du bois propre à faire des fleches. Le chagrin de leur situation les fit penser à profiter de la maladie de leur tyran pour se procurer une barque, à toutes sortes de risques. Ils employèrent dans cette vue un Coréfien qui leur avoit plusieurs obligations. Ils le chargèrent de leur acheter une barque, sous prétexte du besoin qu'ils en avoient pour mendier du coton dans les îles voisines ; ils lui promirent à leur tour une part confidérable aux aumônes qu'ils se flattoient de recueillir. La barque fut achetée ; mais le pêcheur qui l'avoit vendue ayant su que c'étoit pour leur usage, voulut rompre son marché, dans la crainte d'être puni de mort s'ils s'en servoient pour leur évasion. Cependant l'offre de doubler le prix lui fit oublier toutes ses craintes, & le marché tint, à la grande satisfaction des Hollandois.

Auſſi-tôt qu'ils ſe trouvèrent en liberté, ils fournirent leur bâtiment d'une voile, d'une ancre, de cordages, de rames & d'autres inſtrumens néceſſaires; réſolus de partir au premier quartier de lune, qui étoit l'inſtant le plus favorable. Ils retinrent deux de leurs compatriotes qui étoient venus les viſiter. D'un autre côté, ils firent venir de Nam-man *Jean-Peters d'Uries*, habile matelot, pour leur ſervir de Pilote. Quoique les habitans les plus voiſins de leur demeure ne fuſſent pas ſans quelque défiance, les Hollandois ſortirent la nuit du 4 Septembre 1667, auſſi-tôt que la lune eut ceſſé de luire, & ſe gliſſant le long du mur de la ville, avec leur proviſion qui conſiſtoit en riz avec quelques pots d'eau & une marmite, ils gagnèrent le rivage au nombre de huit, ſans avoir été découverts. Il ne reſtoit que ſeize Hollandois, de trente-ſix qui s'étoient ſauvés du naufrage: les huit autres, qui ne purent s'échapper de la Corée, y moururent vraiſemblablement; au moins on n'a point eu de leurs nouvelles depuis.

Il commencèrent par remplir un tonneau d'eau fraîche, dans une petite île qui n'eſt qu'à la portée du canon. Enſuite ils eurent la hardieſſe de paſſer devant les vaiſſeaux de la ville & devant les frégates mêmes du roi, en prenant le large dans le canal autant qu'il étoit poſſible. Le 5 au matin, lorfqu'ils étoient prefqu'en mer, un pêcheur lui cria : Qui vive ? mais ils fe gardèrent bien de répondre, dans la crainte que ce ne fût quelque garde avancée des vaiffeaux de guerre qui n'étoient pas loin à l'ancre. Au lever du foleil, le vent leur ayant manqué, ils fe fervirent de leurs rames. Vers midi, le tems redevint plus frais. Ils portèrent alors au fud-eft, fur leurs fimples conjectures ; & doublant la pointe de la Corée dans le cours de la nuit fuivante, ils n'appréhendèrent plus d'être pourfuivis.

Le 6 au matin, ils fe trouvèrent fort près de la première île du Japon ; & le vent ne ceffant pas de les favorifer, ils arrivèrent fans le favoir devant l'île de Firando, où ils n'ofèrent pas relâcher parce qu'ils ne connoiffoient pas la rade ; d'ailleurs ils avoient entendu dire aux Coréfiens qu'il n'y avoit aucune île dans la route de Nangazaki. Ainfi, continuant leur courfe avec un vent frais, ils côtoyèrent le 7 quantité d'îles dont le nombre leur parut infini. Le foir, ils efpéroient mouiller près d'une petite île ; mais des apparences d'orage qu'ils découvrirent dans l'air, & des feux qu'ils virent de tous côtés, leur firent prendre la réfolution de ne pas interrompre leur courfe.

Le 8 au matin, ils fe trouvèrent au même endroit d'où ils étoient partis le foir précédent, ce qu'ils attribuèrent à la violence de quelque courant. Cette observation leur fit prendre le large ; mais la force des vents contraires les obligea bien-tôt de se rapprocher de la terre. Après avoir traversé une baie, ils jettèrent l'ancre vers le milieu du jour, sans connoître le pays. Tandis qu'ils préparoient leur nourriture, quelques habitans passèrent & repassèrent fort près d'eux, sans leur parler. Vers le soir, le vent étant un peu tombé, ils virent une barque chargée de six hommes, qui avoient chacun deux couteaux suspendus à leur ceinture, & qui s'étant avancés à la rame, débarquèrent un homme vis-à-vis d'eux. Cette vue leur fit lever l'ancre avec toute la promptitude possible. Ils employèrent leurs rames & leurs voiles pour sortir de la baie ; mais la barque les poursuivit & les joignit bientôt. Ils auroient pu se servir de leurs longues cannes de bambou, pour empêcher ces inconnus de monter à bord ; cependant, après avoir découvert plusieurs autres barques remplies de Japonois, qui se détachoient du rivage, ils prirent le parti de les attendre tranquillement.

Les gens de la première barque leur demandèrent par des signes où ils alloient ; pour réponse ils arborèrent pavillon jaune avec les armes d'Orange, en criant : Hollande ! Nangazaki ! Là-dessus on leur fit signe d'amener leur voile ; ils obéirent.

Deux hommes étant paſſés ſur leur bord, leur firent diverſes queſtions qui ne furent pas entendues. Leur arrivée avoit jetté tant d'alarmes ſur la côte, que perſonne n'y parut ſans être armé de deux épées. Le ſoir, une barque amena ſur leur bord un officier qui tenoit le troiſième rang dans l'île. Reconnoiſſant qu'ils étoient Hollandois, il leur fit entendre par des ſignes qu'il y avoit ſix vaiſſeaux de leur nation à Nangazaki, & qu'ils étoient dans l'île de Goto qui appartenoit à l'empereur. Ils paſſèrent trois jours dans le même lieu, gardés fort ſoigneuſement. On leur apporta du bois & de la viande, avec une natte pour les mettre à couvert de la pluie qui tomboit en abondance.

Le 12, ils partirent pour Nangazaki, bien fournis de proviſions, ſous la conduite du même officier qui les avoit abordés, & qui portoit quelques lettres à l'empereur. Il étoit accompagné de deux grandes barques & de deux petites. Le lendemain au ſoir, ils découvrirent la baie de cette ville; ils y mouillèrent à minuit. Il y avoit à l'ancre cinq bâtimens hollandois. Pluſieurs habitans de Goto & diverſes perſonnes de conſidération leur avoient fait quantité de careſſes, ſans vouloir rien accepter de de leur part. Le 14, ils furent conduits au rivage, & reçus par les interpretes Japonois de la Compagnie, qui leur ayant fait pluſieurs queſtions, prirent leur réponse par écrit. Ils furent ménés ensuite au palais du gouverneur, devant lequel ils parurent à midi. Lorsqu'ils eurent satisfait sa curiosité par le récit de leurs aventures, il loua beaucoup le courage qui leur avoit fait surmonter tant de dangers pour se mettre en liberté. Leur esclavage avoit duré plus de douze ans. Les interpretes reçurent ordre du gouverneur de les conduire chez le commandant Hollandois, qui se nommoit *Willam Wolquers*. Il les reçut avec beaucoup de bonté. *Nicolas Leroi*, son lieutenant, & tous leurs compatriotes leur firent les mêmes caresses. Le gouverneur de Nangazaki auroit souhaité de pouvoir les retenir une année entière. Il se les fit amener le 25 d'Octobre. Cependant, après les avoir encore interrogés avec beaucoup de curiosité, il les rendit au directeur de la Compagnie, qui leur donna un logement dans sa propre maison. Peu de jours après ils partirent pour Batavia, où ils arrivèrent le 29 de Novembre. Le général à qui ils présentèrent leur journal, leur fit un accueil très-favorable, & leur promit de les mettre à bord de quelques vaisseaux qui devoient retourner en Europe. En effet, s'étant embarqués le 28 de Décembre, ils arrivèrent à Amsterdam, le 20 Juillet 1668.

NOTES.

(1) *QUELPAERT*, autrement appelé FUNGMA, est une île de l'Asie, dans la mer de Corée; elle a environ quinze lieues de circuit, & est située à douze ou treize lieues de la côte méridionale de la presqu'île de Corée, entre les cent cinquante-trois & cent cinquante-quatre degrés de longitude. L'île de Quelpaert est de la dépendance du royaume de Corée. Sa principale ville est Maggan ou Mo-kio, séjour du gouverneur que le roi y entretient.

(2) *LA CORÉE* est une presqu'île de l'Asie, entre la Chine & le Japon : elle tient par le nord au pays des Tartares orientaux & à celui des Orancays. La Corée forme un royaume tributaire de la Chine ; il est partagé en huit provinces : Sior en est la capitale.

Cette presqu'île s'étend au nord jusqu'au quarante-troisième degré ; sa largeur de l'orient à l'occident est fort inegale ; mais elle ne passe pas cent lieues. La rivière nommée Yalo, de trois lieues de large, la sépare du continent.

Ce pays abonde en riz & en froment, en légumes, en fruits assez semblables à ceux d'Europe,

& en herbes médicinales, sur-tout le Ginsing. Il y a un canton où cette plante se cultive avec grand soin pour l'empereur de la Chine. Elle fait partie du tribut que le roi de Corée paie à ce prince.

Les Coréfiens sont originaires de la Chine; ils en ont conservé le langage, le mœurs & le gouvernement. Ils s'adonnent aux sciences & entendent fort bien la marine. Leur commerce se fait avec les Japonois à Nangazaqui; mais sous le nom & le pavillon chinois. Ils y portent de la merluche qui est excellente, des noix & des herbes médicinales; leurs montagnes en produisent de fort rares.

N°. 9.

RELATION

Du Naufrage d'un Vaisseau Portugais, près le Cap-Comorin, mer des Indes. Trait d'amour conjugal. Actions généreuses de quelques gentilshommes François, & d'un vice-roi des Indes (*).

Tavernier, célebre voyageur François, du dernier siecle, parcourut pendant quarante ans la Turquie, la Perse & l'Inde. Il joignoit à beaucoup de connoissances en géographie & d'inclination naturelle pour les voyages, le desir extrême de s'en-

_____

(*) Les faits qui composent cette relation nous ont été transmis par Jean-Baptiste Tavernier, dans le Journal de ses voyages aux Indes; réimprimé à *Paris*, chez G. Clouzier, 1682, *in-4°*. deuxième volume; & par les Historiens des guerres de l'île de Ceylan, singulière-

richir. Il y réussit au-delà de ses espérances. Le talent particulier de parler presque toutes les langues d'Europe, la réputation qu'il se fit bientôt dans les Indes, de commerçant riche & habile, des présens offerts à propos & beaucoup de franchise lui facilitèrent l'entrée des cours asiatiques. Il surmonta tous les obstacles, & pénétra dans plusieurs lieux inabordables jusqu'alors à tout Européen.

L'abbé Prévost, dans l'abrégé de la relation des courses de Tavernier, fait son éloge, en observant que peu de voyageurs ont rendu plus de services à la géographie de l'Indostan, par l'exactitude avec laquelle il tient compte des routes & des distances, & aussi par la justesse de ses observations sur la qualité du pays & le caractère des peuples qui l'habitent. Cet écrivain le venge encore pleinement des imputations de fausseté élevées contre lui par quelques savans de Hollande.

Tavernier n'étoit point toujours occupé de son commerce & de la description des contrées qu'il parcouroit, il recueilloit aussi les faits extraordinaires dont il étoit témoin, ou qui lui étoient attestés par des gens dignes de foi. On en trouve plusieurs

---

ment par Jean RIBEYRO, *Amsterdam*, 1701. M. l'Abbé PRÉVOST, en a aussi inséré une partie dans son Histoire générale des voyages, dixième volume *in-*4°. 1752.

dans la relation de ses voyages. Nous en releverons un qui est trop glorieux à la nation françoise pour en frustrer nos lecteurs.

Après plusieurs courses dans l'intérieur de l'empire Mogol, Tavernier se rapprocha de la côte de Malabar; il passa à Surate, & de là à Goa. En arrivant dans cette ville, il rendit ses premiers devoirs au vice-roi, ensuite à l'archevêque & à l'inquisiteur : tous lui firent un accueil distingué, quoiqu'il ne dissimulât pas être protestant.

La vice-royauté des Indes Portugaises étoit alors remplie par dom Philippe *de Mascarenhas*. Ce seigneur jouissoit de l'estime & de la confiance publique. Il soutenoit par son courage & des qualités brillantes la puissance Portugaise en Asie, que les Hollandois attaquoient de toutes parts, & qui devenoit de jour en jour plus chancelante.

Pendant son séjour à Goa, le voyageur François étoit souvent admis à l'audience particulière de dom Philippe. Il profita de la faveur où il étoit auprès de lui, pour en obtenir des graces : le vice-roi les lui accordoit avec plaisir & le prévint même en plusieurs occasions. Tavernier trouva dans cette ville deux gentilshommes François de sa connoissance, l'un appelé *Saint-Amand*, & l'autre *Desmarets* : ils étoient très-avancés dans le service militaire; le premier en qualité de grand-maître de l'artillerie & d'intendant général de toutes les forteresses portugaises, & l'autre de capitaine des gardes du vice-roi. Ces François devoient leur fortune à leur courage, dont ils avoient donné des preuves signalées à Ceylan pendant les deux sieges de Colombo, sous les yeux de dom Philippe, & plus encore aux sentimens particuliers de sa reconnoissance. Desmarets avoua à Tavernier, qu'au retour de l'île de Ceylan à Goa, dom Philippe avoit voulu l'avoir auprès de lui, ainsi que Saint-Amand & deux autres gentilshommes François, *du Belloy* & Jean *des Roses*; qu'une tempête affreuse s'étant élevée près du Cap-Comorin, le vaisseau avoit fait naufrage, & qu'au risque de leurs vies ils avoient sauvé ce seigneur Portugais.

Ce fait est décrit par Tavernier, avec peu de détails, dans le journal de ses voyages en Asie; mais il devient intéressant pour les deux nations, Portugaises & Françoise, si on y trouve mêlés les différens événemens de la guerre de Ceylan, allumée vers le milieu du dernier siecle, entre les Portugais, les Hollandois & les naturels du pays, pour la possession de cette île. Le lecteur nous saura aussi gré d'y faire paroître les actions de valeur & de générosité que firent éclater dans le cours & à la suite de cette guerre, plusieurs gentilshommes

François,

,DES NAUFRAGES. 273

François, & le vice-roi dom Philippe de Mascarenhas. L'exposé que nous en donnerons, d'après Jean *Ribeyro* & les autres historiens de l'île de Ceylan, sera succinct.

Les Portugais commencèrent à s'établir dans l'île de Ceylan vers l'an 1520 ; depuis ils parvinrent à se rendre maîtres d'une grande partie des côtes de l'île : ces conquérans étendoient tous les jours leur domination, & l'affermissoient en construisant de nouvelles forteresses. *Raia-Singa*, roi de Candy, irrité des entreprises de ces étrangers qui le resserroient de plus en plus dans l'intérieur des terres, appela, en 1638, les Hollandois à son secours. Ceux-ci ne laissèrent point échapper une occasion aussi favorable pour leurs projets d'aggrandissement dans l'Inde ; depuis long-tems ils cherchoient à s'emparer de tout le commerce d'épicerie, & à en priver les autres nations Européennes. Au mois de Mars de cette année, deux envoyés du Conseil de Batavia passèrent à Ceylan, & y conclurent avec le roi de Candy une ligue offensive & défensive. Le traité ratifié, la guerre ne tarda point à s'allumer entre les Portugais & Raia-Singa. Ce prince en avertit les Hollandois, qui envoyèrent aussi-tôt à Ceylan une flotte de six vaisseaux de guerre, des troupes réglées & de l'artillerie.

Tome II. S

L'armée navale hollandoife aborda à Batécalou dans les premiers jours du mois de Février 1639. Les Portugais, trop foibles pour fortir de leurs fortereffes, ne s'opposèrent point au débarquement : en peu de jours les garnifons de Batécalou & de Trinquemalle furent réduites à capituler. Ces deux places étant tombées au pouvoir des Hollandois, ils en rafèrent les fortifications, & les remirent enfuite au roi de Candy, en exécution du traité.

L'année fuivante, au mois de Janvier, une flotte hollandoife de douze vaiffeaux de guerre & de plufieurs frégates parut fur la côte ; trois mille cinq cens hommes de troupes aguerries débarquèrent à une lieue de Négombo, près d'un village nommé Caymel, & élevèrent auffi-tôt de forts retranchemens qu'ils hériffèrent de canon. Dom Francifco *de Mendoce*, qui commandoit dans les environs, ayant ramaffé à la hâte quelques troupes, vint les attaquer dans leurs retranchemens ; mais le feu des batteries emportant des rangs entiers à chaque décharge, il fut obligé de fe retirer.

Les Hollandois débarraffés de cet obftacle affiégèrent la place, & l'emportèrent au troifième affaut. Ils rétablirent les fortifications & y laiffèrent une garnifon fuffifante ; enfuite étant remontés fur leurs vaisseaux, ils allèrent descendre proche de *Pointe-de-Galle*, autre forteresse portugaise.

Dans cet intervalle, les Portugais avoient rassemblé toutes les forces qu'ils avoient dans l'île. Quoiqu'en petit nombre, ils marchèrent avec résolution aux ennemis & les attaquèrent. La victoire fut long-tems balancée par l'acharnement des deux nations; les Hollandois y perdirent 400 hommes, mais ils restèrent maîtres du champ de bataille : presque tous les officiers de l'armée portugaise furent tués dans le combat, il n'en revint que 48 hommes qui se jettèrent dans la ville. Pointe-de-Galle fut assiégée dès le lendemain. Dom *Ferreria de Britto* étoit gouverneur de cette place importante. Dans la crainte de l'événement de la bataille, ce brave homme s'étoit préparé à une vigoureuse résistance. Aussi-tôt que le siege fut formé, on le voyoit par-tout; il se multiplioit pour ainsi dire, & encourageoit par son exemple le soldat & l'habitant à faire leur devoir; mais tous ses soins ne purent que retarder la prise de la ville. Pendant dix-huit jours le feu des batteries des assiégeans ne discontinua point, & rasa tous les ouvrages extérieurs; enfin le dix-neuvième, le corps de la place étant ouvert par plusieurs breches, les Hollandois donnèrent un assaut général dès la pointe du jour. Les Portugais le soutinrent avec courage,

& dom de Britto y fit des prodiges de valeur. Cependant, malgré la réſiſtance opiniâtre de la garniſon, le grand nombre des aſſaillans l'emporta; après quelques heures d'attaque, la place fut forcée. Ceux des aſſiégés, qui échappèrent au fer de l'ennemi ſe jettèrent dans l'égliſe, eſpérant pouvoir s'y défendre quelque tems & obtenir compoſition. Leur attente ne fut point trompée, un événement extraordinaire arrivé ſur la fin de l'aſſaut, & honorable pour les deux nations, le leur procura. Nous le rapporterons comme une épiſode touchante pour l'humanité, ſi ſouvent attriſtée par des ſcènes d'horreur.

Dom de Britto étoit marié depuis quelque tems à une jeune femme, belle & vertueuſe : ces deux époux, tendrement unis, étoient inſéparables. La femme de Britto l'accompagnoit par-tout dans l'intérieur de la place, & même dans ſes rondes de nuit pour la viſite des poſtes; lors de l'aſſaut général, elle ſe trouvoit avec lui. En vain ſon mari la preſſa de ſe retirer, elle voulut partager les dangers auxquels il alloit être expoſé, & reſta pendant toute l'action à ſes côtés. Britto, dans les premiers rangs, & par-tout où ſa préſence étoit néceſſaire, animoit ſes ſoldats de la parole & de ſon exemple. Il reçut, dès les premières décharges de la troupe ennemie, cinq bleſſures dangereuſes. La vue de son sang ne put l'obliger à se retirer, il combattoit encore lorsqu'il fut renversé d'un coup de mousquet qui lui cassa la cuisse : dans le moment même la brêche fut forcée, & des soldats ennemis s'avançoient sur le commandant pour l'achever. Sa femme, moins effrayée pour elle que pour les jours de son mari, écarte les épées, & se jette sur le corps ensanglanté de Britto, en s'écriant : « C'est mon époux, barbares ! épargnez un homme qui se meurt, ou vous m'égorgerez avec lui ». Malgré les cris des mourans & des blessés, la voix de cette femme courageuse se fit entendre ; un officier ennemi s'approche, touché d'un spectacle si attendrissant il ordonne aux soldats de s'éloigner, releve cette jeune femme en pleurs, & l'assure qu'elle n'a rien à craindre pour son mari. Ce trait rare d'amour conjugal parvint de bouche en bouche au général, qui donna les plus grands éloges à cette belle action ; & sur le champ il fit cesser le carnage. Les Portugais enfermés dans l'église profitèrent de cette heureuse circonstance ; ils en sortirent la vie sauve.

Après avoir mis ordre à sa conquête, le général Hollandois vint voir dom de Britto : il trouva près de lui son chirurgien à qui il le recommanda fortement. Les soins empressés de sa femme, les attentions & les assurances de bons traitemens de la part des vainqueurs rendirent le calme à fon efprit. A la levée du premier appareil, la crainte qu'on avoit d'abord eue pour fes jours commença à fe diffiper; bientôt les plaies parurent de plus en plus belles, & il fut en état de pouvoir être tranfporté fans rifque à Batavia. Auffi-tôt que le général enfut affuré par lui-même, il fit venir le capitaine de la meilleure frégate de la flotte, & lui ordonna de céder fa chambre à dom de Britto & à fa femme, & d'avoir pour eux pendant toute la route, les mêmes attentions qu'il auroit pour fon amiral. Les officiers & les foldats de la garnifon, prifonniers de guerre, furent répartis fur la flotte, & y éprouvèrent le traitement dû à la bravoure.

Cependant on étoit déjà informé à Batavia du fuccès de la bataille de Caymel & de la prife de Pointe-de-Galle: le général Hollandois y avoit dépêché une corvette pour annoncer les progrès de l'armée qui lui étoit confiée. En rendant compte de fes opérations militaires, il avoit beaucoup exalté la valeur de dom de Britto, & fur-tout l'attachement héroïque de fa femme. Arrivés à Batavia, Britto & fa femme furent reçus fur le port par plufieurs membres du confeil & par les principaux de la ville; ils furent enfuite conduits au logis qui leur avoit été préparé, au travers d'une multitude innombrable de spectateurs, qui répétoient à l'envi leurs noms. Pendant près de quatorze mois qu'ils restèrent dans cette ville, la conduite généreuse de leurs vainqueurs ne se démentit point, & la guérison de Britto étant parfaite, le conseil lui rendit sa liberté, & fit reconduire à Ceylan ces époux si dignes d'en jouir. Peu de tems après, Britto obtint le grade de mestre-de-camp-général, & continua jusqu'à sa mort de rendre service à sa nation & de se faire admirer de ses ennemis.

L'armée Hollandoise qui livra bataille aux Portugais, & qui fit les sieges de Négombo & de Pointe-de-Galle, n'étoit point seulement composée d'officiers & de soldats sujets de la république; il s'y trouvoit plusieurs aventuriers Européens, qui étoient venus tenter fortune aux Indes. On remarquoit singulièrement parmi eux une compagnie formée presqu'entièrement de François, elle étoit commandée par un officier nommé Saint-Amand, homme de courage & d'expérience. Les Hollandois, comme nous l'avons dit plus haut, donnèrent plusieurs assauts à Négombo, une des principales forteresses portugaises : dans les deux premiers, la troupe Françoise se fit-remarquer par des actions d'intrépidité & de valeur, si ordinaires à cette nation sous quelque drapeau qu'elle combatte. Le général Hollandois mit à profit cet exemple pour exciter l'émulation de ses soldats; il fit venit Saint-Amand qui avoit été blessé, & en présence des principaux officiers il donna les plus grands éloges à la bravoure françoise; il lui promit même que si Négombo tomboit en son pouvoir à la première attaque, il en auroit le gouvernement. La place fut emportée, ainsi qu'on l'a vu plus haut. Le général tint parole à Saint-Amand; mais il ne jouit pas longtems de sa nouvelle dignité, un jeune-homme, parent du gouverneur de Batavia, vint avec un ordre du conseil souverain lui enlever une récompense due à son courage, & qui étoit le prix de son sang. Saint-Amand, outré de l'ingratitude dont on payoit ses services, communiqua son mécontentement à la troupe qu'il commandoit, & à la première occasion favorable, il se jetta dans l'armée portugaise, suivi de quinze à vingt de ses meilleurs soldats, parmi lesquels se trouvèrent trois François volontaires, nommés du Belloy, Desmarets, gentilhomme du Dauphiné, & Jean de Rose.

Ce renfort n'étoit point considérable par le nombre, mais il l'étoit dans l'opinion publique à Ceylan, par l'idée qu'on y avoit de la bravoure & du courage de tous ceux qui composoient la troupe françoise. Son arrivée releva de beaucoup les espérances des Portugais.

Dans l'intervalle de la bataille de Caymel, de la perte de Négombo, & de la reprise de cette forteresse par ses anciens maîtres, l'administration portugaise dans l'Inde éprouva du changement dans ses chefs; dom Jean *de Sylva-Tellez*, comte *d'Aveyro*, qui avoit été nommé vice-roi des Indes, arriva à Goa au mois de Septembre 1640. Il apprit, en débarquant, les pertes faites dans l'île de Ceylan, l'épuisement du trésor royal, & l'affoiblissement de l'armée. Touché de la fâcheuse situation des Portugais dans cette île, il assembla un conseil général. Après de mûres délibérations, il fut résolu de faire les plus grands efforts pour attaquer les Hollandois & leur enlever leurs dernières conquêtes; à cet effet on arrêta qu'il seroit équipé promptement une flotte pour transporter à Ceylan des troupes & de l'artillerie. On nomma ensuite pour gouverneur & commandant dans l'île, dom Philippe *de Mascarenhas*. Ce nouveau général n'avoit pas beaucoup de service, mais il y suppléoit par les plus belles qualités. On avoit déja remarqué en lui, dans les différens postes qu'il avoit occupés, du courage, de l'esprit, & sur-tout une grande déférence pour le sentiment des personnes expérimentées.

La flotte portugaise arriva dans les premiers jours d'Octobre à Colombo. Aussi-tôt que les troupes & l'artillerie furent débarquées, dom Philippe les conduisit à Négombo, & en forma le siege. En douze jours la place fut réduite à capituler. Les articles étoient à peine signés, qu'on vit paroître une armée que le roi de Candy envoyoit au secours des Hollandois. Le général ne voulant point laisser refroidir l'ardeur de ses soldats, marcha aux ennemis, les défit entièrement, & leur chef fut trouvé parmi les morts. La compagnie françoise se distingua encore dans ce combat, qui, par son heureuse issue, laissoit le champ libre aux Portugais. Dom Philippe en profita pour resserrer la garnison de Pointe-de-Galle, qu'il ne pouvoit attaquer, les Hollandois étant les maîtres de la mer par leurs nombreuses flottes; il employa ensuite partie de son armée à parcourir les districts voisins des forteresses portugaises, pour combattre les nababs qui s'étoient révoltés, & les faire rentrer sous l'obéissance du roi de Portugal; le général n'y parvint qu'avec peine, & après une multitude de combats & de victoires.

Au commencement de Mars 1645, dom Philippe reçut des lettres de Goa, qui lui apprenoient la mort du vice-roi, & qu'il étoit nommé pour lui succéder. Il se prépara aussi-tôt à quitter Ceylan; mais avant son départ, il fit venir Saint-Amand & ses compagnons, pour récompenser leurs services.

Dom Philippe, à la vue de ces braves dont il avoit admiré la valeur en tant d'occasions, changea de dessein, & résolut de les prendre avec lui, soit qu'il espérât de les avancer plus convenablement à Goa, ou qu'il voulût avoir près sa personne, dans le trajet, des gens de résolution contre les pirates Malabares qui infestoient les mers de l'Inde.

La navigation pendant 40 lieues, ne fut troublée par aucun événement funeste ; mais à l'approche du Cap-Comorin une affreuse tempête s'éleva & dispersa la flotte ; plusieurs vaisseaux furent engloutis, les vents déchaînés poussèrent les autres sur la côte, où ils échouèrent ou se brisèrent contre les rochers ; les François qui étoient embarqués sur le vaisseau que montoit le vice-roi, voyant le naufrage inévitable, se pressèrent de jetter à la mer des cordes, des planches & des pieces de bois, dont ils formèrent un radeau sur lequel ils placèrent dom Philippe au milieu d'eux. Mais le radeau n'avançoit qu'avec peine vers le rivage ; tantôt les flots les soulevoient jusqu'aux nues, tantôt les écueils les repoussoient en pleine mer. Les François faisoient des efforts incroyables pour aborder, lorsque le radeau heurta violemment contre un rocher & fut submergé. Tous ceux qui étoient dessus disparurent en même tems : Desmarets resté seul à côté du vice-roi, le retint par ses habits, au moment où il plongeoit ; il le chargea sur ses épaules, & le ramena au rivage, qu'ils atteignirent tous deux sains & saufs.

Dom Philippe se rembarqua sur un vaisseau échappé à la violence de la tempête, & arriva heureusement à Goa. Aussi-tôt qu'il eut pris possession de sa nouvelle dignité ; ce seigneur fit éclater sa reconnoissance envers les François; Saint-Amand fut revêtu de la charge de grand-maître de l'artillerie & d'intendant général de toutes les forteresses que les Portugais avoient alors aux Indes ; peu de tems après le vice-roi lui fit épouser une fille de qualité qui lui apporta beaucoup de biens. Jean de Rose demanda à être renvoyé à Colombo, où il obtint un grade dans les troupes de l'île, & s'y maria à une jeune veuve métive fort riche, & pour laquelle il avoit conçu une forte inclination. Dom Philippe, qui avoit conservé des sentimens particuliers d'affection pour Desmarets, parce qu'il avoit le plus contribué à le sauver du naufrage, le fit capitaine de ses gardes. Du Belloy, toujours passionné pour le jeu, obtint un présent considérable en argent, & la liberté d'aller à Macao. Tous les autres François se ressentirent aussi de la générosité du vice-roi.

Nous ajouterons, pour la satisfaction du lecteur

François, qui ne doit pas être indifférent au sort de ces gentilshommes, les détails suivans. Desmarets mourut dans l'exercice de la charge de capitaine des gardes, quatre mois après en avoir été revêtu, fort regretté de son maître & de tous ceux qui l'avoient connu; Jean de Rose vivoit encore en 1658, époque de l'expulsion totale des Portugais de Ceylan par les Hollandois; Saint-Amand conserva ses places & son crédit sous dom Philippe & ses successeurs, & mourut à Goa dans un âge fort avancé; du Belloy seul eut une fin funeste, mais il ne put l'imputer qu'à lui-même, & sur-tout à son caractère emporté & indiscret, qui le fit tomber dans les mains de l'Inquisition: malgré la rigueur des principes de ce tribunal, il obtint sa liberté par le crédit de Saint-Amand. On a assuré à Tavernier que du Belloy ayant eu ensuite l'imprudence de passer par Mingrela, où les Hollandois avoient garnison, il fut reconnu par quelques officiers, qui se rappelèrent l'avoir vu à Ceylan au siege de Négombo, où il étoit un des volontaires François de la troupe commandée par Saint-Amand; on lui fit un crime d'avoir quitté le service de Hollande pour passer dans celui des Portugais; le gouverneur le fit arrêter, & l'envoya à Batavia pour y être jugé. Il n'a point reparu depuis, & l'on n'en a plus entendu parler.

N.º 10.

NAUFRAGE

Du Vaisseau Hollandois, le Dragon, *sur les côtes d'une Terre australe inconnue, en* 1658.

Gautier Schouten (*) rapporte dans le Journal de ses navigations, le naufrage de deux vaisseaux hollandois, en 1658 & 1660. Le récit qu'il fait à ce sujet intéresse par sa simplicité & le ton de vérité qui y regne.

Schouten, en quittant les côtes de Hollande, montoit le vaisseau *le Nieuport*, qui fit en sept

─────────────

(*) Gautier Schouten, célebre voyageur du dernier siecle, étoit chirurgien au service de la Compagnie hollandoise des Indes orientales. La relation de ses voyages, imprimée plusieurs fois en Hollande & en France, commence au mois d'Avril 1658, & finit au 11 Octobre 1665.

mois le trajet du Texel à Batavia. L'équipage jetta l'ancre devant cette ville le 25 d'Octobre 1658. Dans les premiers jours de son arrivée, on aprit à Batavia que le vaisseau, le Dragon, qui venoit de Hollande aux Indes, avoit fait naufrage sur les côtes d'une Terre australe inconnue. A la première nouvelle de cet accident, qui fut apportée par quelques officiers échappés dans une chaloupe, la Compagnie envoya dans le même lieu & sous leur conduite, la flûte *La Bouée-à-la-veille*, pour ramener les restes de l'équipage & les effets que les flots pouvoient avoir épargnés. Elle alla mouiller près d'une côte déserte, que ses guides réconnurent pour le théâtre de leur naufrage, & la chaloupe alla vers le lieu où ils avoient fait dresser des tentes pour ceux qu'ils n'avoient pu ramener, & qui devoient y attendre un bâtiment proportionné à leur nombre. On trouva les tentes brisées, & l'on ne découvrit ni les Hollandois ni même un seul habitant dans le pays. On chercha des traces auxquelles on pût reconnoître si l'on avoit construit quelque barque sur le rivage. Cette recherche ne fut pas moins inutile; il ne se trouva pas la moindre indication, qui pût faire du moins conjecturer ce qu'étoient devenus tant de matelots qu'on y avoit laissés.

Cependant, comme les restes du vaisseau, dont

les flots n'avoient encore emporté que les bordages & tout ce qui n'avoit pu réfifter à leur violence, fembloient feuls capables d'avoir arrêté ces malheureux Hollandois dans quelque retraite voifine, on entreprit de les chercher plus loin dans les terres & le long du rivage. Mais plufieurs troupes qui prirent divers chemins, ne revinrent pas avec plus de fuccès que la première. On alluma des feux fur des terres élevées, on pouffa des cris, on tira un grand nombre de coups de canon ; tous ces foins furent fans effet. Il ne reftoit d'autre parti que de retourner à Batavia, d'autant plus que les vents forcés & les tempêtes commençoient à menacer la flûte. Dans cette réfolution, la chaloupe fut envoyée pour faire de l'eau. Ceux qui la conduifoient n'apportèrent point toute la diligence qu'ils devoient à leur commiffion. Il s'éleva pendant leur abfence une fi furieufe tempête, que la flûte fut obligée de fe mettre au large, où elle paffa quelques tems ; mais ne voyant pas revenir la chaloupe, qui étoit arrêtée dans une petite rivière par la crainte du danger, on conclut qu'elle avoit péri, & l'on reprit triftement la route de Batavia.

Après l'orage, elle s'efforça de retourner à bord ; la flûte avoit déja difparu. Il fallut retourner au rivage pour fe mettre à couvert de l'impétuofité des flots. Mais on étoit fans vivres, & le pays n'offroit

rien

rien qui pût servir de nourriture. Les montagnes étoient des rochers, & les vallées de vrais déserts ; les plaines n'étoient composées que de sable, le rivage, plus affreux encore, étoit bordé d'écueils contre lesquels la mer brisoit avec d'effroyables mugissemens.

Les Hollandois de la chaloupe étoient au nombre de treize, déja fatigués & fort affoiblis par la faim ; le froid & l'humidité augmentoient encore leurs souffrances. Ils se regardèrent comme des victimes dévouées à la mort. Cependant, à force de recherches ils trouvèrent entre les rochers diverses sortes de limaçons, qui parurent excellens à des estomacs affamés. Comme ils n'avoient ni feu ni bois pour les préparer, l'usage continuel qu'ils firent d'un aliment si crud les incommoda beaucoup. Ils comprirent qu'une si foible ressource ne suffiroit pas long-tems pour conserver leur vie ; & ne voyant de toutes parts qu'une mort certaine, ils prirent la résolution de s'exposer aux flots ; dans l'idée que s'il ne se présentoit rien de plus favorable sur mer, un naufrage infaillible les délivreroit plutôt de leurs peines. D'ailleurs, ils se flattoient encore de pouvoir aborder à quelque autre côte où la nature leur offriroit des alimens plus propres à des créatures humaines.

Ils employèrent tout ce qui leur restoit de force, à calfater la chaloupe, à remplir leurs tonneaux & à se pourvoir de limaçons; & mettant en mer, ils abandonnèrent des lieux où ils n'avoient vu aucune créature vivante. Le premier coup de vent les jetta bientôt en haute mer. Ils avoient heureusement avec eux le second pilote de la flûte, qui les guida par le cours des astres. Cependant, comme ils n'ignoroient pas que leur voyage jusqu'à la côte septentrionale de Java, étoit d'environ quatre cens lieues, le courage leur manquoit en y pensant. Dans le beau tems & pendant le jour, ils croyoient avancer avec assez de succès; mais à la moindre agitation des flots, sur-tout lorsque la nuit devenoit fort obscure, ils perdoient toute connoissance de leur route, & les vagues passant par-dessus leurs têtes, leur ôtoit l'espérance de voir le jour suivant. Leur plus cruelle aventure fut la nécessité de jetter leurs limaçons qui commencèrent bientôt à se corrompre. Ils se virent réduits à l'eau pour tout aliment. La nuit ils ressentoient un froid insupportable, & le jour ils étoient brûlés des ardeurs du soleil.

Enfin le travail de la navigation & le retranchement absolu de toute nourriture avoient entièrement épuisé leurs forces, lorsqu'un jour au matin ils découvrirent des terres qu'ils reconnurent pour les montagnes méridionales de la grande Java. Dans le transfport de leur joie, ils gouvernèrent droit vers la côte, au hasard de se perdre mille fois sur les rochers qui la bordent. Un heureux hasard les fit tomber devant une grande plaine arrosée par une belle rivière & plantée d'un grand nombre de cocotiers. Mais lorsqu'ils espéroient de descendre dans un lieu si convenable à leurs besoins, ils s'apperçurent que la mer brisoit si violemment contre le rivage, qu'ils ne pouvoient en approcher sans un naufrage certain. De treize qu'ils étoient, neuf qui savoient nager se jettèrent brusquement dans les flots, & n'écoutant ni leur foiblesse, ni les cris de leurs compagnons, ils gagnèrent heureusement la terre. Là, sans prendre un instant pour respirer, ils coururent aux cocos, dont ils se rassasièrent avant que d'entrer en délibération sur leur sort. Ensuite tournant les yeux vers la mer, ils virent leurs compagnons, qui dans l'impuissance d'arrêter plus long-tems la chaloupe, les exhortoient par des signes à revenir à bord. Mais les brisans rendoient cette entreprise fort difficile; & tandis que des deux côtés on raisonnoit apparemment sur les obstacles qui empêchoient les uns de quitter le rivage, & les autres d'y arriver, la nuit vint couvrir la mer & cette plage de ses voiles.

Ceux qui étoient demeurés dans la chaloupe, attendirent le jour avec une extrême impatience. Ils le virent enfin paroître, mais ce fut pour leur apprendre que la force des courans les ayant fait dérivé, ils étoient devant une autre côte, où ils ne voyoient plus de vallée ; c'étoient au contraire, de hautes montagnes, d'affreux déferts, des bois épais, un rivage nud & bordé de rochers innaccessibles. Cependant, lorsque le vent fut diminué, ils approchèrent assez facilement d'une ouverture qui faisoit l'extrémité d'une vallée. Ils y débarquèrent, & s'étant efforcés d'assurer leur chaloupe, ils entrèrent dans le bois pour y manger les meilleures feuilles des arbres. Cet aliment, le seul qu'ils trouvèrent dans ce lieu désert, leur rendit assez de forces pour leur faire entreprendre de chercher leurs compagnons. Deux d'entr'eux demeurèrent à la garde de la chaloupe, pendant que les deux autres se mirent à suivre le rivage, dans l'espérance de retrouver l'agréable canton qu'ils avoient perdu de vue pendant la nuit. Mais leur marche fut interrompue par des roches escarpées, & par une profonde rivière qui coupoit la côte pour se rendre dans la mer. Cet obstacle les força de retourner sur leurs pas ; ils se rembarquèrent, quoiqu'à peine capables de pousser leur chaloupe & de la mettre à flot. Tandis qu'ils s'efforçoient de traverser le brisant qui la repoussoit, une lame la rejetta si violemment contre une roche, qu'elle en demeura fracassée. Cet accident leur parut sans remede. Ils retournèrent sur le rivage la tristesse dans le cœur, avec le surcroît de fatigue & d'épuisement que le travail venoit de leur causer.

» Les prières du chrétien observe pieusement » Schouten, ne restent jamais sans effet. Celles de » ces infortunés pénétrèrent au plus haut des cieux; » Dieu fortifia leur courage, & leur inspira l'idée » de suivre la côte orientale, opposée à celle où » ils avoient cherché leurs compagnons ». Ils marchèrent pendant tout le jour, entre la mer qu'ils avoient à gauche & des montagnes fort désertes, mais ils trouvèrent du moins des herbages, des racines & de l'eau fraîche dans quelques petits ruisseaux. Le soir ils s'arrêtèrent sous des arbres où ils passèrent tranquillement la nuit. Après avoir continué le lendemain de marcher pendant quelques heures, ils découvrirent sur le rivage deux petits canots, vers lesquels ils ne balancèrent pas à descendre. Chemin faisant, ils apperçurent dans l'herbe un sentier battu qu'ils suivirent, & qui les conduisit près d'une hutte. C'étoit la demeure d'un vieil hermite Indien, auquel leur figure Européenne causa moins de frayeur que d'étonnement. Ils savoient un peu de la langue malaye; le récit qu'ils firent de leur aventure excita sa compassion. Il leur présenta du poisson sec, qui étoit le fruit de sa pêche, & du riz qu'il cultivoit de ses propres mains.

Un accueil si charitable leur fit prendre la résolution de passer quelque tems avec lui; mais dans
la crainte que sa charité ne se refroidît en leur
voyant consumer ses provisions, ils s'exercèrent à
la pêche dans les petits canots, & ils prirent beaucoup de poisson. L'hermite leur apprit diverses mé-
thodes pour surprendre les chevres sauvages & d'autres animaux des montagnes. La chasse ne leur
réussissant pas moins que la pêche, ils fournissoient
abondamment des vivres à leur hôte, qui leur accordoit l'usage de sa hutte pour la nuit. Ils s'ac-
coutumèrent si facilement à cette vie, que non-
seulement ils traversoient les bois & les broussailles
avec autant de légèreté que les Indiens, mais qu'après
avoir rétabli leurs forces jusqu'à prendre de la couleur & de l'embonpoint, ils ne pensèrent point à
quitter un lieu tranquille, dans lequel ils trouvoient
continuéllement de quoi satisfaire à tous leurs besoins.

Cependant leur tranquillité fut troublée par une
troupe de brigands, qui ne vivant que de rapines,
erroient dans les bois & le long du rivage, &
tuoient sans pitié tout ceux qui tomboient vifs entre leurs mains. Ces furieux auxquels leur genre de
vie a fait donner le nom de Vagans, prennent
de l'opium pour s'animer au meurtre & au pillage; Schouten raconte que dans les villes mêmes,

il leur arrive souvent de commettre les mêmes désordres. Lorsque l'opium commence à produire son effet, ils se mettent à crier : Amoek ! Amoek ! qui signifie, massacre, & le sabre ou le poignard au poing, ils tombent sur tout ce qui se trouve exposé à leurs coups. Il en vit exécuter trois dont la rage s'étoit exercée jusqu'au milieu de Batavia. On leur coupa d'abord les mammelles, ensuite on les roua en commençant par le bas du corps. Malgré la crainte qu'on tâche de leur inspirer par de si cruels supplices, leurs fureurs se renouvellent souvent. Ces brigands vinrent donc attaquer la hutte, & ne trouvant pas de résistance dans quatre hommes sans armes qu'ils reconnurent pour des Européens, ils voulurent savoir comment ils avoient fait naufrage, & quels effets ils avoient sauvés. Ainsi l'espérance qu'ils eurent de tirer quelque profit de cette rencontre, sauva les Hollandois en les dérobant à leurs premiers transports. L'hermite, moins tremblant pour lui-même que pour ses hôtes, se jetta à genoux, les mains élevées vers le ciel, & par une vive peinture de leurs infortunes & de leur pauvreté, il toucha si vivement ces barbares, que loin d'exercer leur fureur ordinaire, ils offrirent de conduire les quatre étrangers à Japara, pays le plus voisin, où l'on voyoit souvent des vaisseaux de leur nation. Cette offre parut si sincère aux Hol-

T iv

landois, qu'ils ne firent pas difficulté de l'accepter. Après avoir remercié l'hermite, ils se mirent en chemin avec leurs guides, par des déserts & des bois affreux ; entrant de-là dans des plaines agréables & bien cultivées, ils arrivèrent dans la ville du Mataram ou empereur de l'île, d'où ils se rendirent sans peine au comptoir de Japara. Les directeurs donnèrent quelque récompense à leurs conducteurs. Schouten vit ces quatre Hollandois à Batavia où ils avoient été renvoyés depuis peu ; mais il n'a pas su qu'on ait jamais entendu parler de leurs compagnons.

N.° 11.

NAUFRAGE

Du Vaisseau Hollandois le Coromandel, *dans le Golfe de* Bengale, *en* 1660.

En 1660, la Compagnie hollandoise des Indes orientales résolut d'envoyer des présens au roi d'Arrakan, pour obtenir de ce prince la liberté du commerce dans les états de sa domination. Ces présens furent chargés sur trois vaisseaux ; le premier, qui étoit l'amiral, se nommoit *Hasselt* ; le deuxième, étoit appelé *les Remedes Hollandois* ; & le troisième, étoit un petit bâtiment monté par Guillaume Hoorenbeek, de Harlem. Ces vaisseaux partirent de Batavia le 12 Septembre 1660. Après avoir été beaucoup contrariés par les vents & par une tempête affreuse, dans le golfe de Bengale, les vaisseaux achevèrent leur navigation, & entrèrent dans la grande rivière d'Arrakan, qu'on est obligé de remonter environ dix-huit lieues. Le fur-lendemain ils mouillèrent l'ancre devant Bandel, ville fort peuplée où eft un comptoir hollandois. Cette ville eft à dix-huit lieues dans les terres, & à une grande lieue de la ville capitale d'Arrakan.

» Pendant que nous attendions le tems d'être admis à l'audience du roi, dit Schouten, qui étoit fur le vaiffeau amiral, le bruit fe répandit qu'un vaiffeau hollandois avoit fombré fous voile pendant la violente tempête que nous avions éprouvée nous-mêmes, qu'il y étoit péri plufieurs centaines d'hommes, & que le refte, qui s'étoit fauvé, confiftoit en très-peu de gens qui favoient parler la langue de Pégu.

» Nous avions des raifons pour n'ajouter pas entièrement foi à cette nouvelle; mais le 22 Octobre, le premier pilote du yacht *le Coromandel*, qui étoit celui qui avoit fait naufrage, fe rendit à notre bord avec neuf matelots. Ils nous firent un récit de leur infortune, dont voici le précis.

» Ils étoient partis au mois de Septembre précédent de Paliacatte fur la côte de Coromandel, pour aller au royaume de Pégu, ayant à bord près de cinq cens paffagers de divers pays, de Coromandel, de Perfe, de Bengale, de Pégu, & plufieurs Mores; la plupart avec leurs familles, femmes, enfans & efclaves, qui alloient fous le pavillon hollandois à Pégu, pour leurs affaires. Ils ne foupçonnoient pas qu'un voyage qui fe pouvoit faire en huit jours dût avoir une fi funefte iffue.

» Ils avoient eu d'abord un beau tems, une mer calme, un vent à fouhait. Trente-quatre Hollandois avoient la conduite du vaiffeau, qui courut à l'eft. Tout le monde étoit dans une joie extrême d'avoir un tems fi favorable, & de faire tant de chemin, de forte que chacun fe promettoit d'être à Pégu dans auffi peu de tems qu'on en pouvoit mettre à y aller.

» Mais la joie fut bientôt changée en trifteffe & en crainte. Un fombre nuage parut fur l'horifon, la mer, s'éleva tout d'un coup, & il furvint un furieux orage. Le vaiffeau étoit foible de bois, il carguoit, c'eft-à-dire, penchoit fous le vent, il portoit mal fes voiles, & par conféquent n'en pouvoit porter que peu. Le péril faifoit que prefque tous les paffagers vouloient être fur les ponts, où ils faifoient un trop grand poids, vu que le bâtiment carguoit fi fort. Cependant il fe relevoit chaque fois ; mais enfin il vint un tourbillon, & la lame prit le vaiffeau du même côté ; ces deux accidens réunis le firent tellement & fi fubitement carguer, que les Indiens qui n'avoient pas le pied marin, roulèrent du côté qui penchoit, & par ce moyen le firent renverser, de sorte que les mâts & les voiles étoient dans l'eau. Un coup de mer entrant alors dans le bâtiment, alla étouffer dans les bas plusieurs passagers, & le chirurgien hollandois qui s'y trouva.

» Il n'est pas possible de décrire le pitoyable état de ceux qui étoient encore en vie, ni de représenter leurs cris, leurs plaintes & leurs lamentations. On en voyoit beaucoup qui nageoient autour du vaisseau, même des femmes & des enfans, qui luttoient contre les flots. On se prenoit aux voiles & aux mâts; on grimpoit & on tâchoit de monter sur le côté du navire. Les Hollandois, qui nageoient comme les autres, firent tant d'efforts qu'ils dégagèrent, comme par miracle, la petite chaloupe & le canot, qui par malheur encore faisoient eau, & n'avoit point d'agrès, ni rien de ce qu'il falloit pour naviguer. Ils arrachèrent ou déchirèrent des morceaux de voiles, pour boucher les voies d'eau.

» Ils dégagèrent aussi le perroquet d'artimon & le bâton du pavillon de pouppe, & avec une peine incroyable ils en firent deux petits mâts, un pour la chaloupe, & l'autre pour le canot, & ils y mirent tous les morceaux de voiles qu'ils purent arracher. Enfin ils espérèrent qu'avec ces deux petits bâtimens délâbrés, ils ne laisseroient pas de sauver la vie à plusieurs personnes.

» Mais il s'en présentoit trop pour la capacité de ces deux petits vaisseaux. Tous ceux qui nageoient encore se rendoient à leur bord, & il n'y avoit pas moyen d'entendre les cris & les supplications de ceux qui vouloient y arriver, de voir leurs efforts pour en approcher, & leurs mains tendues pour implorer la miséricorde de ceux qui y étoient déjà, sans que le cœur se fendît de pitié. Le côté du vaisseau renversé étoit couvert d'Indiens & de Mores, hommes & femmes, qui ne faisoient pas moins de cris, & qui se disoient les derniers adieux les uns aux autres, & à ceux qui étoient dans l'eau. En un mot, l'image & les horreurs de la mort régnoient par-tout.

» Les Hollandois, & ceux d'entre les plus robustes Indiens qui étoient déjà dans la chaloupe, la remplissoient & la chargeoient tellement, qu'il n'y avoit pas moyen de songer à retirer quelques vivres, ni d'y recevoir aucun des misérables qui demandoient cette grace d'une manière si touchante; parce qu'infailliblement ils auroient tous péri. Il fallut même, quoique ce fût avec la dernière douleur & avec une inhumanité qui désespéroit ceux qui la commettoient, repousser les malheureux qui avoient gagné jusques au bord des bâtimens, &

les faire retomber à la mer. Enfin, pour fe fauver de leurs attaques & s'éloigner d'un fi trifte fpectacle, on fit nager le canot & la chaloupe, laiffant encore fur le côté du vaiffeau renverfé & dans la mer, beaucoup d'infortunés qui jettoient des cris pitoyables, & capables d'émouvoir même les rochers.

» De tout ce grand nombre de gens, il n'y eut que trente-quatre ou trente-cinq perfonnes qui purent tenir dans les petits bâtimens qui fe fauvèrent. En s'éloignant, ils virent le vaiffeau renverfé flotter encore un peu de tems; puis tout d'un coup il s'enfonça, & les cris des mourans qui n'avoient fait que prolonger leur peine, ayant alors redoublé, ils furent entendus de ceux qui fe fauvoient, & qui en étoient déja bien éloignés.

» Leurs bâtimens, qui ne faifoient prefque que flotter fur le vafte Océan dont ils alloient chercher les bords, furent tellement agités par les vagues, qu'on les voyoit à tout moment fur le point de périr auffi. Ils prirent leurs cours à l'eft, dans l'efpérance de découvrir bientôt la côte d'Arrakan ou celle de Pégu, & d'y pouvoir prendre terre.

» Cependant le canot, qui ne navigeoit pas bien, étoit aidé par la chaloupe, à laquelle il étoit attaché par une corde ; mais cette manœuvre ne pouvant continuer, à cause des voies-d'eau qui étoient à ce dernier bâtiment, ceux qui le conduisoient coupèrent la hansière & abandonnèrent l'autre. Alors la chaloupe faisant plus de chemin, ils se hâtèrent de lui faire gagner terre avant qu'elle coulât à fond.

» Le canot faisoit aussi tous ses efforts pour suivre la chaloupe; mais ce fut en vain, car la nuit suivante les écarta l'un de l'autre. Ceux qui étoient dans la chaloupe se regardèrent comme les plus heureux; mais ils se trompèrent, ainsi qu'on le va voir.

» Le canot flottant sans vivres, & sans espérance de se maintenir assez long-tems pour prendre terre en aucun lieu, passa six jours & six nuits en mer; sans que ceux qui étoient dedans prissent aucune nourriture, quoique le danger où leur bâtiment étoit à toute heure, les obligeât à travailler continuellement. Au bout de ce tems, ils découvrirent la côte d'Arrakan, & ayant abordé un bâtiment du pays, qu'ils rencontrèrent, on les prit, on leur donna de quoi manger, on les emmena pour les envoyer à Arrakan & les joindre aux esclaves du roi, selon les loix du pays, qui adjugent au prince tous ceux qui échappent d'un naufrage & se sauvent sur ses côtes.

» Quand ils furent présentés à ce prince, ils lui

firent, en langue de Pégu, un si triste & si touchant récit de leur infortune, qu'il excita la compassion dans le cœur de tous ceux qui l'entendirent. Non-seulement le roi & les seigneurs leur donnèrent tout ce dont ils avoient besoin, mais même ce monarque les remit en liberté, & les renvoya chercher leurs compatriotes. Ce furent ceux qui vinrent nous trouver, ainsi qu'il a été dit, ne sachant point ce qu'étoient devenus leurs compagnons & leur chaloupe.

» Mais ceux-ci se sauvèrent aussi, comme par un miracle, & vinrent tout de même quelque jours après dans le royaume. Leur chaloupe ouverte en plusieurs endroits & faisant eau, avoit vogué sept jours & sept nuits, & avoir été mille fois sur le point de couler bas. Leurs larmes, & l'eau même qu'ils rendoient, avoient été toute leur nourriture. Enfin ils avoient découvert une île couverte de bois, où ils étoient descendus, accablés de foiblesse & atténués de faim. Cependant ils ne trouvèrent rien à manger. L'île étoit déserte; il n'y avoit ni hommes, ni animaux, ni arbres qui portassent des fruits, que des tamarins qui, tout aigres qu'ils étoient, furent dévorés, & servirent pendant quinze jours de nourriture à ces infortunés.

» Cet aliment avoit des qualités qui ne pouvoient manquer d'en rendre l'usage nuisible. Il causa

des

des rétréciffemens de boyaux & un cours de ventre dont deux hommes moururent. L'état de détreffe & d'incommodité où ils étoient les obligea à fe remettre en mer. Ils coururent à l'eft, & un vent favorable les pouffa promptement fur la côte d'Arrakan. Les payfans & les pêcheurs leur fournirent des alimens avec beaucoup de charité.

» Ils réfolurent d'aller chercher l'embouchure de la grande rivière d'Arrakan; mais comme ils voulurent traverfer le brifant pour reprendre le large, la chaloupe alla donner contre des rochers, & s'y brifa. Ainfi, il fallut qu'ils retournaffent à terre, prefque nuds & tout mouillés. Pour obtenir des charités, ils firent aux habitans le récit de leur accident, en langue de Pégu; & ils eurent grand tort, car le royaume de Pégu étant alors en guerre avec celui d'Arrakan, ils ne devoient pas dire qu'ils étoient partis de Coromandel pour aller chez les ennemis des gens à qui ils parloient.

» En effet, on les maltraita fort; on leur dit qu'on voyoit bien que les Hollandois portoient au roi de Pégu des munitions de guerre & de bouche, & qu'ils le favorifoient. Sur cette accufation, ils furent arrêtés prifonniers, & condamnés à la mort. On leur mit la corde au cou, on leur lia les bras à la ceinture, & l'on ordonna qu'ils fuffent

Tome II. V

conduits & préfentés au roi en cet état, s'imaginant que ce prince prendroit un grand plaifir à voir des Chrétiens ainfi traités. Ils les menèrent donc de ville en ville, les faifant fouvent jeûner, & les meurtriffant de coups; en chaque lieu où ils paroiffoient, ils étoient obligés de faire le récit de leur aventure devant les magiftrats, qui tous le prenoient en mauvaife part, & étoient irrités de ce que le vaiffeau avoit fait voile pour Pégu.

» On ne peut décrire tout ce que ces malheureux eurent à fouffrir par le chemin. Ce n'étoit qu'humiliations, génuflexions, inclinations profondes qu'il falloit recommencer devant les fupérieurs de chaque ville, bourg ou village; & pour foulagement ils fe voyoient injuriés de tout le monde, & déclarés dignes de mort. Un incident fingulier auroit caufé leur perte, fi les feigneurs & les gentilshommes, devant qui ils fe trouvoient, n'euffent été plus fenfibles que les autres à la pitié.

» L'ufage qu'ils avoient fait des tamarins dans l'ile déferte, continua long-tems à leur caufer des coliques & le cours de ventre. Un jour qu'ils furent conduits devant un grand feigneur & devant fa cour, après avoir paffé par divers appartemens de fon palais, & être entrés dans une grande falle remplie de perfonnes diftinguées de l'un & de l'autre fexe, qui étoient affifes fur de beaux tapis, le capitaine du vaisseau naufragé, nommé *Jean Horl*, voulant faire plus de complimens que ses camarades & plus de révérences à la manière du pays, laissa couler un vent, qui fit tant de bruit & d'éclat, qu'il fut entendu dans toute la salle, & surtout du commandant, qui s'écria : Syuw ! syuw ! ou, fi ! fi ! de même que tout le reste de la compagnie.

» On ne fut pas peu irrité de cette indécence, & les prisonniers baissant la tête, demeurèrent dans une confusion d'autant plus grande, qu'ils en craignirent de funestes suites. Enfin le second pilote, nommé *Jean Spring*, de Harlem, prit la parole, & supplia les seigneurs d'avoir la générosité de pardonner une si grande faute, qui étoit involontaire & ne provenoit que d'une incommodité causée par les tamarins dont ils avoient été contraints de faire leur unique nourriture pendant près de quinze jours ; que cet aliment nuisible leur avoit causé des accidens très-fâcheux, dont deux de leurs compagnons étoient morts ; qu'eux-mêmes en étoient encore tellement atténués qu'ils n'étoient pas maîtres de leurs mouvemens, & se trouvoient hors d'état de paroître devant une si brillante compagnie.

» Cette petite harangue faite à propos, appaisa tout le monde. Le capitaine nous a dit depuis, que ce fut-là encore la plus grande extrémité où il se fût trouvé, ne s'attendant à rien moins qu'à être haché en pieces à coups de sabre. Le récit de leur infortune ayant même touché le cœur de cette noblesse, on leur fit donner de la nourriture & des vêtemens, & ils furent mieux traités qu'auparavant. La bonté & la compassion des dames, ainsi que ces captifs le purent appercevoir, contribua beaucoup au soulagement qui leur fut donné. Elles furent émues de voir des pauvres étrangers presque nuds, décharnés, liés & garottés, qui d'un air suppliant & abattu demandoient quelque relâche à des mauvais traitemens qu'ils n'avoient mérités par aucun forfait.

» Ils furent donc alors déliés, mis entre les mains de gens plus humains, & conduits à la plus prochaine rivière, embarqués dans une jéliasse ou galère d'Arrakan, qui remonta la rivière pour les mener à la capitale du royaume. La jéliasse passant par le travers de nos vaisseaux, ils les reconnurent, & prièrent l'officier qui la commandoit, de les aborder, criant en même-tems pour nous avertir.

» On alla au-devant d'eux, & on les retira des mains de leurs conducteurs, sous la promesse que fit le président d'en donner à l'instant avis au roi. Cela fut aussi-tôt exécuté, & en même tems on supplia ce monarque de leur rendre la liberté

DES NAUFRAGES. 309

que leur naufrage leur avoit ôtée, les ayant rangés au nombre de ses esclaves. Cette grace leur fut accordée, comme elle l'avoit été à leurs compagnons.

» On les prit dans notre vaisseau pour les emmener à Batavia. Mais quelque précaution qu'ils apportassent & qu'on eût pour eux à l'égard de la nourriture, il n'y en eut que très-peu qui furent exempts de maladies. Cependant ils en guérirent, & se rétablirent parfaitement ».

N.º 12.

NAUFRAGE

De la Chaloupe du Vaisseau François le Taureau, dans une baie près du Cap-Verd, sur la côte occidentale d'Afrique, en 1665 (*).

LA Relation de ce naufrage offre au lecteur des circonstances dignes de sa sensibilité; mais avant que de lui en présenter le tableau, il est nécessaire de mettre sous ses yeux, au moins en abrégé, les

---

(*) La Relation de ce naufrage a été publié par le sieur SOUCHU DE RENNEFORT, auteur des Mémoires pour servir à l'Histoire des Indes orientales. *Paris*, 1688, *in*-4°. M. l'Abbé PRÉVOST l'a aussi inférée en abrégé dans le huitième volume de son Histoire générale des voyages. *Paris*, 1750, *in*-4°. Mais les circonstances les plus touchantes du naufrage se trouvent dans la vie manuscrite de M. de MONMASSON, missionnaire, de la Congrégation de S. Lazare.

principaux événemens du voyage qui y a donné lieu.

Les avantages confidérables que le commerce étranger apportoit aux Compagnies Hollandoife & Angloife, vers le milieu du dix-feptième fiecle, avoient excité l'émulation des négocians François. Différens projets & plufieurs mémoires furent préfentés à M. Colbert à ce fujet. Ce miniftre zélé pour la profpérité de la nation, obtint du roi, par une déclaration du mois de Mai 1664, l'établiffement d'une Compagnie Françoife pour le commerce des Indes orientales. Un fecrétaire du confeil & neuf célebres négocians furent établis les premiers fyndics de la Compagnie. Ils s'en affocièrent d'autres, tant à Paris, qu'à Lyon, Rouen, Bordeaux, Nantes, &c. &c.

Par la même déclaration, le roi prêtoit trois millions à la Compagnie, fans intérêt & fans prendre aucune part au profit pendant dix ans; il fe chargea même de toutes les pertes qui pourroient arriver pendant cet intervalle.

La bienfaifance du roi, la paix dont jouiffoit alors l'Europe, & l'état floriffant du royaume, étoient des difpofitions plus folides & plus favorables que ne l'avoient jamais été celles qui avoient donné naiffance aux Compagnies de Hollande & d'Angleterre. Auffi, les François animés par ces motifs, entrèrent-ils fort ardemment dans les vues du ministre. Le zele fut égal dans tous les ordres de l'état. On arrêta de faire un fonds de quinze millions; il fut bientôt rempli.

Après s'être assuré d'un fonds si considérable, la Compagnie résolut d'envoyer dans les cours du Mogol, de la Perse, & dans celles des autres puissances de l'Inde, diverses personnes expérimentées dans le commerce & la négociation. Le but de leur mission étoit de sonder le terrein, & de chercher à se concilier la faveur de ces princes. Tous ces envoyés partirent au commencement du mois d'Octobre 1664.

Pendant que les directeurs généraux dressoient des instructions pour les différens préposés de la Compagnie, on travailloit avec ardeur dans les ports du Havre, de la Rochelle & de Saint-Malo, à l'armement de quatre vaisseaux. Le premier étoit une frégate nommée *le Saint-Paul*, montée de 32 pieces de canon & de quatre-vingt matelots, sous le commandement du sieur *Véron*, d'Oleron, capitaine d'une expérience reconnue. *Kerkadiou*, gentilhomme Breton, revenu depuis six mois de Madagascar, commandoit le second qui étoit une flûte nommée *le Taureau*; elle portoit 22 canons & soixante-quatre hommes d'équipage. Le troisième, nommé *la Vierge de bon Port*, de vingt pieces de canon

& de soixante matelots, avoit pour capitaine le sieur *Trucho de la Chenaye*, de Saint-Malo. Enfin le quatrième, petite frégate nommée *l'Aigle-blanc*, étoit commandée par le sieur *De la Clocheterie*, de la Rochelle, homme d'une valeur & d'une résolution singulière, qui depuis quelques années, avoit enlevé aux Espagnols, avec un seul bâtiment, deux grands navires chargés de piastres & d'esclaves, & on l'avoit vu entrer dans la rade de Brest avec six vaisseaux de prise à la queue du sien. Les deux cent-trente hommes d'équipage de la flotte étoient l'élite de plus de mille qui se présentèrent. On ne comptoit pas d'abord moins de 400 passagers ; mais le jour du départ ce nombre se trouva diminué, par la crainte de la mer dont la plupart avoit vu de près l'agitation continuelle, dans un trop long séjour qu'ils avoient fait à Brest. Il n'entra dans les quatre vaisseaux que 288 passagers, & il y avoit dans ce nombre huit missionnaires de la maison de Saint-Lazare de Paris, qui se distribuèrent sur chaque bâtiment.

Le départ de la flotte & les circonstances de sa navigation n'ont rien de remarquable jusqu'au 3 de Mars, qu'elle arriva heureusement à la vue du Cap-Verd. Les quatre vaisseaux entrèrent le lendemain dans la première baie après le cap, & mouillèrent à une demi-lieue du rivage. Aussi-tôt quatre chaloupes chargées d'officiers, de soldats & de matelots, voguèrent vers un endroit de la côte où plusieurs Negres les attendoient sans armes, & leur montroient l'abord le plus facile. Les chaloupes étant arrêtées à plus de six toises de la terre par le sable & la basse mer, une foule de Negres se jetta dans l'eau avec tant d'empressement pour transporter les François au rivage, que les matelots mêmes qui se déshabilloient pour rendre ce service, furent contraints de les recevoir. Après avoir témoigné beaucoup de joie de l'arrivée de la flotte, ils firent entendre en langue portugaise, que leur alcade, ou vice-roi du canton, aimoit les François & qu'il recevroit volontiers leur visite.

Véron, amiral, & Rennefort, auteur de la relation du voyage, escortés par douze fusiliers, se firent conduire dans un village éloigné de six cens pas environ. Il étoit composé de près de cent cazes rondes, de quatre à cinq pieds de hauteur. La couverture de chacune se terminoit en pointe comme celle de nos glacières; toutes les cazes étoient environnées d'une double palissade de branches de palmier, avec une petite cour à l'entrée. La cour de l'alcade, qui surpassoit toutes les autres en grandeur, étoit au milieu de quatre cazes, dans l'une desquelles il logeoit; les femmes en occupoient deux autres & le quatrième étoit pour fon cheval. Les François le trouvèrent affis fur une fellette de bois au milieu de cette cour. L'alcade étoit un negre âgé d'environ quarante ans, bien fait, d'une contenance fière & férieufe. Sa tête étoit couverte d'un turban de coton blanc & bleu, & fes épaules d'une forte de tapis ou d'étoffe informe. Une autre piece connue fous le nom de pagne, le couvroit depuis la ceinture jufqu'aux genoux. Ses jambes & fes bras étoient nuds, & fous les pieds il avoit un morceau de cuir qui lui tenoit lieu de fandales. Ses officiers étoient à terre, les uns étendus, d'autres affis fur leurs talons. Le principal confeiller, qui fe nommoit *Jean Amfterdam*, âgé de quatre-vingt-huit ans, fe tenoit accoudé fur les genoux de fon maître.

Après les premières civilités que l'alcade reçut & rendit gravement fans quitter fa fellette, les Fraçois lui préfentèrent un flacon d'eau-de-vie. Il en but un grand coup, & le confeiller ayant fuivi fon exemple, à peine en refta-t-il pour le troifième; on convint enfuite de payer fix bouteilles d'eau-de-vie, fix aunes de toile, & une barre de fer, pour le droit d'ancrage de chaque chaloupe. Pendant cet entretien, les femmes de l'alcade, qui étoient dans leurs cazes où la curiofité leur faifoit montrer la tête à chaque inftant, lui firent dire qu'elles defiroient beaucoup de voir les François. Il leur accorda cette satisfaction; elles étoient vêtues à-peu-près comme les hommes. Avant la fin de l'audience, il arriva près de l'alcade cinquante de ses principaux officiers, armés de demi-piques, de sabres & de fleches. Leur arrivée imprévue causa quelque défiance aux François; mais les plus prudens exhortèrent les autres à cacher leur émotion.

Dans l'intervalle de la visite de l'amiral à l'alcade, les François restés à bord, furent témoins de la scène la plus affligeante. Quelques matelots de l'équipage du Taureau, & plusieurs passagers, au nombre de trente, étoient descendus dans la chaloupe; leur projet étoit de gagner la terre, & de satisfaire leur curiosité sur l'intérieur du pays. M. *Bossordée*, un des deux missionnaires qui étoient sur ce vaisseau, les accompagnoit. Pendant le trajet, plusieurs jeunes-gens s'étant poussés imprudemment, la chaloupe trop surchargée d'un côté fut prise d'une vague par le travers, & renversée dans les flots. Le sieur *Le Tourneur*, lieutenant du Teaureau, étoit alors occupé à faire jetter des filets près du rivage, & la pêche avoit déja fourni de quoi rassasier plus de cent cinquante personnes, lorsqu'un coup de canon tiré à son bord lui fit abandonner cet amusement. Il vit le pavillon en berne, une chaloupe assez éloignée, la quille en haut, des barrils qui flottoient, & des hommes à la nage, dont les uns s'efforçoient de gagner la terre & les autres de retourner vers le navire. Le fieur Le Tourneur, juftement alarmé du danger que couroient ces malheureux, fe hâta de regagner le vaiffeau. On avoit déja envoyé au fecours avec la plus grande célérité, les chaloupes qui étoient reftées, & des canots conduits par des Negres. Ces petits bâtimens arrivèrent fort à propos à l'endroit du naufrage; plufieurs de ceux même qui favoient nager commençoient à perdre leurs forces. Dix-huit François furent fauvés, mais il en périt douze, avec Jean Amfterdam, confeiller de l'alcade. Ce vieillard Negre ayant entendu nommer le capitaine Kerkadiou parmi les officiers de l'efcadre, n'avoit point attendu la fin de l'audience pour aller le voir. Ils renouvellèrent connoiffance enfemble à bord du Taureau. Le vieillard ne fe ménagea point fur l'eau-de-vie, & il revenoit ivre dans la chaloupe, lorfqu'elle fut renverfée.

Parmi les particularités de ce naufrage, deux traits de générofité frappèrent beaucoup ceux qui en furent témoins. Un jeune François nommé Planfon, qui nageoit parfaitement bien, voyant près de lui un autre jeune-homme de fes amis, qui ne favoit pas nager, oublia le péril où il étoit lui-même, pour le fecourir, & lui dit de s'attacher à

ses habits. Mais les forces lui manquèrent, & ils périrent ensemble. « Rare exemple d'amitié, ob-
» serve l'auteur du journal du voyage, & mal-
» heureuse fin de deux jeunes-gens bien faits,
» d'un caractère doux & dignes d'un meilleur
» sort ».

Un autre François, nommé Giron de la Martinette, joignit plus de prudence au même sentiment de générosité. Le fils du sieur De Montauban, jeune enfant de dix ans, alloit périr à ses yeux. Il le prit d'un bras, & nageant de l'autre il le monta sur la quille de la chaloupe renversée. Ensuite lui ayant recommandé de se laisser tourner par le mouvement de la vague, & de ne pas quitter le bois qu'on ne le vînt prendre, il se remit lui-même à la nage; son adresse autant que sa force lui fit atteindre un canot dans lequel il monta. A peine y étoit-il, que ce frêle bâtiment lui paroissant surchargé de cinq hommes qui s'y trouvoient déja, il ne balança point à s'élancer encore dans la mer pour nager bien loin vers le rivage; il eut le bonheur d'aborder à terre. Une chaloupe y amena aussi le jeune de Montauban, dont la vie rendit long-tems témoignage à la générosité de son libérateur.

De tous ceux qui furent la victime de ce triste événement, aucun n'excita des regrets plus vifs que

M. Boffordée. Ce miffionnaire s'étoit fait aimer & eftimer par fes manières affables, fon zele & fa prudence. Au retour des chaloupes, lorfqu'on fe fut rendu certain qu'il étoit difparu au fond des eaux, le deuil fut univerfel dans toute la flotte; il fembloit que chacun avoit perdu un père ou un frère; les échappés du naufrage l'augmentèrent encore, en rapportant les circonftances de fa mort: elles font trop glorieufes à l'humanité, & en même tems trop édifiantes, pour en priver la curiofité du lecteur fenfible.

M. Boffordée n'étoit point d'abord de la partie de ceux qui defcendirent dans la chaloupe pour aller à terre; mais lorfqu'il fut que leur projet étoit de paffer deux ou trois jours fur la côte, il s'offrit de lui-même à les accompagner, tant pour contenir ces jeunes-gens, la plupart vifs & folâtres, en leur rappelant la folemnité du jour, (cétoit le Jeudi-Saint, 4 Mars 1665) & celle du lendemain, que pour leur adminiftrer au befoin les fecours fpirituels. Ils ne furent que trop tôt dans ce cas, comme on vient de le voir. La chaloupe à peine renverfée, & ceux qui la montoient devenus le jouet des flots, le rivage & les vaiffeaux trop éloignés pour en recevoir un prompt fecours, cet homme vraiment apoftolique réfolut de facrifier fa vie pour fauver celle des autres, ou au moins pour les préparer à une mort chrétienne; vigoureux & habile nageur, il n'ufa de ces avantages que pour le falut des malheureux qu'il voyoit prêts à devenir la proie de la mer. Il s'élance au milieu d'eux, éleve la tête & leur crie à tous d'offrir leur vie à Dieu, de fe fouvenir que dans ces jours de deuil pour l'églife, Jefus-Chrift étoit mort en expiation des péchés des hommes, qu'il étoit de la plus grande importance pour eux, dans ces derniers momens, de former un acte de repentir de ceux qu'ils avoient pu commettre; il ajouta qu'il alloit donner une abfolution générale. Il la donna effectivement, avec des paroles fi touchantes & tant d'effufion de cœur, que tous en furent pénétrés; enfuite il tourna vers ceux qui lui paroiffoient perdre le courage ou les forces, & allant de l'un à l'autre, il les foutenoit d'une main & nageant quelques inftans avec eux, il les exhortoit à ne fe point laiffer aller au défefpoir; & à avoir confiance en la miféricorde divine. M. Boffordée continua cette miffion pendant près de deux heures; alors les forces lui manquant, il donna encore l'abfolution à ceux qui étoient à fa portée, & collant fa bouche fur un petit Crucifix qu'il portoit toujours pendu devant lui, on le vit tout à coup difparoître dans les flots.

Le récit de ce dévouement digne d'un héros
Chrétien,

chrétien, présentoit, à la vérité, un motif puissant de consolation aux confrères de M. Bossordée; mais il ne faisoit que trop sentir en même-tems quelle perte venoit de faire la religion & l'équipage du vaisseau. Aussi les larmes recommencèrent-elles à couler avec plus d'abondance: il sembloit que M. Bossordée seul eût été la victime de ce triste événement, ou que lui seul fût à regretter. M. *de Monmasson*, autre missionnaire, qui montoit avec lui le même vaisseau, & dont il avoit été l'ami & l'éleve, fut pendant une heure, tellement affecté de cette mort, qu'il resta évanoui. En exprimant ses regrets de l'avoir perdu, il ne desiroit plus que de pouvoir rendre à son corps les derniers devoirs, & de mourir aussi glorieusement que lui. Le premier de ses vœux fut rempli dans le jour même; le second ne le fut que plusieurs années après. M. de Monmasson avoit ordre de ses supérieurs de rester dans l'île de Madagascar, en qualité de missionnaire. Il s'acquitta avec fruit de ses fonctions jusqu'en 1671. Mais dans le cours de cette année, l'île ayant été évacuée par les François, M. de Monmasson revint en France, & fut employé successivement aux Invalides & à Versailles. Enfin il fut envoyé à Alger en qualité de vicaire apostolique. Trois ans après son arrivée, les Algériens ayant enfreint dans plusieurs occasions les traités qui subsistoient entr'eux & la France; Alger fut bombardé en 1683, par M. Duquesne. Ces Barbares, en haîne de la religion & des François, en attachèrent plusieurs à la bouche de leurs canons; M. de Monmasson fut du nombre. Il avoit été jetté, plusieurs jours auparavant, dans un cachot, & il y avoit souffert avec un courage héroïque les plus mauvais traitemens.

Quelques heures après le retour des chaloupes, on apperçut dans l'éloignement, à peu de distance du lieu du naufrage, un corps qui flottoit. Plusieurs matelots furent envoyés pour le recueillir; c'étoit celui de M. Bossordée. Il avoit conservé la même attitude qu'il avoit eue dans ses derniers momens; une main sur sa poitrine, & la bouche collée sur le Crucifix qu'il portoit. Les restes de cet homme apostolique furent reçus dans le vaisseau avec tous les sentimens de la vénération & de la douleur. Presque tous les passagers & tous les matelots lui baisèrent les mains & les pieds, en les arrosant de leurs larmes.

Un autre partie de la scène funebre du naufrage occupoit à terre les Negres. M. de Rennefort, qui en avoit été le témoin, nous en a conservé la relation dans le journal de la navigation de la flotte (*). Les Negres des canots qui avoient accompagné les chaloupes, divulgèrent la mort du conseiller Jean Amsterdam. Ses femmes auffi-tôt accoururent sur le rivage; elles firent le tour de l'anse de cette partie de la baie, en versant des larmes & suppliant les ondes qui battoient jusqu'à leurs pieds, de leur rendre le corps de leur mari. Lorsqu'elles virent tomber le jour, sans appercevoir cet objet commun de leur amour, elles accusèrent la mer de cruauté, avec des gémissemens qui se faisoient entendre de fort loin. Leurs plaintes étoient d'autant plus justes, que le supplice du pays est de noyer les coupables, & qu'il est déshonorant pour la famille d'un mort de laisser son corps sans sépulture. La chûte du jour obligea ces femmes à se retirer dans la caze du défunt, où elles s'arrachèrent les cheveux, tandis que deux jeunes hommes se tenant aux deux côtés de la porte, firent entendre des sons lugubres sur deux instrumens ronds de la forme de nos tymbales. Un des fils du conseiller voyant passer quelques François, les pressa d'entrer, & leur fit connoître que si les habitans du Cap-Verd étoient sensibles à la douleur, ils n'étoient pas moins capables d'une juste résigna-

---

(*) Voyez page 20 des Mémoires pour servir à l'Histoire des Indes orientales, *Paris*, 1668, *in*-4°.

tion aux volontés du Ciel. Après ces trois jours passés dans les larmes & les gémissemens, on fit un sacrifice pour Amsterdam. Ses parens allumèrent un feu de branches de palmier, autour duquel cent personnes de l'un & l'autre sexe poussoient de grands cris vers le soleil couchant, pour le prier d'être favorable à l'esprit du mort. Ils les continuèrent long-tems. A peu de distance, le marabout Negre, après avoir tenu les mains étendues pendant un quart-d'heure vers le soleil, égorgea un bœuf, fit brûler ses entrailles & coupa la victime. Il en distribua ensuite des morceaux à chaque parent du défunt.

La flotte remit à la voile le 11 d'Avril; le 28, elle passa la ligne par un vent favorable : quelques jours après le vent cessa & fit place à un calme de sept jours. L'auteur observe que la plus grande incommodité qu'éprouvent les navigateurs sous la zône torride, & dans ces latitudes éloignées, c'est la disette de bonne eau ; l'ardeur du soleil est si grande, qu'elle corrompt celle des navires. Elle se rétablit assez promptement, lorsque la chaleur devient plus modérée; mais elle retient toujours plus ou moins le goût du bois des tonneaux. Ainsi l'on regarde la pluie comme une faveur du Ciel, dont on profite en étendant des draps pour la recueillir. Mais d'un côté il pleut rarement dans ces parages, & de l'autre, l'eau de pluie est souvent salée. Cette eau est formée dans l'air des exhalaisons de la mer ; elle y demeure quelquefois si peu, qu'elle n'a pas le tems de s'y purifier, ou plutôt, elle est pompée si fortement, qu'elle n'a pas le tems d'être dégagée des parties salines dont elle est impreignée. S'il est difficile de conserver l'eau dans les navires, l'embarras n'est pas moindre pour les vivres. Le vin de France ne résiste pas assez, & perd bientôt sa bonté ; celui d'Espagne est toujours excellent. Avec une bonne provision de ce vin, si l'on pouvoit trouver le moyen de prendre terre une fois par mois, pour faire de l'eau & se procurer des légumes & quelques viandes fraîches, les personnes du tempéramment le plus délicat soutiendroient facilement tous les voyages de mer.

Le 3 de Juin, les quatre vaisseaux se trouvèrent à la hauteur du cap de Bonne-Espérance. Alors l'amiral assembla sur son bord tous les officiers & les marchands de la flotte, pour assister à l'ouverture de quatre boîtes de fer-blanc cachetées du sceau de la Compagnie ; ses ordres portoient de ne la faire qu'à cette hauteur. Elles contenoient les commissions de divers officiers pour ceux qui devoient les remplir à Madagascar.

Le cap de Bonne-Espérance fut doublé heureusement par la flotte ; mais elle eut besoin de toute l'habileté de ses mariniers, pour se défendre contre les vents & les flots, à la hauteur du cap des Aiguilles. La mer y fait un choc qui la repousse bien loin ; les tournans y sont si rapides qu'ils font pirouetter les vaisseaux & les mettent dans le plus grand danger. Les quatre navires François y perdirent quelques voiles.

Jusqu'alors les quatre vaisseaux avoient toujours été de conserve, ce qui avoit beaucoup allongé le voyage, parce que le Taureau tenant mal le vent, avançoit peu & obligeoit les autres de l'attendre. Cette lenteur & les coups de mer chagrinèrent le sieur de Montauban, nommé, par la Compagnie, président du conseil à Madagascar ; il souhaitoit d'être promptement à terre pour rétablir la santé. Mais il falloit un prétexte pour justifier la séparation du vaisseau amiral, sur lequel il étoit, d'avec les autres. Le président eut recours au certificat de son médecin qui atttestoit que l'air de terre étoit nécessaire à sa santé. Cette formalité remplie, le Saint-Paul fit route à part le 11 de Juin. Son capitaine gouverna si habilement, qu'il évita les dangereux courans qui sont entre Madagascar & les côtes de Mozambique ; enfin il découvrit la terre le 9 de Juillet. Le jour suivant, à dix heures du matin, l'ancre fut jettée vers la pointe méridionale de l'île. Il n'étoit mort qu'un matelot fur le Saint-Paul, dans le cours d'un voyage eftimé de plus de quatre mille lieues fur les journaux.

N.º 13.

NAUFRAGE

Du Vaisseau Hollandois, le Lausdun, à l'embouchure du Gange, Fleuve de l'Indostan, en 1672, & Aventures de Lestra, voyageur François (*).

LE desir de satisfaire sa curiosité par de longs voyages, conduisit LESTRA hors de la France. A son retour, il publia le journal de ses courses &

(*) Le Journal de LESTRA est intitulé : *Relation d'un Voyage nouvellement fait aux Indes orientales, &c. Paris, 1677, in-12.* M. l'Abbé PRÉVOST, l'a inséré en abrégé dans l'Histoire générale des voyages, sixième volume, *in-4º. Paris*, 1748. Lestra a mêlé dans le récit de ses aventures plusieurs observations & quelques anecdotes touchantes : nous conserverons, sans trop nous écarter de notre objet, celles qui nous ont paru dignes de la curiosité du lecteur.

de ſes infortunes. Son ſtyle eſt ſimple & ſes remarques judicieuſes. Mais ce qui doit augmenter la confiance du lecteur, c'eſt le parfait accord qui y regne avec des relations poſtérieures, dans tout ce qu'il a rapporté des événemens dont il avoit été témoin, & des lieux qu'il a parcourus.

Leſtra forma le deſſein de ſon voyage en 1671, à l'occaſion du départ de M. *Belot*, qui alloit exercer à Surate la commiſſion de directeur du commerce pour la Compagnie Françoiſe des Indes. Son embarquement ſe fit au Port-Louis en Bretagne, le 4 de Mars, ſur le vaiſſeau *le Saint-Jean-Baptiſte*, armé de trente-ſix pieces de canon, en marchandiſes & en guerre; il étoit commandé par le capitaine *Herpin*. L'équipage étoit de deux cent cinquante hommes, tous jeunes & réſolus. Le vaiſſeau ayant mouillé le même jour dans la rade, on y vit bientôt arriver un grand bâtiment nommé *le Soleil d'Orient*. Il portoit M. *Gueyton*, autre directeur de la Compagnie & député vers le Grand-Mogol, au nom du roi. L'équipage de ce vaiſſeau étoit de trois cens hommes, il étoit armé de ſoixante pieces de canon; M. *de Labuda* le commandoit. Ces deux navires avoient ordre de faire voile enſemble, & n'attendoient qu'un vent favorable, qui ſe leva le 7. Mais à peine étoient-ils ſortis de la rade, qu'ils eſſuyèrent une tempête violente qui dura pendant trois jours. Les mâts les plus forts du Soleil d'Orient ne purent soutenir l'impétuosité des vents & des flots ; il les perdit tous, avec un désordre si extraordinaire, que le capitaine désespéré de son malheur, & se voyant prêt à périr, sans recevoir aucun secours du Saint-Jean-Baptiste, dont il ne remarquoit pas que le péril étoit égal au sien, tourna sa fureur contre ce vaisseau, & voulut lui lâcher sa bordée pour le couler à fond. Mais Gueyton & quelques pères capucins qui lui servoient d'aumôniers, adoucirent ce transport, & lui firent tourner ses vœux vers le ciel. Les deux navires n'eurent plus d'autre ressource que de se soulager d'une partie de leur charge, qui fut jettée dans la mer, & de s'abandonner à leur destinée. Cependant le calme revint à la fin du troisième jour. Il s'éleva pendant la nuit un brouillard épais qui fit perdre de vue le Soleil d'Orient. Herpin conclut qu'au lieu de le chercher il devoit profiter de la mousson qui étoit déja fort avancée. Il prit la route du Cap-Verd, où il arriva le 16 de Mai. Suivant la supputation des pilotes, il avoit fait neuf cens lieues depuis le Port-Louis.

La suite de la navigation fut plus heureuse, & parut même très-agréable à Lestra, qui n'ayant jamais fait de longs voyages sur mer, trouva beaucoup d'amusement dans la variété continuelle des objets. Les différens lieux où le vaisseau relâcha, offrirent une ample matière à ses observations. La pêche & la chasse firent successivement son plaisir.

Il arriva le 26 d'Octobre à Surate. Le vaisseau n'avoit perdu que huit hommes dans une si longue course, & quelques déserteurs qui étoient restés au cap de Bonne-Espérance. Herpin mouilla dans la grande rade de Surate, à trois lieues de la petite rade de Sualis, où se trouvoit alors une flotte de France, composée de huit vaisseaux de guerre, & commandée par M. de la Haye. Il salua le pavillon françois de trente-six coups de canon. M. Belot s'étant fait porter à terre, alla rendre ses premiers devoirs à M. de la Haye, qui attendoit le retour de M. Caron, directeur général, occupé alors à former un comptoir dans l'île de Java. Il n'arriva de Bantam que le 15 de Novembre, fort satisfait de son voyage & de l'estime qu'il avoit trouvée bien établie pour les François, dans l'esprit du roi & de toute la nation. M. Belot, après lui avoir communiqué sa commission, se retira dans Surate pour l'exercer. Les François avoient alors deux comptoirs dans ce pays, l'un dans la ville de Surate, l'autre à Sualis, entre ceux des Anglois & des Hollandois, pour servir de principal magasin à leurs marchandises. Cependant un ouragan terrible, qui s'élève régulièrement une fois l'année, les obligeoit de transporter à grands frais leurs marchandises dans la ville. Il dure quelque fois douze & quinze jours, avec des circonstances si effrayantes, que tous ceux qui habitent les bords de la mer, prennent la fuite & cherchent un asyle dans les murs de Surate.

Les directeurs François, Anglois & Hollandois, qui arrivoient dans les comptoirs de leur nation, étoient obligés, en rendant visite au gouverneur de la ville, d'observer quelques cérémonies humiliantes, & sur-tout de laisser leurs souliers à la porte d'une grande salle, pour marcher sur des tapis de brocard d'or. Mais en 1667, un directeur François se délivra de cette servitude, en prenant des mules fort riches, avec lesquelles il ne fit pas difficulté de fouler aux pieds le faste indien; les autres suivirent son exemple.

L'auteur raconte, avec un détail de circonstances qui ne se trouve pas dans les historiens qui en ont parlé, comment les François se sauvèrent du pillage de Sévagy (*), en 1670, tandis que

---

(*) Prince Indou, heureux & célebre aventurier. Il fut long-tems le fléau de l'Inde & la terreur du Mogol contre qui il s'étoit révolté. Il parvint à se former dans les montagnes du Dékan une principauté considérable, au préjudice de l'empire des Mogols & des rois de Viles Anglois & Hollandois ne purent garantir leurs comptoirs. Il donne à Sévagy vingt mille hommes au lieu de douze; & les sommes que cet illustre voleur enleva, tant aux habitans qu'à ces deux nations, montèrent, dit-il, à quarante millions. Nous supprimons ce détail étranger à notre objet, à l'exception cependant de l'anecdote suivante, trop glorieuse à la nation Françoise pour la passer sous silence. Dans le désordre, une compagnie des gardes du prince Indien, composée de huit cens hommes, se présenta devant le comptoir François. M. Caron, qui en étoit directeur, s'étoit préparé à les recevoir. Il leur demanda ce qu'ils desiroient, & s'ils venoient de la part de Sévagy, qui avoit toujours pris la qualité d'ami des François. Quelques gardes répondirent arrogamment qu'ils vouloient savoir si la loge ne contenoit que des marchandises françoises. Alors le directeur général exhorta le plus hardi d'entr'eux à mettre le bras dans la bouche de trois canons, qu'il avoit fait braquer sur le seuil de la porte, chargés chacun de six livres de balles. Il ajouta que les richesses de la Com-

---

sapour, &c. Aureng-zeb ne parvint à le contenir qu'en faisant avec lui un traité honteux pour la cour de Déhly. Sévagy est regardé comme le fondateur de la puissance Maratte. Nous en parlerons plus en détail ailleurs.

pagnie de France y étoient renfermées. Tous les François du comptoir étoient d'ailleurs sous les armes, pendant que le maître canonnier tenoit d'une main la meche allumée, & de l'autre un pistolet à deux coups. Une réponse & une contenance si fières eurent le pouvoir d'arrêter ces furieux. Après avoir consulté quelque tems entr'eux, ils firent des excuses à M. Caron, & le prièrent de leur montrer du moins les loges des Anglois & des Hollandois. Mais il rejetta cette demande avec mépris, en continuant de se tenir sur la porte, un pistolet dans sa main droite, & sa demi-pique à la gauche. Son refus les irrita; dans leur retraite ils tirèrent un coup de mousquet à la tête d'un soldat François qui eut la curiosité de les regarder par une fenêtre. De-là s'étant répandus dans la ville avec toute l'armée, ils y exercèrent leur furie pendant huit jours.

Lestra passa deux mois entiers à Surate, jusqu'au 26 de Décembre, que M. de la Haye fit mettre à la voile pour le grand voyage qu'il avoit entrepris par l'ordre du roi. Le capitaine Herpin se joignit à l'escadre, & fit la même route jusqu'à l'île de Ceylan. La conformité du récit de l'auteur est si parfaite, dans les circonstances de cette navigation, avec celui du journal de M. de la Haye, que cette remarque atteste sa fidélité. Mais il quitta l'escadre, dans la baie de Trinquémale, pour se rendre à Tranquebar, sur *le Phénix*, qui devoit y aller charger des provisions de bouche, avec deux autres vaisseaux. Avant son départ, il fut témoin des premières opérations de l'armée Françoise, & son récit s'accorde encore avec la relation qu'on en a publiée.

Ici la scène changea tristement pour lui, par le malheur qu'il eut de tomber avec le vaisseau, entre les mains des Hollandois. La Melliniere, qui commandoit le Phénix, se laissa tromper par de fausses apparences de paix & d'amitié. Il refusa de se défendre, sous prétexte qu'il n'avoit pas reçu cet ordre de l'amiral. Un seul coup de canon qu'il eût pu tirer pour avertir la flotte, l'auroit délivré de quatre navires ennemis, qui n'auroient pu éviter eux-même le sort qu'ils firent essuyer au vaisseau françois.

La Melliniere s'étant rendu sans résistance, tous les gens de son bord furent forcés, à grands coups de bâton, de descendre dans les chaloupes hollandoises, où ils furent traités comme des lâches. Lestra, qui se fait honneur d'avoir montré plus de fermeté, n'en fut pas moins puni, comme d'une autre sorte de crime qui convenoit mal à sa situation. Tous les prisonniers furent embarqués le 2 de

Juillet, fur un vaiffeau hollandois, nommé l'Of-dorpt. Les foldats & les matelots furent mis à fond de calle, où ils étoient couchés fur du fel & du fable mouillé, fans aucune ouverture pour refpirer l'air. Leur nombre s'étoit augmenté jufqu'à cent-cinquante, par la prife de deux autres vaiffeaux de la flotte Françoife. On les laiffa deux fois ving-quatre heures, fans aucune nourriture qu'une poignée de riz. L'auteur avoit d'abord eu la hardieffe de fe plaindre. Le capitaine Hollandois, homme fort brutal, s'étoit emporté contre lui avec une infolence à laquelle il avoit affecté de répondre encore plus fièrement, dans l'efpérance que les autres prifonniers prenant fon parti, ils pourroient exécuter la réfolution qu'ils avoient formée de fe rendre maîtres du navire. Mais il n'auroit trouvé dans aucun d'eux affez de courage pour le feconder.

L'état auquel il fe voyoit réduit, lui fit craindre d'être traité avec les compagnons de fa mifère, comme les Hollandois avoient traité leurs prifonniers Portugais après la prife de Cochin. Ils les avoient embarqués, fous promeffe de les conduire dans une île, où ils devoient leur fournir en abondance tout ce qui leur feroit néceffaire pour s'y établir & la peupler; mais après s'être éloignés du rivage, il les avoient fait couler à fond par de faux
fabords

sabords qu'ils avoient pratiqués dans leurs navires. Lestra se préparoit à la mort, & la desiroit même, pour être bientôt délivré d'une chaleur & d'une puanteur insupportables. Déja quelques-uns de ses compagnons étoient morts comme enragés, en écumant par le nez & par la bouche. Le désespoir inspira aux autres un moyen de se faire entendre ; ils crièrent tous que si l'air leur étoit refusé plus long-tems, ils alloient ouvrir le vaisseau pour le couler à fond. Cette menace força les Hollandois d'ouvrir une écoutille, & de leur jetter des cordes pour retirer les morts. Tel fut l'unique secours qu'ils reçurent d'eux jusqu'au port de Négapatan.

On les fit débarquer dans ce port, où ils furent logés dans une ancienne église à-demi découverte & ruinée, qui avoit été dédiée à saint Thomas par les Portugais, mais que les Hollandois faisoient servir d'écurie & de magasin. Ils y furent traités avec moins de rigueur ; mais ce changement ne les empêcha point de chercher les moyens de s'échapper. Lestra étoit veillé plus soigneusement que tous les autres. Quelques-uns trouvèrent le moyen de sortir par un vieux tombeau. Les gardes s'en apperçurent & fermèrent bientôt cette voie.

Il y avoit dans cette troupe de malheureux, deux

soldats François qui étoient depuis dix ans au service des Hollandois dans les Indes orientales. L'un étoit de Saint-Denis en France, & l'autre de Bretagne. Ils avoient demandé leur congé au général Riclof, sans avoir pu l'obtenir; ce qui leur avoit fait prendre le parti de se sauver dans le Phénix, où le capitaine les avoit reçus à Tranquebar. Mais ayant été reconnus après la prise de ce navire & quelques jours après leur arrivée à Négapatan, ils furent conduits au général Riclof, qui les condamna au dernier supplice. Lestra s'étoit lié assez particulièrement avec eux, pour être vivement touché de leur mort. Il avoit reconnu du mérite au Breton, & dans l'intimité de leur union, il avoit appris de lui les aventures qui l'avoient amené aux Indes.

C'étoit un homme de vingt-huit ans, d'une taille bien prise, les yeux vifs, pleins de feu & d'esprit. Ses longs voyages lui avoient brûlé le teint sans avoir altéré la beauté de ses traits. Il avoit la physionomie noble, du courage & de la politesse. Enfin, toutes ses manières ne démentoient pas sa naissance, car il étoit d'une maison connue. Il avoit été destiné à l'église, en qualité de cadet, par un père qui rapportoit tout à l'établissement de son aîné. Cependant on n'avoit rien négligé pour son éducation; mais étant devenu amoureux d'une jeune personne à laquelle il inspira les mêmes sentimens pour lui, il ruina les projets de son père en reprenant l'épée, & bientôt après en la tirant trop heureusement contre un rival qui perdit la vie par ses mains. Il prit la fuite avec le même bonheur, accompagné de sa maîtresse qui lui fit le sacrifice de sa fortune. Un navire hollandois, dans lequel ils trouvèrent un asyle, les conduisit à Amsterdam. Mais n'ayant pu se réconcilier avec leur famille & se trouvant sans secours, ils se virent dans la nécessité d'accepter l'offre qu'on leur fit de les mener aux Indes & de les y faire subsister avec honneur. Le jeune aventurier jugea dans la suite que ce dessein leur avoit été inspiré par l'ordre de leurs parens, pour les éloigner de l'Europe & faire oublier leur faute. Ils partirent avec un capitaine Hollandois qui devoit les conduire à Batavia. Dans le cours du voyage, cet officier prit des sentimens si passionnés pour la jeune Bretonne, que pour se délivrer de ses importunités, & pour épargner à son mari les inquiétudes de la jalousie, elle fut obligée de feindre une maladie continuelle. Mais cette ruse lui servit d'autant moins, qu'elle rendoit son mari tranquille sur le danger. Le capitaine prit un prétexte pour mouiller à la rade de Sualis, & proposa au jeune François de le loger avec sa femme, chez un marchand Hollandois de ses amis, qui étoit établi à Surate. Elle se lia dans la ville avec une jeune Portugaise, qui, après la mort de son mari, attendoit une occasion pour se rendre à Goa. Ce fut sur cette liaison que le capitaine Hollandois forma le plan d'un artifice qui lui réussit. Il proposa au jeune Breton de faire une course jusqu'à Négapatan, où il lui fit envisager des avantages qui le rendroient indépendant du secours d'autrui. C'étoit assez pour le déterminer aux plus rudes entreprises. Il prit la résolution de partir; & peu de jours avant son embarquement il découvrit ses espérances à sa femme, pour la consoler d'une séparation qui devoit durer peu & tourner à leur bonheur commun. Elle conçut ce qu'elle avoit à craindre de son éloignement; & ses pleurs ne pouvant l'arrêter, elle prit le parti de lui découvrir la passion du capitaine. Mais loin d'être refroidi par cette confidence, il la regarda comme une invention de l'amour pour lui faire abandonner son projet; il s'embarqua comme à la dérobée. D'un autre côté, le capitaine Hollandois avoit affecté du zele pour la Portugaise; il s'étoit engagé à lui procurer les commodités qu'elle cherchoit pour son départ. Le passage d'un vaisseau qui devoit relâcher à Goa, favorisant ses perfides intentions, il attendit si tard à l'en avertir, que dans la diligence qu'elle fut obligée d'apporter à ses préparatifs pour ne pas manquer l'occasion, elle s'embarqua aussi sans avoir fait ses adieux à la jeune Françoise. Il fut aisé au capitaine de donner la plus noire de toutes les couleurs à ces deux événemens. Il représenta le départ du mari & de la Portugaise comme une fuite concertée, qui ne laissoit aucun doute de leur amour mutuel. Cette fable eut tant de vraisemblance pour la malheureuse Bretonne, que résistant aussi peu aux embarras de sa situation qu'aux tourmens de sa jalousie, elle tomba dans une maladie mortelle. Le capitaine Hollandois prit soin d'elle sans aucune affectation. Il feignit même d'être guéri de l'amour, & de ne donner ses soins qu'à la pitié. Enfin, prenant prétexte de ses affaires pour hâter son départ, il lui offrit dans la foiblesse où elle étoit encore, de la conduire à Batavia suivant ses premières vues, & de lui procurer dans cette ville les secours qu'elle s'en étoit promis en quittant la Hollande. La nécessité l'obligea d'accepter cette offre. Elle porta sa langueur à Batavia, où le capiatine, après l'avoir fait traiter long-tems dans sa maison, eut l'indignité de la mettre à l'hôpital, lorsqu'il fut obligé de retourner en Europe. Lestra la vit dans cet excès d'infortune, & lui fit le récit des aventures & de la mort de son mari.

Il avoit appris de lui-même que s'étant embarqué à Sualis, sur la foi du capitaine, avec une recrue de cinquante soldats dont il croyoit avoir la conduite, il avoit bientôt reconnu que les soldats n'avoient ordre de lui obéir qu'en apparence. Il avoit regretté alors d'avoir pris si peu de confiance aux avis de sa femme, & son désespoir auroit éclaté, si les véritables officiers du vaisseau ne lui eussent ôté la liberté de rien entreprendre. Il n'avoit pu étouffer ses plaintes devant le gouverneur de Négapatan, mais cet officier, aussi barbare que celui qui l'avoit trahi, lui avoit répondu qu'étant venu aux Indes pour servir la république, il devoit commencer par faire le devoir d'un bon soldat, & se rendre digne des emplois & de la récompense qu'on lui avoit fait espérer : qu'il lui donnoit deux ans pour faire connoître son zele & sa fidélité, & qu'on auroit égard ensuite aux services qu'il auroit rendus. Après l'expiration de ce terme, il avoit demandé son congé au même gouverneur, & la permission de retourner à Surate ou en Hollande; mais se voyant remis d'une année à l'autre, il avoit pris la résolution de se procurer la liberté par la fuite.

Les prisonniers François obtinrent enfin la ville de Négapatan pour prison, en attendant l'arrivée de M. Riclof, qui devoit les prendre sur sa flotte

& les conduire à Batavia. L'auteur profita de cet intervalle pour faire quelques obfervations. Négapatan a tiré ce nom de la quantité de ferpens que la nature y produit. On y en voit d'une groffeur prodigieufe, mais familiers & peu nuifibles. Les habitans en nourriffent dans leurs maifons, avec du riz & du lait. La ville étoit à-demi ruinée, depuis les guerres des Hollandois. Ses murailles, en quelques endroits, n'avoient que douze pieds de hauteur. Elles font flanquées de douze baftions, montés d'une foible artillerie. La fortereffe eft peu confidérable, & entourée de foffés d'une médiocre profondeur. Ils font remplis par une petite rivière, que le fable, dont elle eft quelquefois comblée par le vent, fait difparoître dans certaines faifons, ou qui prend alors un autre cours. On entre dans cette fortereffe par un pont-levis qui conduit à une grotte longue de quarante pas fur huit de largeur, unique logement de la garnifon; fur la hauteur qui domine cette grotte on a placé douze pieces d'artillerie qui battent fur mer & fur terre. La garnifon de la ville & de la fortereffe monte au plus à deux cens hommes.

Quoique Négapatan ne foit pas auffi agréable que la plupart des villes indiennes, fa fituation eft extrêmement commode pour le commerce. Les Hollandois y ont plufieurs beaux magafins qui leur servent à renfermer les richeffes de l'île de Ceylan & de la côte de Coromandel. Avant qu'ils euffent enlevé cette île aux Portugais, elle avoit un college de Jéfuites pour l'inftruction des enfans du pays. Tranquebar offrit un afyle aux débris de cet établiffement, qui y fubfifte encore. La volaille & les fruits font fort communs à Négapatan; mais le pain y eft fi cher, qu'avec un appétit commun on en mangeroit aifément pour un écu à chaque repas. Le riz fait la principale nourriture des habitans.

Auffi-tôt que les Francois eurent abandonné la baie de Trinquemale dans l'île de Ceylan, Riclof, qui étoit convenu dans la capitulation, de conduire fes prifonniers en Europe, les diftribua fur divers navires de fon efcadre, pour les promener de port en port, & les faire voir comme les miférables reftes d'une flotte qu'il fe vantoit d'avoir entièrement détruite, & qu'il ne laiffoit vivre que parce qu'il avoit befoin d'efclaves. En effet, il les faifoit traiter avec une rigueur extrême. De foixante qu'il avoit embarqués fur un feul vaiffeau, dix-huit moururent de mifère dans le paffage de Négapatan à Batavia, & tous les autres tombèrent malades. L'auteur fut mis avec quelques officiers fur l'Ofdorpt, ce même navire où fa patience avoit été long-tems exercée. Ils y étoient au nombre

DES NAUFRAGES. 345

de quatorze, qui furent employés à la manœuvre comme simples matelots, à l'exception d'un capucin, nommé le père Guillaume, que les Hollandois accabloient continuellement de railleries & d'infultes, & qui les fouffroit avec une modération digne de fon caractère.

Ils furent conduits d'abord à Bengale, où les Hollandois ont un très-beau comptoir, dans un lieu que les habitans nomment Ongli, à trente lieues de l'embouchure du Gange (1). L'entrée de ce fleuve eft fi dangereufe, par la quantité de bancs de fable dont elle eft remplie, que les Hollandois après y avoir perdu un grand nombre de navires, ont été obligés d'attacher de toutes parts de groffes pieces de bois flottantes, pour faire connoître le danger. Cependant tous les bras du Gange peuvent recevoir entre ces bancs des navires de cinq & fix cens tonneaux. La ville de Bengale eft fituée fur le bord du fleuve, dans un lieu fertile & tempéré. Il n'y manque rien aux délices de la vie. Les manufactures & le travail continuel des habitans y jettent une autre forte d'abondance qui fait régner le luxe dans toutes les conditions. C'eft de-là que viennent les plus belles mouffelines de l'Inde, les riches tapis, les couvertures brodées & quantité d'étoffes précieufes. Le directeur Hollandois, qui eft logé & traité comme un roi, tire de ce commerce, pour la Compagnie & pour lui-même, un profit immense.

Les habitans du pays sont officieux pour les étrangers, & s'empressent même d'aller au-devant des vaisseaux; mais ils vendent cher leurs services, & le vol qu'ils exercent avec beaucoup d'habileté augmente encore leurs profits. La plupart sont de très-belle taille. Ils connoissent si peu la jalousie, qu'ils ne s'offensent point des libertés qu'un étranger prend devant eux avec leurs femmes. Les plus riches ont quantité d'esclaves, qu'ils ont droit de vendre, parce que ce sont ordinairement des pauvres qui leur donnent un droit absolu sur leur personne & sur leur vie, en se mettant volontairement à leur service. L'usage est même établi parmi les pauvres, de vendre leurs enfans, & jusqu'à leurs femmes, s'ils en trouvent l'occasion. Les femmes enfantent avec si peu de peine, qu'un quart-d'heure après l'accouchement, elles reprennent leurs fonctions domestiques. L'auteur qui paroît s'affectionner à leur éloge, ajoute qu'elles ont une propreté naturelle qui surpasse celle des Européennes.

Tous les peuples qui habitent les rives du Gange, croient ce fleuve sacré. Ils s'y baignent en famille, six fois le jour, dans l'opinion qu'il a la vertu de purifier le corps & l'ame; & la plupart ordonnent en mourant qu'on y jette leurs corps.

Pendant un mois de séjour que Lestra fit sur le Gange, il obtint la liberté de sortir & de se promener, à condition de revenir coucher chaque jour au soir sur le vaisseau. Il se rendoit ordinairement dans un village nommé Barnagor, où il délibéra plusieurs fois s'il ne profiteroit pas de l'occasion que la fortune lui offroit pour se mettre en liberté. Mais que seroit-il devenu dans un pays qu'il connoissoit peu, & sans espérance de rejoindre l'escadre françoise ?

Aussi-tôt que les navires hollandois eurent pris leur charge, le directeur de Bengale donna ordre au capitaine de rassembler tous les François, & de leur imposer des travaux pénibles jusqu'à Batavia. L'auteur fut embarqué sur *le Lausdun*, dont le capitaine étoit honnête-homme ; qualité rare, observe-t-il, sur les vaisseaux hollandois. Cet officier entendoit la langue françoise qu'il avoit apprise à Bordeaux. Il fit appeler les quatorze prisonniers qui lui étoient tombés en partage ; il leur fit des excuses sur les apparences de rigueur qu'il seroit obligé de prendre avec eux, parce qu'il avoit des ménagemens à garder avec ses maîtres & les gens de son équipage ; mais il leur promit son affection & des secours réels. En effet, il leur fit donner, outre la nourriture ordinaire, une provision d'eau-de-vie & trois porcs salés. Des manières si généreuses consolèrent beaucoup les François, & leur firent espérer quelque changement dans leur sort. Ils employèrent huit jours à descendre depuis Ongli jusqu'à l'embouchure du Gange, quoique le navire fût remorqué par deux barques longues nommées chelingues. Les détours du fleuve & ses bancs de sable rendent le danger continuel. Le Lausdun en fit une triste expérience.

Ils étoient très-heureusement arrivés à l'embouchure, & l'on n'attendoit qu'un vent favorable pour mettre à la voile, lorsque, le 17 Septembre 1672, il devint si contraire, que malgré toute l'attention des matelots, le vaisseau échoua sur un banc de sable. Le capitaine eut une double crainte dans cette disgrace; l'une, de faire naufrage; & l'autre, d'être attaqué par des Anglois qui avoient paru sur la côte avec quatre navires. Il donna promptement avis de son malheur au directeur du comptoir d'Ongli, qui dépêcha aussi-tôt une frégate de trente-six pieces de canon, commandée par Vander-Cam, homme sans foi & sans honneur. Ce secours rassura un peu les Hollandois, mais il ne put empêcher la perte du Lausdun. La marée & les lames d'eau l'élevoient de la hauteur d'une pique, & le laissoient tomber sur le banc, avec tant de violence que les mâts les plus forts & les hauts-bords furent brisés. Le capitaine, pénétré de douleur & les larmes aux yeux, cria plusieurs fois : Sauve qui peut, & sauve sans hardes ;...... ce qui causa beaucoup de confusion, parce que chacun voulut se jetter dans la grande barque qui n'avoit pas encore été retirée à bord. Les Hollandois repoussoient les prisonniers, & parloient de les laisser périr avec un grand nombre d'esclaves qu'on avoit achetés à Bengale. Mais le capitaine opposa son autorité à cette violence, & recommanda aux François de lui porter leurs plaintes si quelqu'un manquoit à l'obéissance jusqu'au dernier moment. Il ordonna même au père Guillaume de faire le devoir de son ministère. Ce vertueux capucin donna l'absolution à tous ceux qui voulurent la recevoir, malgré les railleries des matelots Hollandois qui s'efforcèrent de le pousser dans la mer, en criant aux François, qu'ils pouvoient mourir à présent, puisqu'ils étoient prêts, & que le père alloit leur montrer le chemin. Ainsi leur brutalité sembloit braver le péril. Cependant il étoit si pressant, que le marchand du navire ne put entrer dans sa chambre pour y prendre des sacs d'or, & qu'ayant exhorté l'équipage à se charger de ce précieux dépôt, personne n'eut la hardiesse d'accepter sa commission. Le navire étoit prêt à se fendre, & le capitaine qui l'avoit fait fonder en avoit averti tous fes gens. Il demanda inutilement du fecours, par quelques coups de canons, à un bot qui n'étoit éloigné que d'une demi-lieue, mais qui fe trouvoit arrêté par le vent contraire. Alors le marchand fe jetta dans la grande barque avec deux pilotes ; & s'étant faifi d'un fabre, il voulut empêcher tout l'équipage de s'y précipiter à fa fuite. Leftra y defcendit avec le père Guillaume & les autres François. Ils s'y trouvèrent extrêmement preffés par le nombre, qui montoit à cent-dix hommes. Le capitaine s'embarqua le dernier dans fa chaloupe, avec vingt-cinq hommes & les plus habiles nageurs, pour fe rendre comme les autres à bord du bot où le vent les portoit tous; mais il paroît qu'ils fe noyèrent.

Ce qu'il y eut de plus déplorable dans ce naufrage, ce fut la perte d'environ cent jeunes efclaves des deux fexes, tous entre dix-huit & vingt ans. La plupart des filles étoient proprement vêtues à la manière de Bengale, avec de longs pagnes de différentes couleurs, des colliers, des braffelets, & une forte de coëffure qui n'eft pas fans agrément. Elles fe couvrirent le vifage, & mêlant leurs prières à celles des garçons qui invoquoient le fecours de leurs dieux, cette malheureufe troupe fe jetta dans la mer, à l'exception de fept jeunes hommes qui fe mirent fur un mât de hune, à l'aide duquel ils gangnèrent avec des planches ufées qui leur fervoient de rames, une île du Gange; ils avoient paffé cinq jours & cinq nuits à la merci des flots, & fans autre nourriture qu'un peu de riz, que l'un d'entr'eux avoit emporté dans un fac pendu à fon cou.

Entre ces jeunes victimes du fort, on avoit diftingué dans le vaiffeau un garçon & une fille, dont l'auteur raconte l'hiftoire avec complaifance. Ils furpaffoient tous les autres en efprit & en beauté. Le miniftre du vaiffeau, qui les avoit achetés à fes propres frais, leur avoit remarqué plus de politeffe & de modeftie qu'il ne s'en trouve ordinairement dans leur condition. On ne donnoit pas plus de dix-huit ans au garçon, & de quinze à la fille. Ils s'aimoient. Leurs parens, qui les avoient vendus, fuivant la barbare coutume du pays, avoient obfervé de les vendre au même maître, pour leur accorder du moins la fatisfaction de n'être pas féparés dans leur infortune. Lorfque tous les autres efclaves, auxquels on n'avoit ouvert leur prifon qu'à l'extrémité, fe virent fans aucune efpérance de fecours, & qu'ils témoignoient leur défefpoir par des cris & des plaintes, ces deux amans s'entretenoient d'un air attendri, & fe faifoient des adieux fort touchans. L'efpérance d'être réunis dans une autre vie, fuivant les promeffes de leurs bramines, paroiffoit les occuper plus que le soin de leur conservation. Cependant après avoir vu que le plus grand nombre de leurs compagnons s'étoit jetté à la nage, & que d'autres avoient saisi plus habilement le secours des mâts, ils conçurent qu'ils pouvoient trouver quelque ressource dans le second de ces deux exemples. L'amant choisit ce qu'il jugea de plus propre à soutenir sa maîtresse; il l'aida heureusement à s'y placer, & tous deux arrivèrent à l'île, où les Hollandois n'eurent ni le tems ni le pouvoir de les faire entrer dans les chaloupes.

Le vent ayant changé le jour suivant, on s'approcha de la terre, où Lestra & les autres eurent la liberté de descendre pour attendre quelques navires faisant route à Batavia. Ils se reposèrent pendant quelques jours dans un petit village. Le père Guillaume se promenant dans les rues, fut agréablement surpris de se voir aborder par un Portugais qui lui baisa les mains & la robe, & qui le pria civilement d'accepter des rafraîchissemens dans sa maison. Lestra qui l'accompagnoit reçut la même invitation. Ils furent traités tous deux avec une abondance à laquelle ils ne s'étoient point attendus. Le Portugais, qui étoit un officier de sa nation, leur apprit que la guerre étoit déclarée entre la France, l'Angleterre & la Hollande; ce qui avoit obligé M. l'évêque d'Héliopolis, dans son voyage

au

DES NAUFRAGES. 353

au royaume de Siam où le zele apoſtolique le conduiſoit, de ſe refugier à Bellefore. Le père Guillaume ayant témoigné une vive paſſion de voir ce prélat, l'officier Portugais lui donna un bateau & un guide pour traverſer le Gange pendant la nuit. Il eut à Bellefore la ſatisfaction qu'il avoit deſirée.

Un navire nommé le Lion-rouge, qui avoit chargé de riches marchandiſes au comptoir d'Ongli, prit à bord les priſonniers François, & les rendit à Batavia le 6 de Janvier de l'année ſuivante. De Bengale en cette ville il n'y a que ſix cens lieues, mais la traverſée eſt difficile. Ils furent traités rigoureuſement pendant une auſſi longue navigation. Bien loin de trouver quelque adouciſſement à leur ſort, en arrivant au centre de la puiſſance Hollandoiſe, ils furent aſſemblés pour ſe voir aſſigner le fond d'une miſérable ſubſiſtance, qui conſiſtoit en huit double-ſous pour deux jours de nourriture, c'eſt-à-dire, dix-huit deniers par jour. Enſuite on les diſperſa quinze à quinze dans les navires du port, où ils furent aſſujettis à la manœuvre des matelots. Cependant les malades furent menés à l'hôpital de la ville. L'auteur qui s'étoit fait un ami de ſon nouveau capitaine, obtint la permiſſion de viſiter la ville, à condition de retourner le ſoir à bord, & de payer un ſoldat qui ne devoit pas le perdre de vue. Il avoit eu le bonheur de fauver affez d'argent pour fournir à cette dépenfe & à celle d'un honnête entretien.

La defcription qu'il fait de Batavia, n'ajoute rien à celle donnée par les voyageurs Hollandois. Il obferve que le gouverneur général des forces & du commerce de Hollande, fe nommoit Maffuère ; qu'il prenoit le titre de roi des Indes orientales, au lieu du titre ordinaire de général, & que la magnificence de fa cour répondoit à cette qualité. Il étoit alors âgé de foixante-dix ans ; ce qui ne l'avoit pas empêché d'époufer une jeune femme de feize ou dix-huit ans, que l'auteur vit paffer dans les rues de la ville, accompagnée d'une garde de quarante hommes à cheval : c'étoit une des plus belles perfonnes & des mieux faites qu'il eût jamais vues. Elle mourut en couche l'année d'après.

Ce fut pendant fon féjour à Batavia, que l'auteur eut la fatisfaction de voir la veuve du gentilhomme Breton dont on a lu plus haut les aventures. Elle étoit logée chez un marchand Portugais établi depuis long-tems à Batavia. Il lui apprit la mort de fon mari, comme il apprit d'elle la fuite de fes aventures depuis fon départ de Surate. Quoique fes chagrins & fes longs voyages l'euffent beaucoup changée, elle ne laiffoit pas d'être encore belle, & capable, ajoute Leftra, d'infpirer de l'amour à un cœur senfible. Le capitaine Hollandois n'étoit pas le feul qu'elle eût touché; mais pour demeurer fidelle à fon mari, elle n'avoit jamais voulu s'engager dans de nouvelles amours. Depuis fon arrivée à Batavia, elle avoit trouvé quelque accès auprès de la gouvernante, qui la tira de l'hôpital où le capitaine Hollandois l'avoit laiffée, & lui fit donner de quoi vivre honnêtement. L'auteur trouva tant de charmes dans fon entretien, qu'il ne paffa pas un jour fans la voir.

Une maladie, dont l'auteur fut attaqué à bord, l'obligea d'accepter les fecours de l'hôpital, qui lui furent offerts comme une faveur. Il y fut conduit fous la protection de fon capitaine, mais logé & nourri auffi mal qu'une troupe d'autres prifonniers François & Anglois qui étoient réduits au même fort, & qui le souffroient d'autant plus impatiemment, qu'ils voyoient les malades Hollandois fort bien traités. Deux médecins de l'hôpital, qui favoient la langue françoife, n'avoient pas même la liberté de leur parler en fecret. Leur unique foulagement venoit de quelques Indiens qui s'approchoient de la grille de leurs fenêtres pour leur vendre du fruit & du poiffon, dont ils étoient obligés de faire part à leurs gardes. L'incommodité qu'ils recevoient du nombre des malades & de la chaleur,

leur fit demander au gouverneur la permission de prendre quelquefois l'air, & de se baigner dans le canal qui borde le pied des murs. Ils obtinrent cette grace, après l'avoir sollicitée long-tems; mais seulement pour le matin & le soir, & pour huit prisonniers à la fois. Le gouverneur qui fut averti de quelque témérité de leur part, rétracta bientôt ses ordres. Alors plusieurs François, désespérés de cette rigueur, cherchèrent les moyens de sortir de leur prison en trompant la vigilance de leurs gardes.

Après avoir examiné la situation du lieu, les plus adroits firent un trou dans le mur, sous un lit; & dès la nuit suivante ils s'échappèrent au nombre de vingt, qui se rendirent heureusement à Bantam, cette ville n'étant éloignée de Batavia que de quatorze lieues. Ils s'y trouvèrent en sûreté, parce que le roi étoit ennemi des Hollandois, & que la Compagnie Françoise y avoit un comptoir. Mais le chef de leurs gardes, que d'autres François avoient enivré pour favoriser leur fuite, ayant été rigoureusement puni de sa négligence, ceux qui étoient restés se virent resserrés plus étroitement.

Cependant le tems calma cet orage; ils se trouvèrent assez libres pour tenter un second effort qui devoit les délivrer tous à la fois. Un autre trou qu'ils firent pendant la nuit, par un égoût qui pasfoit fous l'hôpital, leur ouvrit une voie fûre. Vingt-cinq d'entre eux étoient déja fortis, lorfque leurs gardes furent réveillés par le bruit. Leftra & ceux qui n'avoient pu fuir, fe hâtèrent de fe coucher & feignirent d'être endormis, tandis que les fugitifs ayant paffé le canal à la nage s'étoient arrêtés dans de grandes herbes pour y attendre leurs compagnons. La nouvelle de leur fuite répandit fi promptement l'alarme, que la garde étant fortie avec des flambeaux, les trouva dans cette retraite. Ils furent dépouillés, outrageufement traités, & conduits nuds dans des cachots. La plupart avoient de l'argent & quelques hardes, qui demeurèrent aux Hollandois. On leur fit la grace de les conduire le lendemain à l'hôpital, mais défigurés de coups & de fatigue. Cette difgrace n'empêcha point quelques-uns d'entr'eux de faire une troifième tentative qui n'eut pas de fuccès.

Le général Maffuère, irrité de tant d'entreprifes téméraires, fe fit amener les principaux officiers François. Il leur demanda ce qui pouvoit les porter à ces réfolutions défefpérées. Il leur promit qu'ils feroient mieux traités. Mais apprenant d'eux que rien ne pouvoit les faire renoncer au defir naturel de la liberté, il fut choqué de cette réponfe; & les ayant renvoyés dans leur prifon, il les y fit nourrir pendant quelque tems au riz & à l'eau.

L'auteur ne doute pas que ce ne fût pour se venger de tant d'obstination, qu'il fit embarquer quatorze François dans un navire chargé de chaux & de pierres qu'il envoyoit au cap de Bonne-Espérance, avec ordre de les y employer au travail des fortifications. Ce navire échoua sur un banc de sable à trente lieues du Cap. Comme la terre n'étoit pas éloignée, les François se sauvèrent à la nage ou sur des planches; mais ils se trouvèrent dans des bois remplis de bêtes farouches, où leur vie fut plus exposée que dans le péril qu'ils venoient d'éviter. Quelques-uns furent dévorés; d'autres n'évitèrent ce sort qu'en montant sur des arbres, où la peur & la faim les mirent dans un autre danger. Un Hollandois qui avoit sauvé son fils à la nage en le portant sur ses épaules, ne put le défendre des bêtes qui le dévorèrent à sa vue. Le chirurgien du navire le Phénix fut tué par un éléphant. Enfin, de quatorze François, il n'y en eut que huit qui arrivèrent au cap de Bonne-Espérance. Ils y furent mieux traités qu'ils ne se l'étoient promis. Le gouverneur du Cap refusa de les soumettre au travail des esclaves, & prit le parti de les renvoyer à Batavia.

Leur captivité comme celle des autres prisonniers François fut prolongée jusqu'à la fin de l'année 1674. Ils étoient encore au nombre de quatre-vingt-dix-huit, qui furent embarqués fur une flotte de fept vaiffeaux que le général Maffuère faifoit partir pour Amfterdam, & qui furent également diftribués dans chaque bord. Cette flotte fortit de la rade de Batavia le 17 de Novembre. Elle arriva le 15 de Février 1675 au cap de Bonne-Efpérance, fans avoir eu un feul jour de mauvais tems. Les capitaines Hollandois refufèrent à leurs prifonniers la liberté de defcendre au rivage, dans la crainte qu'ils n'obfervaffent les nouvelles fortifications. Il étoit arrivé depuis peu au Cap un nouveau gouverneur, qui entre plufieurs ordonnances avoit défendu, fous peine de mort, les combats à coups de couteau. Cette loi fut violée par quelques matelots de la flotte, & les coupables s'étant fauvés à bord, on fit d'inutiles recherches pour les foumettre au châtiment. Le gouverneur irrité contre tous les équipages, qui vouloient dérober le crime à la juftice, fit défenfe à tous les colons du Cap de leur fournir de l'eau & des vivres. Pendant trois jours que cette ordonnance fut exécutée avec rigueur, toute la flotte fouffrit beaucoup, & les prifonniers François furent expofés à périr de faim & de foif. On remit enfin les criminels aux officiers du gouverneur, & l'abondance fut bientôt rétablie.

Le refte du voyage n'eut rien de remarquable que la frayeur des Hollandois, en apprenant d'un vaiſſeau anglois vers le banc de Terre-Neuve, qu'on avoit vu paſſer depuis quelques jours dans cette mer deux eſcadres françoiſes. L'amiral, nommé Corneille Fauconnier, ne put cacher ſes alarmes. Sa femme qui revenoit avec lui du Tonquin, tomba évanouie au ſeul récit des Anglois; leur crainte étoit pour d'immenſes richeſſes qu'ils avoient amaſſées dans le commerce des Indes. Tous les matelots Hollandois renouvellèrent leurs perſécutions contre les priſonniers, & les menacèrent de les précipiter dans les flots s'ils avoient le malheur de rencontrer l'armée françoiſe. Leſtra & ſes compagnons, qui ſe trouvoient dans le vaiſſeau de l'amiral au nombre de quatorze, faiſoient des vœux au ciel pour la rencontre des navires de leur nation. Ils étoient réſolus de ſe défendre ſi l'on entreprenoit de les outrager, & de concert ils avoient déja formé le deſſein de mettre le-feu aux poudres. D'un autre côté, ils eſpéroient qu'un combat entre les deux eſcadres les mettroit en état de ſe dédommager avantageuſement de toutes leurs pertes. L'amiral Hollandois étoit ſi chargé de richeſſes, que ce ſpectacle ſeul étoit capable de les tenter. Leur eſpérance augmenta beaucoup, lorſqu'ils entendirent crier du haut des mâts: Navire! navire! & leur joie fut proportionnée à la crainte des Hollandois. Mais on ne découvrit à la portée du canon qu'un corsaire de Hollande, qui venoit des îles de l'Amérique, & qui falua humblement l'amiral.

L'auteur perdit, dans le cours de fa navigation un des compagnons de fon fort, avec lequel il s'étoit lié d'une amitié fort étroite. Non-feulement il exprime fes regrets en homme fenfible; mais les croyant juftifiés par le mérite de celui dont il pleure la perte, il s'étend fur fon mérite & fur fes avantages. *Saint-Albert*, c'eft le nom qu'il lui donne, joignoit à la figure la plus noble toutes les qualités d'une belle ame. Il n'avoit jamais connu fon père ni fa mère. En fortant de l'enfance, il avoit paffé quelques années au college de la Fleche, d'où il n'étoit forti que par le chagrin d'entendre dire publiquement que fa naiffance n'étoit pas légitime, & qu'il étoit fils d'une dame dont le mari avoit été tué deux ou trois ans avant qu'elle l'eût mis au monde. Un confeiller du Parlement de Paris, qui avoit payé jufqu'alors les frais de fon entretien, le rappela près de lui; mais ce fut pour lui déclarer que fon père & fa mère étant inconnus & ne lui ayant laiffé aucun bien, tout ce qui lui reftoit à faire pour lui étoit de le prendre à fon fervice en qualité de laquais. Saint-Albert rejetta cette offre avec indignation; il sortit à l'instant, & se trouvant sans aucune ressource, pressé d'ailleurs par la faim, il entra dans l'église des Feuillans, où une dame à qui il demanda noblement l'aumône, parut fort touchée de sa situation; elle le prit dans son carosse. Les éclaircissemens qu'elle reçut de lui achevèrent d'échauffer sa pitié. Elle lui fit continuer ses études, après lui avoir déclaré qu'elle le destinoit à l'état ecclésiastique. Il en prit l'habit, & son application répondit aux espérances qu'il lui avoit fait concevoir de ses talens naturels. Mais après avoir fini son cours, il se sentit si peu d'inclination pour l'église, que dans la crainte d'irriter sa bienfaitrice, il prit le parti de quitter Paris sans lui dire adieu.

Son dessein étoit de passer en Italie, où les troubles de Naples attiroient un grand nombre d'aventuriers. L'argent lui ayant manqué à Turin, il écrivit à la même dame dont il avoit éprouvé si long-tems la générosité. Elle ne lui fit point de réponse. Mais lorsque le désespoir commençoit à lui inspirer des idées funestes, il reçut un secours qu'il ne put attribuer qu'à elle. Un François, domestique d'un ambassadeur qui étoit en chemin pour Rome, vint lui dire qu'il avoit ordre de le présenter à son maître. Il se laissa conduire, sans demander plus d'explication. L'ambassadeur parut satisfait de le voir, & le prit à sa suite en qualité de gentilhomme. L'argent qu'il reçut, & l'affection avec laquelle on continua de le traiter, lui firent connoître qu'il étoit bien recommandé. Cependant sa fortune dura peu. Il eut le malheur de plaire à l'ambassadrice ; le mari qui s'en apperçut poussa la jalousie jusqu'à le faire mettre dans un cachot où il demeura jusqu'à la fin de l'ambassade. Retombant alors dans la misère, il se rendit à Naples, où M. de Guise s'étoit jetté depuis quelques mois. Il fut pris par les Espagnols, & conduit en Espagne avec d'autres prisonniers. Après y avoir passé quelque tems dans une prison, il obtint la liberté de s'embarquer pour la Flandre. Une grande maladie l'obligea de s'arrêter à Bruxelles, tandis que ses compagnons retournoient en France. Diverses lettres qu'il avoit écrites à la dame qui avoit pris soin de son éducation, & qu'il avoit quelquefois eu la pensée de croire sa véritable mère, ne lui ayant pas fait obtenir de réponse, il se vit bientôt sans autre ressource que l'hôpital.

Entre plusieurs dames que la charité portoit à visiter les hôpitaux de Bruxelles, il s'en trouva une sur qui la figure de Saint-Albert fit une si forte impression, qu'après avoir commencé par lui faire une aumône de cinquante écus, elle n'épargna rien pour hâter le rétablissement de sa santé. Ce penchant devint une paſſion violente, lorſque l'ayant vu dans un autre état, elle trouva dans l'objet de ſa charité un homme de bonne mine, qui avoit infiniment d'eſprit, qui parloit de tout avec une grace admirable, & qui ſe faiſoit diſtinguer par un air de qualité répandu dans toute ſa perſonne. Elle ſacrifia tout à l'amour. Après l'avoir laiſſé entrevoir à Saint-Albert, la crainte de le perdre lui fit prendre le parti de l'épouſer ſecrétement.

Cependant un reſte de raiſon lui ayant fait comprendre qu'il ne pouvoit ſoutenir long-tems à Bruxelles le rôle d'un ſeigneur François ſorti des priſons d'Eſpagne, ſous lequel il avoit paru en ſortant de l'hôpital, elle partit avec lui pour Madrid, où ſa famille tenoit un rang conſidérable. Enfin, leur mariage ayant été découvert, il ſe vit expoſé à toutes ſortes de dangers. L'aſſaſſinat & le poiſon furent employés ſucceſſivement. Il fut bleſſé pluſieurs fois, & ſa valeur l'ayant toujours dégagé, il n'en eut pas moins la honte de voir caſſer ſon mariage par le crédit d'une famille puiſſante qui ne perdit pas enſuite un moment pour le faire enlever. Il fut mis dans un vaiſſeau qui partoit pour les Indes, & dont le capitaine s'étoit engagé à l'abandonner dans quelque île déſerte. Une tempête qui inſpira des ſentimens plus doux à ce barbare officier, fit obtenir à Saint-Albert la vie & la liberté. Il essuya quantité d'autres aventures, jusqu'à l'âge d'environ cinquante ans, qu'après avoir servi les Hollandois & reçu d'eux la permission de retourner en Europe, il mourut fort chrétiennement entre les bras de l'auteur.

Tous les François qui avoient été renvoyés sur la même flotte arrivèrent heureusement au Texel, d'où ils furent conduits dans une barque longue au port d'Amsterdam. Les directeurs de la Compagnie des Indes eurent la curiosité de les voir, & pour leur faire perdre le souvenir de leurs souffrances, ils leur donnèrent à chacun huit ducats, avec des passe-ports jusqu'à Dunkerque. Lestra, guéri de la passion qu'il avoit eue pour les voyages, n'eut plus d'ardeur que pour se retirer dans sa maison, où il arriva le premier Août 1675.

NOTES.

(1) LE GANGE, grand & célebre fleuve de l'Asie, dans l'Indostan. C'est le plus oriental de cette vaste contrée. Sa source est dans les montagnes qui bordent le petit Thibet au sud-est. Il coule du nord au sud & traverse plusieurs royaumes. Ses

eaux font légères & très-faines ; le Grand-Mogol n'en boit point d'autres.

On compare le Gange au Nil, avec lequel il a beaucoup de rapport, foit parce qu'il nourrit, ainfi que lui, des crocodiles, foit par fes inondations en certains tems de l'année, fur-tout dans le royaume de Bengale, où le limon qu'il répand fur les terres les fertilife extrêmement. D'immenfes marais bordent ce fleuve ; ils font peuplés de crocodiles dont quelques-uns font monftrueux ; des voyageurs modernes rapportent qu'on en a pris qui avoient foixante pieds de longueur, en comprenant la queue, qui pour l'ordinaire a autant d'étendue que le refte du corps. Les Indous idolâtres ont beaucoup de dévotion pour le Gange, ils croient que fes eaux ont la vertu d'effacer entièrement les péchés. Dans leurs maladies ils demandent avec inftance de mourir fur fes bords ou dans fes flots.

On ramaffe dans le fable du Gange des paillettes d'or & des pierres précieufes. Ce fleuve fe jette par deux embouchures dans le golfe de Bengale, près de la ville de Chatigan.

N.º 14.

RELATION

Du Naufrage d'une Frégate Espagnole, sur les Côtes de la Nouvelle-Espagne, *entre l'île* del Cagno *& le Port de* la Caldera, *mer du Sud, en* 1678.

Publiée par le LIONNEL WAFFER (*).

AVANT-PROPOS.

LIONNEL WAFFER, chirurgien Anglois, étoit un des compagnons de Guillaume Dampierre, voyageur très-estimé, & regardé de son tems comme un des plus habiles & plus expérimentés marins.

___

(*) Fameux voyageur du dix-septième siecle. On a de lui une Description intéressante & très-exacte, de l'Isthme de Darien, qu'il avoit parcouru deux fois. Cette contrée étoit fort peu connue avant lui.

Il l'accompagna dans l'entreprise formée en 1680, par une compagnie de Flibustiers Anglois de trois à quatre cens hommes, pour traverser l'istme de Darien, & piller les villes & habitations espagnoles qui se trouveroient sur leur passage. Waffer étoit aussi avec lui à la prise de la ville de Sainte-Marie, & à ces différentes incursions, dont Ringrosse fait le détail dans la quatrième partie de son histoire des Boucaniers.

Nous ne nous attacherons point à suivre Waffer dans toutes les expéditions auxquelles il a eu part, & qui sont décrites dans l'histoire des courses de Dampierre : nous nous bornerons seulement au récit du naufrage d'une frégate espagnole, qu'il a inséré dans la relation de ses voyages. Les circonstances de cet événement y sont rapportées d'une manière à intéresser le lecteur le plus indifférent.

Waffer, dégoûté de la vie errante qu'il menoit depuis 1677, avoit résolu de se fixer en Virginie ; mais les troubles qui s'y élevèrent le déterminèrent à revenir en Angleterre : il y arriva en 1690.

Quelques jours après son arrivée à Londres, il rencontra dans cette ville le capitaine d'une tartane espagnole qui avoit été prise par un vaisseau anglois sur les côtes de Carthagène en Amérique,

que, & conduit à l'île de la Sonde, une des îles Sambales ou Sambaloés, fur la côte de l'ifthme de Darien, entre Carthagène & Porto-Belo, dans la mer du nord de l'Amérique feptentrionale. Ces îles étoient le rendez-vous des Flibuftiers, & fort commodes pour caréner leurs vaiffeaux, lorfqu'ils infeftoient les côtes de la nomination Efpagnole, fur la fin du dix-feptième fiecle, Waffer, après fon paffage de l'ifthme de Darien y avoit vu cet officier Efpagnol, & s'étoit lié avec lui d'une étroite amitié, il l'avoit auffi guéri d'une bleffure confidérable. Ce capitaine étoit brave & fort inftruit, parlant très-bien l'Anglois. L'armateur qui l'avoit pris l'avoit depuis conduit à Londres, pour en tirer une forte rançon, attendu que fa famille étoit une des premières & des plus riches de Lima : il étoit encore à Londres au retour de Waffer en Angleterre, attendant impatiemment la remife de la fomme fixée pour fon rachat.

« Nous fûmes bien aifes de nous revoir à Lon-
» dres (*), dit Waffer avec fa naïveté ordinaire,
» nous nous entretînmes de nos voyages; & s'il
» parut prendre quelque plaifir à m'entendre, j'en
» eus bien davantage à l'écouter. Il me raconta

_____

(*) Voy. les pages 49 & 252 de fes Voyages.

Tome II. Aa

» entr'autres chofes, comment il avoit fait nau-
» frage près du port de la Caldera, en 1678. La
» relation qu'il m'en fit me parut si curieuse, que
» je le priai de me la remettre par écrit. Il ne
» voulut pas me refuser cette satisfaction. Je crois
» que le public ne me saura pas mauvais gré de
» lui en faire part ».

Ecoutons parler le capitaine Espagnol lui-même dans la relation de son naufrage; Waffer la rend dans les propres termes qu'elle lui a été donnée.

« Je sortis de Lima, capitale du Pérou, en 1678, pour me rendre à Callao, & m'y embarquer sur une frégate que je devois commander. Elle étoit chargée de farines, de fruits, d'un grand nombre de caisses & de confitures seches & liquides pour Panama, où nous arrivâmes fort heureusement le six Mai, deux jours avant la Pentecôte. De-là, voulant aller prendre des marchandises à la Caldera, port de la Nouvelle-Espagne, situé dans la province de Costa-Rica, évêché de Nicaragua, j'en pris la route avec divers passagers que j'avois sur mon bord. Nous mîmes à la voile le 10 de Mai, & croyant arriver, comme à l'ordinaire, en moins de neuf jours à la Caldera, nous nous trouvâmes au bout de quinze obligés de jetter l'ancre à l'embouchure du Manglarés, qui defcend de Chiriqui, haute montagne fameufe par fes mines d'or. Là je defcendis avec quelques perfonnes de l'équipage, pour me fournir des provifions qui commençoient à nous manquer. Tout le monde convenoit que le trajet que nous avions à faire étant fort court, il fuffifoit d'en prendre pour huit jours; mais à tout événement, j'en pris fur mon compte pour un mois : ces provifions confiftoient en veaux, cochons, volailles, & en maïs, avec quelques fruits du pays.

» Nous étant remis en mer, nous fûmes extrêmement battus des flots durant les huit jours qui devoient fuffire, à notre compte, pour arriver au port où nous voulions nous rendre. Le neuvième, fur les quatre heures du foir, nous fûmes affaillis d'une furieufe bourafque; & fans pouvoir nous en défendre, l'orage & la marée nous pouffèrent fur une côte fi remplie d'écueils, que fi nous euffions été jettés une portée de moufquet plus avant, le vaiffeau fe feroit indubitablement brifé en mille pieces, & nous aurions tous péri, n'y ayant aucune plage fur cette côte hériffée de rochers. Pour nous délivrer d'un danger fi preffant, nous jettâmes au plutôt la chaloupe en mer, & nous tâchâmes de remorquer la frégate en pleine mer, à l'aide de huit rameurs des plus vigoureux. Nous y travaillâmes avec tant de concert & de diligence, que nous réussîmes. La tempête & les efforts que nous avions faits pour nous tirer de ce dernier péril, nous avoient fort fatigués ; aussi nous tombâmes dans une si grande nonchalance, que vers le minuit, sans savoir comment, le vaisseau, par la mauvaise garde qu'on y faisoit, passa parmi des écueils, & porta sur l'un d'entr'eux, en glissant avec tant d'impétuosité, que tous les sabords du côté de bas-bord en furent brisés.

» Au bruit que nous entendîmes, nous nous crûmes perdus, nous imaginant avec assez de raison que la quille avoit touché; mais nous ne pûmes nous en éclaircir sur le champ, parce qu'il faisoit une obscurité à ne pouvoir rien discerner. La persuasion où nous étions nous fit passer le reste de la nuit dans la plus grande inquiétude, quoique l'orage se fût dissipé. Heureusement le jour étant venu, nous connûmes que nous avions eu plus de peur que de mal. Le vent ayant alors paru favorable, je fis rehausser les voiles ; mais nous n'en jouîmes pas long-tems, car dans les quatre jours suivans il changea plus de six fois. Enfin, après avoir bien tournoyé de côté & d'autre, nous nous retrouvâmes à l'embouchure de la même rivière où nous avions renouvellé nos provisions.

» Tous les passagers n'en furent pas si fâchés

qu'ils l'auroient été dans une autre conjoncture, parce que les vivres leur ayant manqué, il y avoit déja trois jours qu'ils ne se nourrissoient que de la petite part que je leur faisois de mes provisions. Il fallut donc mettre pied à terre une seconde fois. De peur de retomber dans le même inconvénient, ils se munirent pour quinze jours de la même espèce de vivres, & apportèrent aussi plusieurs fruits de platane, qui sont fort délicieux quand ils sont mûrs ; étant cuits sous la cendre chaude, ces fruits servent de pain dans la nécessité, & ne sont pas d'un mauvais goût. Pour moi, je pris encore des provisions pour un mois, aimant mieux en avoir de reste, que de m'exposer à en manquer.

» Nous remîmes donc à la voile, & nous allâmes à la pointe du cap de Borica ; mais nous n'en fûmes pas plus avancés, car il survint un calme qui nous retint vingt-deux jours en cet endroit : il duroit depuis l'aube du jour jusqu'au coucher du soleil, & alors un petit zéphir s'élevant, nous faisoit naviger pendant toute la nuit avec un tems assez favorable ; mais les courans contraires qui regnent sur ces côtes, nous faisoient plus reculer en une heure que nous n'avions avancé en six. Aussi-tôt que le jour commençoit à paroître, l'homme qui veilloit à la hune, s'écrioit, avec des démonstrations de joie : Terre ! Terre ! mais le jour devant plus grand, chacun reconnoiſſoit que cette terre étoit la pointe de Borica, d'où nous étions partis à l'entrée de la nnit ; ce qui nous mettoit au déſeſpoir.

Cependant, comme nous ne pouvions remédier à ce malheur, nous tâchions de nous en conſoler en nous occupant à diverſes choſes ; les uns à la pêche, les autres à la lecture ; d'autres ſe baignoient dans la mer. Dans cette triſte ſituation, nous paſſions tous la plus grande partie du tems à nous entretenir de notre infortune, tantôt en nous lamentant outre meſure, & tantôt ne pouvant nous empêcher d'en rire. Nos vivres ſe conſumoient pendant un ſi long calme ; nous nous vîmes donc dans la néceſſité de faire une troiſième deſcente. J'étois d'avis que nous retournaſſions à Panama ; mais le pilote & les mariniers aſſurant qu'avec le moindre vent favorable nous arriverions en quatre ou cinq jours à la Caldera, j'eus la complaiſance de céder à leur ſentiment. Nous revirâmes donc & allâmes renouveller encore nos proviſions à l'embouchure de notre fleuve de Chiriqui. Nous en prîmes plus que les autres fois, après quoi nous étant remis en mer, nous arrivâmes en huit jours de navigation à la vue de l'île del Cagno ; les matelots ſe flattoient qu'en deux jours nous nous rendrions au port tant deſiré de la Caldera.

» Mais les hommes font fujets à fe tromper dans leurs jugemens; il arriva que le ciel qui étoit clair & ferein, changea tout-à-coup. Le foleil venoit de fe coucher, lorfque le pilote fit baiffer les voiles, craignant la tempête dont nous menaçoit une petite nuée qui s'approchoit : elle ne fut pas plutôt fur nous, que s'étendant & ouvrant fon fein, elle verfa fur la frégate des torrens de pluie, éclairant & tonnant d'une manière à caufer de l'épouvante aux plus intrépides. Il fe faifoit un mélange de lumière & d'obfcurité, qui nous frappant d'horreur, ne laiffoit pas de nous aider en quelque forte, parce que les éclairs qui nous environnoient de toutes parts, nous éclairoient à faire la manœuvre. Nous nous fatiguions cependant, fans que cela nous fervît beaucoup ; nous prîmes donc le parti de laiffer voguer notre miférable bâtiment au gré du vent & des eaux.

» Enfin l'orage ceffa avec le jour ; mais comme il étoit encore trouble, & que la même nuée nous couvroit toujours, nous ne pouvions nous promettre du beau tems. Le pilote voulut tâcher de découvrir à quelle hauteur nous étions ; mais quelques obfervations qu'il pût faire fuivant les regles de fon art, il ne connut rien, pas même par conjecture. Je le fis appeler dans ma chambre, & lui demandai fi nous ne ferions pas mieux de chercher sur la côte quelque lieu sûr & qui fût à couvert du vent & de la marée, pour nous y retirer jusqu'au retour du beau tems, plutôt que de nous opiniâtrer à errer ainsi à l'aventure, dans l'incertitude & le danger d'un orage qui pourroit enfin causer notre perte. Le pauvre homme, les larmes aux yeux, ne put me répondre autre chose, sinon que ses péchés étoient sans doute la cause du mauvais succès de notre voyage, & qu'il ne savoit que faire, parce que les matelots ne vouloient plus lui obéir. Je les fis appeler, & les ayant questionnés, ils répondirent tous qu'ils croyoient être fort proche de la Caldera, comme on pourroit le recontre dès que le ciel se découvriroit.

» Dans cette espérance, nous continuâmes de croiser de côté & d'autre sur la même hauteur, durant cinq jours. Le sixième parut serein & tel qu'on le pouvoit souhaiter; alors le pilote observa le soleil & sa boussole; il nous assura que nous n'étions certainement qu'à dix lieues du port, & que bientôt nous découvririons la terre. Nous déployâmes aussi-tôt toutes les voiles; néamoins nous navigeâmes jusqu'à la nuit sans l'appercevoir. Le lendemain matin il persista encore dans son sentiment, jusqu'à midi qu'il découvrit de hautes montagnes, qu'il fut près de deux heures à pouvoir reconnoître. Enfin, après les avoir bien observées, il dit avec beaucoup de trouble & d'altération, que c'étoient les montagnes de Chiriqui, où les courans nous avoient encore rejettés.

» Il n'eſt pas concevable quel fut le chagrin de tous les paſſagers, quand ils apprirent cette déplaiſante nouvelle. Ils firent des imprécations contre le pilote & contre moi, & nous eûmes aſſez de peine à calmer leur colère. Je leur propoſai encore de retourner à Panama, où nous pouvions nous rendre en cinq jours ; mais ces paſſagers, dont la plupart avoient des charges ou des affaires importantes dans la province de Coſta-Rica, repréſentèrent qu'il ne falloit pas ſe rebuter, que nous n'avions qu'à nous repoſer quatre ou cinq jours en cet endroit, qui, malgré la quantité de moucherons qui s'y trouvoit, ne laiſſoit pas d'être agréable, & qu'enſuite nous pourrions continuer notre navigation avec plus de bonheur. Le pilote venant à l'appui de la propoſition, plus hardi ou plus effronté que jamais, jura qu'il arriveroit au port de la Caldera avant qu'il fût cinq jours, ou qu'il y brûleroit tous ſes livres. Je me rendis, & nous allâmes nous repoſer à Chiriqui pour la quatrième fois. Nous y demeurâmes ſix jours, pendant leſquels nous nous rafraîchîmes & mangeâmes force oranges, tant aigres que douces, que nous trouvâmes ſur la côte de la montagne. Puis nous étant encore munis de vivres, nous mîmes à la voile, comptant déja quatre-vingt-un jours depuis notre départ de Panama.

» Le lendemain il s'éleva un vent si gai, qu'avec une partie des voiles seulement nous crûmes avoir fait une des plus grandes journées de toute notre navigation ; mais le jour d'après le ciel se couvrit, le vent cessa, & le plaisir que nous avions ressenti d'aller si vite fut bien diminué, quand nous nous apperçûmes au bout de douze jours que nous n'avions pas fait beaucoup de chemin ; les courans contraires nous faisoient presqu'autant reculer la nuit que nous avions avancé le jour. Cependant les provisions se consumèrent, & nous n'étions plus à Chiriqui pour en prendre de nouvelles. Enfin, la nécessité vint à un point, que n'ayant plus pour nourriture qu'un peu de maïs qui étoit dans l'auge aux cochons, ce désagréable mets, reste d'aussi vilains animaux, fut partagé entre nous à portions égales ; cela étant consumé, il fallut composer une capilotade des membres coriaces d'un vieux barbet qui avoit fait jusques-là mes délices. Tout l'équipage se jetta avec avidité sur cette mauvaise galimafrée, & chacun n'en eut pas sa suffisance.

» Le jour suivant, on prépara un nouveau repas d'un cuir de taureau qui avoit servi de couche à mon chien, & qui par fa mort étoit devenu un meuble inutile. On le fit bouillir long-tems à gros bouillons, jufqu'à ce qu'il fût converti en une efpece de colle noirâtre, qui ne prévenoit pas fort les yeux en faveur du goût. Mais loin d'en être dégoûtés, notre faim étoit devenue fi dévorante, que nous en mangeâmes avec autant d'appétit que fi c'eût été de la gelée formée du fuc des viandes les plus exquifes. Ce même jour, un matelot Negre ouvrit fon coffre, & de deux platanes qu'il y avoit ferrés, il en mangea un, pelure & coque, enfuite il vint en grand fecret me préfenter l'autre, me priant de lui en donner feulement la coque ; auffi-tôt qu'il l'eut, il la dévora avidement, de crainte que quelqu'un ne furvînt pour la lui arracher. L'équipage étoit fuffifamment pourvu de vin ; auffi l'ufage immodéré qu'on en avoit fait n'avoit pas peu contribué au mauvais gouvernement de la frégate.

» Voyant que les principaux matelots, & furtout le pilote, ne favoient plus que faire, & que tant de fautes avérées de leur part leur avoient bien fait perdre de ces airs d'affurance avec lefquels ils avoient prétendu m'en impofer fur leur capacité, je les pris en particulier ; je les confolai, je les encourageai dans les termes les plus affectueux que je pus choifir. Je n'eus pas de peine à les porter cette fois-là à chercher la terre, de tous les côtés qu'ils croiroient la trouver ; ils y étoient si déterminés, que si nous eussions rencontré des terres peuplées par des sauvages Indiens, qui sont ennemis irréconciliables de toute la nation Espagnole, ils y auroient abordé avec joie, pour nous tirer de la cruelle extrémité où nous nous trouvions. Quelques-uns d'entre nous veillèrent toute la nuit, pour observer s'ils ne découvriroient point quelque montagne qui nous indiquât notre route.

» A la pointe du jour, par un bonheur inespéré, on nous cria de la hune : Voile ! Voile ! Cette voix répandit une si grande joie dans tout l'équipage, que sans songer à rendre à Dieu les graces que nous lui devions, nous nous mîmes tous à crier avec confusion : « Arrive, arrive ! hausse » les voiles ! abaisse celle-ci ! monte vîte ! » Enfin, après nous être fait d'un navire à l'autre tous les signes qu'on a coutume de se faire quand on se veut joindre, nous nous abordâmes. Le capitaine du vaisseau, qui étoit un Mexiquain de ma connoissance, n'eut pas plutôt su que je commandois la frégate, qu'il fit jetter l'esquif en mer pour me venir offrir ses services. Après les premiers complimens, il m'apprit que nous étions auprès de l'île del Cagno ou du Chien, sur la côte méridionale de l'isthme de l'Amérique, à l'extrémité de la province de Costa-Rica dans la mer du Sud ; elle n'est qu'à une lieue du continent, sous le huitième degré trente-cinq minutes de latitude septentrionale ; elle est inhabitée. Nous résolûmes d'y relâcher ensemble pour nous y reposer.

» Dès que dom Louis de Legnarès, c'étoit le nom du capitaine Mexiquain, fut informé de la pressante nécessité où nous étions, il fit porter aussi-tôt avec beaucoup d'empressement dans la frégate de la volaille, du pain, des fruits & autres rafraîchissemens capables de rétablir nos forces épuisées, & de nous faire perdre le mauvais goût du vieux barbet & de sa couche. Nous descendîmes enfin dans l'île, où nous dînâmes sous l'ombrage frais de quelques platanes situés sur les bords d'un agréable ruisseau qui se déchargeoit à quelques cens pas de-là dans la mer. Le bâtiment de dom Louis n'étant chargé que de vivres, de fruits & d'autres provisions qui devoient être vendus à Panama, les passagers de la frégate & mes matelots eurent de quoi choisir pour leur argent. Ils en prirent seulement pour quatre jours, sur l'assurance qu'ils se donnèrent à eux-mêmes, qu'en deux ou trois ils arriveroient à la Caldera. Pour moi, je fus pourvu gratuitement par dom Louis, de toute sorte de volaille, de fruits, biscuits, conserves, chocolat, & d'autres choses de régal ; & quelques instances que je pusse faire pour les lui payer, jamais il n'y voulut confentir, en me difant, que quelque jour je pourrois bien lui rendre la pareille.

» Nous demeurâmes le refte du jour dans cette île délicieufe, où nous eûmes bien du plaifir. A l'entrée de la nuit chacun rentra dans fon vaiffeau, à l'exception de dom Louis, qui voulut paffer la nuit dans le mien. Il me divertit infiniment par la douceur de fa voix, qu'il favoit conduire avec beaucoup de méthode & d'agrément, & par l'enjouement de fa converfation. Comme nous ne pouvions pas toujours être enfemble, il fallut nous féparer le lendemain, ce que nous fîmes fur les dix heures du matin, après bien des embraffades & mille proteftations de fervices.

» Chaque vaiffeau ayant repris fa route, le mien navigea avec tant de bonheur, que le jour fuivant, fur les fept heures du foir, nous apperçûmes ce port tant defiré qui jufques-là fembloit ne devoir jamais paroître à nos yeux. Ce ne fut plus que réjouiffances dans l'équipage, chacun avoit peine à modérer fa joie. Pour moi, j'en fus fi tranfporté, que je fis préfent à mes matelots d'un quartaut de vin qui péfoit environ quatre-vingt-dix livres, & un marchand Génois qui étoit fur mon bord, leur en donna autant. Les matelots étoient dans une trop belle difpofition pour remettre au lendemain à faire ufage d'un préfent fi fort de leur goût, ils en firent l'essai sur le champ, & trouvant le vin excellent ils commencèrent à faire le service de Bacchus. Le pilote qui étoit à leur tête, les encourageoit par son exemple. Ils s'en acquittèrent si bien, que de brindes en brindes, & à force de se faire raison les uns aux autres, les quartauts furent mis sur le cul en peu de tems. Mais leur cervelle en fut troublée.

Le marchand Génois, craignant que la manœuvre n'allât pas bien, s'avisa fort prudemment d'aller se poster entre le pilote & celui qui tenoit le gouvernail sous ses ordres, parce qu'il avoit remarqué que le premier, étendu sur sa chaise & passablement ivre, gouvernoit de mémoire, comme se trouvant à la vue d'un port connu. Ce marchand se mit donc entr'eux à égale distance pour répéter les commandemens du maître au valet, & servir comme de véhicule à sa voix. Cet excès de précaution nous perdit : car le pilote ayant crié au timonnier ; *norouefte, au norouefte*, qui étoit effectivement la route qu'il falloit tenir pour aller au port de la Caldera, le marchand Génois, qui étoit begue & qui ne parloit pas bon Espagnol, au lieu de dire, *al norouefte*, comme le pilote disoit, cria en bégayant : *al nornorouefte*, qui est un autre vent. Le timonnier entendant cette voix, & la croyant de son maître, prit sans hésiter le chemin du nord-nord-ouest; ce qui l'éloignant du port, l'approchoit de la côte.

» Pendant ce tems-là, la nuit étoit venue, les passagers & moi nous dormions dans la plus grande sécurité. Cependant sur les deux heures après minuit, m'étant réveillé en sursaut au bruit des vagues qui frappoient avec impétuosité contre les rochers de la côte, je m'écriai tout surpris : « Qu'est-ce » donc que ceci, seigneur Pilote? Entrons-nous déja » dans le port » ? A cet avertissement deux ou trois fois réitéré, le pilote sortit de sa vineuse léthargie, & s'étant levé de dessus sa chaise pour s'en éclaircir, il vit avec épouvante la frégate si mal conduite, qu'elle alloit heurter contre un roc qu'on avoit eu de la peine à discerner jusques-là, à cause de l'affreuse obscurité que répandoit aux environs l'ombre d'une haute montagne couverte d'arbres. Il cria aussi-tôt aux matelots : Tourne arrière ! Mais il n'étoit plus tems, & l'infortuné bâtiment, poussé avec violence par le vent & la marée, heurta presque dans le moment contre l'écueil, & d'une telle force qu'un des côtés en fut fracassé; une montagne de flots qui venoit de se briser contre le rocher, s'élevant au retour du côté de la frégate, entra dans la chambre de pouppe par les ouvertures des côtés, & l'inonda toute entière.

Alors ce ne fut dans tout le vaisseau que clameurs

meurs effroyables & que désolation. Les lamentations succédèrent aux cris de joie & d'emportement que les fumées bachiques leur avoient fait pousser quelques momens auparavant. Rien ne peut égaler le touble & la confusion qui régnoient partout : quelques-uns, réveillés en sursaut, crioient comme les autres, quoiqu'à demi endormis & sans savoir encore pourquoi. Le bruit, l'obscurité, les hurlemens, tout augmentoit l'effroi. Ce qu'il y avoit de plus déplorable, c'est que nous voyions bien tous que nous étions perdus, & que nul ne pouvoit dire par quel étrange revers, prêts à entrer dans le port, nous étions engloutis par les eaux; moi-même je n'en savois pas plus que les autres. Dans une si grande consternation, les uns à genoux sur le tillac poussoient des vœux au Ciel pour leur salut; d'autres les mains jointes demandoient à Dieu miséricorde; quelques-uns même révéloient à haute voix leurs péchés les plus secrets.

» Pour moi, parmi ces gémissemens, je conservai le sang-froid que Dieu m'a donné, & que j'ai le bonheur de ne jamais perdre, en quelque péril que je me trouve. Voyant qu'ils alloient tous périr, faute de prendre le seul parti qui leur convenoit dans l'extrémité où nous nous trouvions, j'encourageai ces malheureux à travailler utilement & diligemment à se sauver. Je leur persuadai d'abord de couper les mâts, & de nous saisir de toutes les planches, poutres & autres choses qui pouvoient nous soutenir sur l'eau & nous aider à gagner à la nage quelque lieu du rivage qui fût propre à aborder. J'ordonnai ensuite qu'on jettât dans la mer tout ce qui par sa pésanteur pouvoit faire submerger trop promptement le vaisseau. Avec ces précautions & le secours des pompes, je retardai le naufrage jusqu'aux premiers rayons de l'aurore.

Mais ce qui nous servit plus que tout le reste, fut le conseil que je leur donnai de prendre à deux une longue & menue corde qu'ils tenoient chacun par un bout. Cet expédient sauva la vie à plusieurs ; car lorsque la frégate, ouverte de tous côtés, eût coulé bas malgré le secours des pompes, tout le monde se voyant obligé de se jetter à la nage sur les planches ou rouleaux de bois dont on pouvoit se saisir pour essayer de gagner la terre, il arriva que le premier qui y abordoit, tiroit après lui sur le rivage son compagnon qui tenoit l'autre bout de sa corde, & qui fort souvent étoit sur le point de se noyer. Je tirai de cette manière le pilote, quoiqu'il ne le méritât point. Nous échapâmes presque tous de ce danger, à la réserve de cinq ou six qui furent poussés avec violence par des coups de mer, & qui périrent misérablement en donnant de la tête contre les écueils & contre le vaisseau même.

Quelques heures après le naufrage, la marée s'étant retirée, laissa la frégate presque à sec, de sorte qu'il nous fut aisé d'en retirer tout ce qu'il y avoit dedans & de le transporter à terre. Il n'y eut presque rien de perdu, puisque nous recueillîmes même la plus grande partie des choses que j'avois fait jetter à l'eau. Nous rendîmes graces à Dieu de nous avoir conservé la vie, après quoi nous brûlâmes le bâtiment pour en tirer le fer, que nous amassâmes en un endroit de la côte avec tous nos effets & approvisionnemens, sous des arbres fort touffus que nous avions choisis pour y être à couvert de l'ardeur du soleil.

Comme nous n'avions pas dessein d'y demeurer long-tems, j'exhortai mes camarades à choisir quelqu'un de la compagnie pour les gouverner (*), en leur représentant qu'autrement ce ne seroit que désordre & que confusion. Ils me prièrent tous, d'une

---

(*) Le naufrage fait perdre au capitaine du vaisseau submergé ou brisé, son commandement : toute distinction & subordination qui étoit à bord, cesse, & tout ce qui est jetté à terre du débris est regardé comme appartenant à tous en commun. Voy. l'Histoire des découverte des Européens dans les différentes parties du monde, par M. BARROW, douzième volume, page 407.

commune voix & avec de grandes inſtances, de vouloir bien prendre ce ſoin ; ce que j'acceptai. J'exerçai ſur le champ les droits de cette ſouveraineté, en faiſant trois détachemens ; l'un pour aller chercher de l'eau dont nous avions un preſſant beſoin; l'autre pour aller à la proviſion, car celles du vaiſſeau ayant été mouillées, ne pouvoient plus nous ſervir ; & le troiſième, pour reconnoître le pays, & voir ſi l'on ne découvriroit point quelque habitation, le Pilote aſſurant que nous étions à trois ou quatre lieues de la Caldéra. Le premier détachement ne fut pas long-tems à revenir & il apporta de très-bonne eau qu'il avoit trouvée près de-là. Le ſecond revint quelques momens après, chargé de fruits ſauvages d'aſſez mauvais goût, avec des œufs de tortue, & dit qu'il avoit vu un porc-épic & des crottes de poules de Nicaragua, qui ſont ce qu'on appelle en France des poules d'inde.

Satisfait de cette découverte, je renvoyai chercher une plus grande proviſion d'eau & d'œufs de tortue. Il y avoit une ſi prodigieuſe quantité de ces œufs ſur cette côte, que dans chaque creux qui ſe rencontroit ſur les ſables de cette plage, on y en trouvoit juſqu'à deux ou trois cens. Nous en mangeâmes avec beaucoup d'appétit, quoiqu'ils euſſent une certaine odeur de marécage qui bleſſoit l'odorat & le goût.

Nous paſſâmes le reſte de la journée à nous fabriquer de petites loges ou feuillées avec des branches de palmier. Au coucher du ſoleil, nous vîmes revenir le troiſième détachement, ce qui nous réjouit d'abord, comptant qu'il auroit ſans doute découvert quelque habitation ; mais il nous rapporta qu'il avoit rencontré un grand fleuve, ſi profond, ſi rapide & ſi plein de crocodiles, qu'il lui avoit été impoſſible de le traverſer. Je les blâmai d'être revenus pour cet obſtacle, qui ne devoit pas les arrêter, puiſqu'en coupant du bois ils pouvoient en former un radeau ſur lequel il n'auroit tenu qu'à eux de paſſer le fleuve. De peur de quelque nouvelle balourdiſe de leur part, je réſolus d'aller moi-même avec eux le jour ſuivant.

Le lendemain, après avoir laiſſé à un homme de la compagnie le ſoin de conduire ceux qui reſtoient, je les quittai, en les avertiſſant que s'ils n'avoient pas de mes nouvelles dans huit jours, ils pourroient alors laiſſer les hardes & marcher ſur mes traces en cherchant fortune ; qu'ils priſſent bien garde cependant de ne pas s'éloigner de la côte. Voici en quel équipage je partis : j'avois un haut-de-chauſſe de ſatin piqué (*), plus ample que les

---

(*) Habillement des gens de qualité au Pérou.

Espagnols ne les portent d'ordinaire, une camifolle blanche garnie de dentelles d'or de Naples, avec les boutons & boutonnieres de même, & par-deffus une cafaque de velours gris de perle à manches pendantes, un chapeau de caftor blanc, deux piftolets & deux bayonnettes à ma ceinture ; j'avois auffi cent piftoles & une montre dans ma bourfe. Outre cela je portois à la main mon épée & un cordon en écharpe, où pendoit la mire de mon arquebufe avec fes charges de poudre & de plomb. Mon arquebufe étoit portée par un matelot : cette arme étoit la meilleure piece de tout l'équipage ; car outre qu'elle étoit de défenfe, c'étoit fur elle feule que la petite caravane fondoit l'efpérance de fuftenter fa vie. Les autres, outre leur épée qu'ils avoient au côté, portoient une hache, une corde, un couteau, un petit fufil à faire du feu avec fa pierre, fon fer, fa meche & fes allumettes.

Après deux heures d'un chemin fabloneux & très-pénible, nous arrivâmes au bord d'un fleuve, que nous appellâmes le fleuve des crocodiles, quoiqu'à la vérité il n'y en eût pas tant que le détachement l'avoit rapporté. Pour le paffer, nous nous déterminâmes à marcher fur fes bords, en le remontant jufqu'au premier bofquet où nous puffions trouver du bois propre à faire des radeaux. Nous en trouvâmes à deux lieues plus loin, nous en prîmes fur nos épaules autant qu'il nous en falloit, puis nous descendîmes le fleuve, en reprenant la même route, jusqu'au lieu que nous avions quitté ; car nous ne voulions pas nous éloigner de la côte, espérant, suivant l'opinion du pilote, gagner le port de la Caldera.

Ayant fabriqué un radeau, le mieux qu'il nous fut possible, avec nos haches, notre bois & nos cordes, nous nous hasardâmes à nous abandonner dessus au courant du fleuve, qui étoit très-rapide. On y avoit fait une espece de banc de jonc pour moi ; j'y montai le premier, après avoir pris mon arquebuse des mains de celui qui la portoit. Le pilote se mit à l'un des bouts, & un vigoureux matelot à l'autre, avec chacun une longue perche & deux rames pour le conduire. Comme nous n'y pouvions tous entrer sans le submerger par notre pésanteur, nous nous partageâmes ; une partie resta sur le bord du fleuve, en attendant le retour du radeau ; on y attacha seulement une longue corde, afin que ceux qui demeureroient pussent le retirer lorsque les premiers seroient passés. Cela étant fait, nous reprîmes les cordes dont nous jugeâmes pouvoir encore avoir besoin, & je fis jetter à l'eau les bois du radeau, pour ôter à la compagnie toute espérance de retourner sur ses pas, jusqu'à ce que nous eussions trouvé quelque habitation, & reconnu si nous étions en terre ferme ou dans une île. Nous marchâmes encore environ six lieues, ensuite nous passâmes un autre fleuve, de la même manière que le précédent.

Comme le soleil se couchoit, nous arrivâmes à une plage assez étendue, où nous fîmes halte, tous bien fatigués. Je l'étois plus que les autres, parce qu'ayant passé par des endroits fort humides & marécageux, mes souliers s'étoient mouillés de telles sorte que le cuir s'en étoit étendu ; d'ailleurs, le sable y entrant de tous côtés m'incommodoit beaucoup. Mes souliers me causant donc plus d'embarras qu'ils ne m'étoient commodes, je les jettai. Comme nous cherchions de l'œil un terrein élevé pour nous y reposer & y passer la nuit, nous entendîmes quelque bruit près d'un vieux arbre sec dont le tronc étoit creux de caducité. Nous en étant approchés, pour en découvrir la cause, nous en fimes sortir une espece de gros lézard, que les habitans du pays nomment iguana. C'est bien le plus laid animal que la nature ait formé ; mais en récompense la chair en est fort délicate, elle approche fort du goût de la poularde. Le pilote le frappa de sa hache & le fendit en deux. Nous avions bien besoin de faire une si bonne rencontre, pour réparer nos forces qu'une longue & pénible marche, mais plus encore le défaut de nourriture, avoient presque épuisées. Il ne nous en fallut pas davantage pour un bon souper, ce lézard avoit trois quarts d'aune de long. L'ayant fait rôtir sur des charbons, nous le mangeâmes, & après ce repas nous nous endormîmes.

Nous nous remîmes en chemin au point du jour. Sur les dix heures nous gravîmes une montagne fort escarpée, & perçâmes ensuite un bois des plus épais, rempli d'épines & de ronces, pour éviter un cap qui nous auroit obligé de faire un grand détour. Ce fut là que j'eus beaucoup à souffrir. A force de marcher j'avois usé la semelle de mes bas, & mes pieds nuds n'étant pas accoutumés à un chemin si rude, furent en peu de tems pleins d'estafilades & d'écorchures. Ce fut encore pis, lorsqu'à la sortie de ce bois nous eûmes gagné le bord de la mer; le sable de la plage échauffé par l'ardeur du soleil, me fit venir sous la plante des pieds des ampoules aussi grosses que des œufs de pigeon : ces ampoules se crévèrent, & le sable y entrant jusqu'à la chair vive, y causoit une cuisson douloureuse. Le mal que j'en souffrois fit pitié à tous mes compagnons, qui m'obligèrent à m'arrêter sous une feuillée qu'ils dressèrent sur le bord d'un ruisseau ; nous nous y mîmes à couvert, le soleil étant alors dans sa force & très-ardent.

Pendant qu'une partie s'y reposoit, l'autre alla

dénicher assez près de-là, dans les creux des rochers que la mer battoit, un grand nombre d'une espece de limaçons de mer que les gens du pays appellent Burgados, & dont ils mangent assez communément. Il ne fut plus question que de les faire cuire. Nous aurions fort souhaité de les manger bouillis, mais il nous manquoit un vaisseau où nous les pussions mettre, & il falloit nous contenter de les faire rôtir sur les charbons; nous en mangeâmes pourtant avec appétit.

Après le diner, la nécessité d'avancer le chemin nous obligea de nous remettre en marche. Je m'y disposai malgré mes ampoules ; on m'envelopa les pieds, le mieux qu'il fut possible, de linges déchirés & de vieux haillons, & l'on me fit une espece de chaussure comme on en voit aux mendians. Nous poursuivîmes notre route jusqu'au coucher du soleil, que nous arrivâmes sur les bords d'un étang, où nous fûmes harcelés par une si grande quantité de cousins, que, quelque las que nous nous sentissions, nous n'y pûmes tenir ; nous fûmes obligés pour les fuir de marcher jusqu'à dix heures de la nuit. Nous la passâmes avec beaucoup d'inquiétude, & d'autant plus de crainte de nous voir assaillir par une troupe d'Indiens sauvages, que nous avions apperçu une lumière à travers les arbres d'un bois voisin : mais nous n'en eûmes que la peur.

Le lendemain, continuant de marcher, nous rencontrâmes un ruisseau au bord duquel nous trouvâmes du feu allumé & un grand nombre de coquilles de platanes autour; ce qui nous fit croire d'abord qu'il devoit y avoir là-auprès quelques-uns des arbres qui portent ce fruit; mais nous en cherchâmes vainement aux environs; d'où nous conjecturâmes que les personnes, qui en avoient mangé en cet endroit, les y avoient apportés d'ailleurs. Sur le midi nous arrivâmes à un grand fleuve tout bordé de grands arbres de haute futaie, qui formoient un fort bel ombrage. Comme la faim nous pressoit, nous y jettâmes la ligne, & pêchâmes trois poissons assez gros, que nous fimes rôtir. Nous passâmes ce fleuve sur un radeau, à la manière ordinaire, & poursuivîmes notre chemin jusqu'à un autre plus grand encore, aux bords duquel nous passâmes la nuit & dormîmes: un d'entre nous faisoit la sentinelle, pour n'être pas surpris des Indiens.

Le jour venu, nous vîmes autour de nous un grand nombre de palmiers, dont nous coupâmes quelques bourgeons pour en manger le cœur qui est tendre, mais insipide & fade, & approchant du goût de la cire de bougie. Un peu plus loin, nous trouvâmes une espece de fruit de la couleur de la mûre & de la grosseur d'un abricot. Les habitans le nomment Icacos. Il est aigre-doux, & du reste d'un goût très-agréable. Nous nous en accommodâmes mieux que des bourgeons de palmier. Nous regagnâmes enfuite le bord de la mer, après avoir traverfé un bois & une montagne. Nous apperçûmes fur la plage un grand nombre de crabes ou écreviffes de mer. Nous fimes d'abord notre compte d'en faire un bon repas, mais nous comptions fans notre hôte ; les gaillards, avec leurs pattes crochues, étoient fi bons coureurs, que les plus alertes de nos gens les pourfuivirent plus d'une demi-heure fans en pouvoir attraper que quatre. Mais en récompenfe ayant remarqué un grand nombre de papegais fur quelques arbres voifins, j'eus recours à mon arquebufe qui jufqu'alors nous avoit été inutile ; j'en tuai fix qui nous furent d'une grande reffource. Le papegai eft une efpece de perroquet dont la chair, quoique dure & noire, ne laiffe pas d'être délicate ; quand ils font jeunes, & par conféquent plus tendres, c'eft un manger de roi. Nous nous remîmes en chemin & allâmes paffer la nuit près d'un cap où nous trouvâmes en abondance de ces fruits que l'on nomme icacos. Nous mangeâmes cruds les plus mûrs, & fimes rotir les autres.

A la pointe du jour nous commençâmes notre cinquième journée. Nous paffâmes deux rivières fur des radeaux, fans avoir rencontré quelque chofe à manger jufqu'à fix heures du foir que je tuai un paon.

Il étoit venu se poser, pour son malheur, sur le haut d'un arbre au pied duquel je m'étois assis pour me reposer. Nous en fîmes un régal & le mangeâmes comme le mets le plus friand que nous eussions eu jusqu'alors. Le lendemain nous arrivâmes sur le midi à une cabane déserte où nous trouvâmes une grande quantité de platanes mûrs. Nous en mangeâmes la moitié, & nous nous chargeâmes de l'autre en cas de besoin, non sans crainte d'être surpris en cet exercice, ou poursuivis après le coup par le maître de la cabane & toute sa famille. Mais nous fûmes assez heureux pour ne voir personne. Nous continuâmes de marcher jusqu'à la nuit, que nous passâmes au bord d'un fleuve, après avoir fait notre souper des platanes que nous avions volés. Quoique nous en eussions mangé beaucoup durant le jour, & que ce soit un aliment pernicieux à cause de son excessive froideur, aucun de nous n'en fut incommodé.

Le jour suivant, quatre personnes de notre compagnie allèrent à deux lieues de-là sur une montagne, y chercher du bois propre à faire un radeau pour passer le fleuve; elles me laissèrent accompagné d'un seul homme. Je ne pouvois presque plus me tenir sur mes pieds. Il fallut pourtant me lever un moment après leur départ; l'occasion le méritoit bien, c'étoit pour tirer sur une bande de ramiers qui vinrent se percher sur un arbre à cinquante pas de moi. Je me traînai presque à quatre pattes jusques sous l'arbre, avec autant de lassitude que de crainte de les effaroucher. Le ciel bénit ma peine, car j'en tuai dix-huit d'un seul coup avec de la cendrée de plomb; de sorte que mes camarades à leur retour trouvèrent un banquet, auquel ils ne s'attendoient pas. La joie qu'ils en eurent étoit si grande, qu'ils ne s'appercevoient presque point que le vin leur manquoit pour faire chère entière. Les dattes qu'ils avoient apportées du bois servirent de pain.

Après un si bon repas, nous recommençâmes à marcher, je repris courage & suivis les autres autant que mes forces me le purent permettre; mais après quelques heures de chemin, ne pouvant plus me tenir sur mes pieds malades, je priai mes compagnons de continuer leur voyage sans moi, & de me laisser en cet endroit, en leur représentant qu'il n'étoit pas juste que pour l'intérêt d'un seul les autres s'exposassent à se perdre; que je les suivrois le mieux que je pourrois, aussi-tôt que mes pieds seroient guéris; que s'ils rencontroient quelques habitations d'Espagnols, je les conjurois de me revenir trouver; mais que si le pays étoit désert, ils prissent le parti qu'ils jugeroient le meilleur; & que sur toute chose je leur recommandois de demeurer toujours bien unis.

Il n'est pas concevable combien ma petite troupe parut touchée de ces paroles ; ils ne purent retenir leurs larmes, & ils s'opposèrent tous à la résolution que je témoignois vouloir prendre, ils me jurèrent qu'ils ne m'abandonneroient point, dussent-ils mettre leur vie en péril, & ils s'offrirent à me porter sur leurs épaules. J'en rejettai la proposition, comme une chose trop pénible & qui les retarderoit trop, ajoutant que le tems leur étoit cher, & qu'ils devoient poursuivre avec diligence leur dessein, qui étoit de se rendre au port de la Caldera. Mais quelque chose que je leur pûsse dire, ils n'en voulurent point démordre, & je fus obligé de me laisser porter. Ils le firent tous du plus grand cœur, en se relayant l'un l'autre successivement jusqu'à sept heures du soir.

Alors ils s'arrêterent, autant pour se reposer que pour manger, car ils avoient besoin de ces deux choses, & encore plus de se rafraîchir. Pour subvenir à l'une de ces nécessités, ayant trouvé par bonheur de ces mêmes limaçons de roche, appellés burgados, nous les fimes rôtir sur les charbons ; mais ce n'étoit pas entiere satisfaction, car la fatigue du chemin & l'ardeur du soleil, que nous avions soufferte pendant toute la journée, nous avoit extrêmement altérés ; nous avions le gosier enflammé, & nous manquions d'eau douce pour éteindre un si grand feu. Heureusement, ayant poussé notre marche une lieue plus avant, nous rencontrâmes un des plus délicieux fleuves qu'on puisse voir. Le rivage en étoit bordé de part & d'autre de hauts platanes, tous chargés de fruits & dont les branches se croisant au-dessus de l'eau, formoient, aussi loin que la vue se pouvoit étendre, une espece d'allée en berceau, la plus agréable du monde.

Nous rendîmes graces à Dieu d'une si bonne rencontre & nous appaisâmes notre soif avec avidité ; notre joie fut encore augmentée, lorsque le Pilote, après s'être orienté, nous dit qu'il reconnoissoit le lieu, & que cette belle rivière que nous admirions étoit celle de Saint-Antoine. Il nous assura de plus qu'à quatre lieues de-là étoit une riche ferme abondante en troupeaux, qui appartenoit à Alonzo Macotela, bourgeois de la ville d'Esparza dans la province de Costa-rica. Un homme de la compagnie en fut si transporté, qu'il tira ses tablettes pour marquer une si heureuse journée. Le fruit de ces grands arbres, dont nous ne pouvions nous lasser d'admirer le beau feuillage, nous servit de souper ce soir-là ; pour le diversifier, nous en mangeâmes de cruds, de rôtis & de cuits sous la cendre.

cendre. Nous passâmes ensuite le fleuve sur un radeau, & la nuit étant venue, nous nous endormîmes avec plus de tranquillité que les nuits précédentes.

» Le lendemain, trois de nos hommes furent détachés pour aller à la ferme de Macotela; je restai avec les deux autres tout ce jour là & le suivant, nous nourrissant d'écrévisses que nous pêchions dans la rivière. Mes compagnons étoient le marchand Génois dont j'ai parlé, & un religieux de la Merci. Ce dernier, pendant que nous dormions, le marchand & moi, la nuit du second jour, étoit chargé de faire la garde, afin de nous précautionner contre les surprises; mais la sentinelle, plus occupée aux fonctions claustrales qu'aux militaires, s'endormit aussi-bien que nous, jusqu'à ce qu'environ sur les onze heures je me réveillai en sursaut au bruit d'une voix qui me sembloit avoir prononcé mon nom. J'appellai la sentinelle pour m'en éclaircir; mais la sentinelle ne répondant non-plus qu'une souche, je me levai sur mon séant, & en même tems je m'entendis appeller distinctement, quoique d'assez loin.

» Je réveillai le marchand Génois & le religieux : un moment après nous vîmes paroître sur la rivière un grand radeau monté de plus de vingt personnes. Elles étoient conduites par dom *Domingo de Cha-*

varria, Navarrois, curé de la ville d'Esparza. Nos trois hommes, qui s'étoient détachés pour aller à la ferme de Macotela, l'y avoient rencontré, & lui avoient dit dans quel état nous étions sur le bord du fleuve de Saint-Antoine, où nous attendions leur retour. Ce bon curé, poussé par un mouvement de charité, venoit au devant de nous avec des rafraîchissemens pour rétablir nos forces perdues. Il s'étoit fait enseigner l'endroit où nous pouvions être, & il étoit parti sur le champ avec tous ses domestiques, quelques-uns de ses amis & toutes les provisions qu'il avoit pu ramasser. Ayant su qui il étoit & le dessein qui l'amenoit, je courus l'embrasser dès qu'il fut à terre, en lui faisant tous les remercîmens & complimens d'un cœur pénétré. La joie du marchand & du religieux, de se voir affranchis du péril de la faim & de la surprise des sauvages Indiens, n'étoit pas moindre que la mienne; dom Domingo & sa compagnie paroissoient en ressentir autant que nous de nous avoir rencontrés : ainsi tout le monde étoit content.

» L'heure & le lieu n'étant point convenables pour une longue conversation, nous passâmes tous la rivière sur le radeau. Lorsque nous fûmes de l'autre côté, chacun monta à cheval, hors moi, qui, pour le soulagement de mes pieds & de mes autres membres fatigués, fus juché dans un de ces lits penfiles ou fufpendus, fort en ufage dans tous ces pays occidentaux. Six Indiens de relais, gens des plus robuftes, me portoient alternativement à deux fur leurs épaules, mieux que n'auroient pu faire les meilleurs mulets du pays. Nous arrivâmes en cet équipage, un peu devant le jour, à la ferme de Macotela, où nous nous repofâmes quelque tems; Enfuite nous étant remis en chemin, nous nous rendîmes à *Efparza*. Cette ville eft dans une fituation admirable, fur une petite colline: elle eft petite, il n'y a qu'une feule paroiffe & deux couvens, l'un de religieux de S. François, & l'autre de l'inftitution du bienheureux Jean-de-Dieu. Je fus porté à la maifon de dom Domingo, où je trouvai nos trois compagnons qui avoient pris les devans.

» Arrivés à fi bon port, notre premier foin fut de rendre à la divine Providence de fincères actions de graces; le fecond fut d'envoyer un courier à Carthago, capitale de la province de Cofta-rica, pour donner avis de mon arrivée à Efparza à dom Juan de Salinas, gouverneur & capitaine-général de cette province, & chevalier de l'ordre de Calatrava. Je le connoiffois pour l'avoir vu à Lima, où j'avois contracté avec lui une amitié particulière. Le courier fit tant de diligence que vingt-quatre heures après son départ je vis entrer le gouverneur lui-même dans ma chambre. Après les premiers complimens, je lui racontai toutes les circonstances & les suites de notre naufrage. Aussi-tôt à ma prière, il fit partir une frégate pour aller recueillir les compagnons de mon infortune, qui devoient se lasser d'attendre si long-tems.

Sur les enseignemens qu'on donna à ceux qui la conduisoient, de la hauteur & du lieu où ils devoient les trouver, ils s'y transportèrent ; mais ils revinrent deux jours après rapportant qu'ils n'avoient rencontré personne. On se persuada qu'ils n'avoient pas fait assez d'attention aux signes qu'on leur avoit désignés pour reconnoître le lieu ; c'est pourquoi dom Juan de Salinas y envoya un autre bâtiment, avec ordre à l'équipage de descendre à terre & de faire leur possible pour rapporter des nouvelles certaines de mes camarades. Ces seconds, y étant arrivés, descendirent sur la plage, & n'y voyant rien, le capitaine détacha les plus alertes de ses matelots pour aller en quête aux environs. ils firent un circuit de plus de deux lieues, en s'écartant à droite & à gauche sans rien rencontrer ; enfin voyant qu'ils y perdoient leurs peines, ils retournèrent faire leur rapport.

» Comme ils étoient prêts à remonter dans leur

barque, un d'entr'eux apperçut sur la grève un grand amas de feuilles qui paroissoit n'avoir pas été mis là sans dessein, il s'avisa de les écarter à droite & à gauche avec le pied, & trouvant dessous des hardes, de la ferraille, des coffres, des ballots, cette découverte les surprit; ses camarades & lui ne pouvoient comprendre pourquoi on les avoit ainsi abandonnés. Après avoir quelque tems délibéré entr'eux, ils se déterminèrent à les enlever dans leur vaisseau, & vinrent nous rendre compte de leur commission. Chacun crut à Esparza, & moi à la fin comme les autres, que mes camarades avoient été surpris par les Sauvages, qui les avoient menés à leurs habitations; & je désespérois de les revoir jamais.

Quatre jours après, le gouverneur mangeant avec moi chez le curé, il arriva à la porte du logis un cavalier qui avoit couru à toute bride, & qui rapporta, plein d'effroi, qu'il avoit vu marcher entre le bois & la mer une puissante armée d'Anglois. On le fit entrer sur le champ dans la maison du curé, & il nous assura la même chose. Sa frayeur persuadant encore plus que ses paroles, chacun aussi-tôt se leva; on courut sonner l'allarme par-tout avec assez de chagrin; car tout ce qu'il y avoit de gens dans la ville étoient trop mal armés pour faire une vigoureuse résistance, & encore bien moins disciplinés. Le gouverneur monta à cheval, & tout incommodé que j'étois, je le suivis pour l'aider à ranger ses gens. Le bruit, le tumulte & le désordre croissoient à chaque instant. Il venoit des gens de tous côtés, qui disoient que l'ennemi s'approchoit.

» Dom Juan & moi, nous sortîmes de la ville pour nous en éclaircir par nous-mêmes; & à peine eûmes nous fait cinquante pas dans la campagne, que nous vîmes approcher, dans un équipage fort délabré, ma petite troupe, qui composoit elle seule cette formidable armée dont on nous avoit menacés. La crainte qu'ils ont sur ces côtes d'être assaillis par les Flibustiers des îles, qui sont gens à tout entreprendre pour piller, les trouble si fort, qu'ils se représentent des phantômes à chaque alarme: aussi prirent-ils dans cette occasion cinquante hommes, bien fatigués & désarmés, pour une puissante armée ennemie. Je ris beaucoup de cette terreur panique, lorsque j'en eus reconnus la cause, & j'eus une joie extrême de voir mes compagnons d'infortune échappés du péril que j'avois craint pour eux. Je les questionnai sur leurs aventures. Ils me répondirent qu'ayant attendu trois jours plus que le tems marqué, ils avoient cherché fortune suivant mon conseil; qu'ils avoient marché sur mes traces le long de la côte, & qu'ils s'étoient hourris à peu près de la même manière que je l'avois fait.

» Je demeurai près d'un mois à Esparza, d'où je sortis avec de bons guides, après avoir reçu tous les bons traitemens imaginables du charitable dom Domingo, & de dom Juan de Salinas, des lettres de recommandation pour le vice-roi de la Nouvelle-Espagne dont il étoit parent ».

Fin du second Volume.

TABLE

Des Relations renfermées dans ce second Volume.

N°. 1. NAUFRAGE *d'Emmanuel Soza, & d'Eléonore Garcie Sala, sa femme, sur les côtes orientales d'Afrique, en* 1553, page 1

N°. 2. SITUATION *déplorable du Vaisseau François le Jacques, à son retour du Brésil en France, causée par une famine extraordinaire & le mauvais état du vaisseau, en* 1558, 14

N°. 3. NAUFRAGE *du Vaisseau Portugais le Saint-Jacques, monté par l'Amiral Fernando Mendoza, brisé sur les écueils appelés Baixos de Juida, à 70 lieues des côtes orientales d'Afrique, en* 1586, 53

N°. 4. NAUFRAGE *de deux Vaisseaux Portugais; l'un, sur la côte de Fiurma, près celle de Sumatra; & l'autre sur une île déserte dans la mer de la Chine, à peu de distance de Macao, en* 1605, 62

TABLE.

N°. 5. *NAUFRAGE de deux Vaisseaux Anglois*, l'Ascension & l'Union; *le premier, sur la côte de Cambaye, dans la mer des Indes, en* 1609; *le second, sur les côtes de Bretagne, près d*'Audierne, *en* 1611, 96

N°. 6. *INCENDIE du Vaisseau Hollandois* la Nouvelle-Hoorn, *près le* Détroit de la Sonde, *dans la mer des Indes orientales*; *& Aventures de* Bontekoé, *en* 1619, 137

N°. 7. *RELATION du Naufrage du Vaisseau Hollandois* le Batavia, *commandé par* François Pelsart, *sur les roches de* Frédéric Outhman, *près les côtes de la Concorde dans la Nouvelle-Hollande, en* 1630, 202

N°. 8. *NAUFRAGE du Vaisseau Hollandois* le Sparrow-Hawe, *sur les côtes de l'île de* Quelpaert, *mer de la Corée, en* 1635, 225

N°. 9. *RELATION du Naufrage d'un Vaisseau Portugais près le* Cap-Comorin, *mer des Indes, en* 1645. *Trait d'amour conjugal. Actions généreuses de quelques Gentilshommes François & d'un Viceroi des Indes Portugaises*, 269

N°. 10. *NAUFRAGE du Vaisseau Hollandois* le

TABLE.

Dragon, *sur les côtes d'une Terre australe, inconnue, en* 1658, 286

N°. 11. NAUFRAGE *du Vaisseau Hollandois* le Coromandel, *dans le Golfe de Bengale, en* 1660, 297

N°. 12. NAUFRAGE *de la Chaloupe du Vaisseau François* le Taureau, *dans une baie près du Cap-Verd, sur la côte occidentale d'Afrique, en* 1665, 310

N°. 13. NAUFRAGE *du Vaisseau Hollandois* le Lausdun, *à l'embouchure du Gange, fleuve de l'Indostan, en* 1672; *& Aventures de* Lestra, *Voyageur François*, 328

N°. 14. RELATION *du Naufrage d'une Frégate Portugaise, sur les côtes de la Nouvelle-Espagne, entre l'île* del Cagno *& le port de la Caldera, mer du Sud, en* 1678. 367

A SENS,

De l'Imprimerie de la veuve TARBÉ, imprimeur du Roi, 1789.

www.ingramcontent.com/pod-product-compliance
Lightning Source LLC
Chambersburg PA
CBHW051836230426
43671CB00008B/974